沖縄県産品の労働法

春田吉備彦
Kibihiko Haruta

琉球新報社

沖縄県産品の労働法

春田吉備彦

推薦のことば

　日本では学校等で新聞を教材して活用するようになって30年以上の歴史があります。「NIE（エヌ・アイ・イー）」=「Newspaper in Education（教育に新聞を）」という取り組みは、社団法人日本新聞協会によって取り組まれ、これまで、全国の8000を超える学校が、NIE実践認定校として、NIE活動を進めています。

　沖縄県においても、沖縄県NIE推進協議会（琉球新報社、沖縄タイムス社主体）が、例年、6校から8校を実践校として指定することで、NIE活動を進めています。NIE活動の一環として、年に1回、新聞を活用した授業において実践を学びあう「沖縄県NIE実践フォーラム」(沖縄県NIE推進協議会主催)が実施されています。そこでは、子どもたちの考える力や表現する力が、新聞記事を活用することによって、飛躍的に豊かなものになっていくことを実感させられます。ここ数年、企業においても、「NIB（エヌ・アイ・ビー）」=「Newspaper in Business（ビジネスに新聞を）」という、新聞をビジネスに活

用する取り組みが注目を集めています。多様な情報を取り扱う新聞記事を正確に理解し、その内容を正確に表現することで他者に伝えることは、ビジネススキルの基本です。新聞記事を通して共通の話題を幅広く共有し、このようなスキルを涵養することは、新入社員からベテラン社員まで幅広く、「雑談力」「発想力」をもたらします。

『沖縄県産品の労働法』は、沖縄地元紙である琉球新報の新聞記事をモチーフにしています。学生の皆さんには、新聞のもつ、「一覧性」「俯瞰性」「解説性」「詳報性」「記録性」「携帯性」「保存性」という特徴を踏まえて、本土とは異なった、歴史性と特殊性を有する沖縄の「雇用社会」「生活社会」の本質を読み説くことを期待しております。

社会人の皆さまには、本書を読み解くことで、真の意味で「沖縄社会」が豊かになるような、継続的で持続可能な「あるべきビジネス」について、考えるきっかけになることを期待します。

琉球新報社
代表取締役社長　玻名城泰山

沖縄型福祉社会の共創のために
　―沖縄県民に向けた労働法講座―

　沖縄大学は「地域共創・未来共創」を掲げて地元沖縄の課題と向き合うことを本旨としている。本学は、2016年度に文科省の私立大学研究ブランディング事業に選出された。そのテーマは「沖縄型福祉社会の共創」である。大学を挙げて、激化する「沖縄の子どもの貧困問題」に取り組むために、「福祉」「教育」「労働」の各分野における研究を進め、その成果を沖縄における貧困対策や子どもの発達支援に役立てていくという、戦略的かつ地域貢献性の高い取り組みを行っている。地域研究所はその事務局として研究のとりまとめと実践活動の推進を担っている。研究テーマには、「子どもの居場所と支援」「離島の教育支援」「若者雇用と企業の取り組み」といった、子どもと若者の環境改善を意図したものが出そろった。

　本書はその研究の一端（研究名：「沖縄企業のブランド化による収益性の向上」と「雇用の質改善」と相互関係の検証）をいち早く示したものである。たとえば、第2講「『私』のあれと『公』のこれ」では、行政の生み出す誤謬が沖縄社会に誤ったメッセージを伝えてしまう危険性に警鐘を鳴らし、第4講「非正規労働問題をまじめに考えてみると。」では、沖縄の学生がブラックバイトに知らず知らずのうちに囲い込まれてしまうという実態を明らかにしている。

これらの考察は、県内の報道資料やデータを使った、まさにウチナーンチュのための労働法講座ともいえ、地域にある大学ならではの試みといえるのではないか。

　また、本書には沖縄の労働社会の現実を興味深く描いた、学生に向けた副読本という一面もある。全編にわたって、実際の新聞記事がそのまま載せられ、記事を読みながら本文の論説に目を通すこと、理解がより深まるという工夫がなされており、研究と教育を融合させた構成は魅力である。

　「沖縄型福祉社会」とは、さまざまな無償の支え合いが前提となって成立している、いわゆる「ユイマール社会」であるとされてきたが、都市化や経済振興の影響を受け人口流動化が進み、近親者や同郷者だけの伝統的繋がりから、支え合うことを目的として形成された「ネットワーク型の社会」への移行が進んでいると考えられる。本書の中に「ユイマール社会からネットワーク型の社会への変化」を見ることもできるのではないだろうか。

沖縄大学地域研究所
所長　島村　聡

付　記

　本書の舞台の中心は「沖縄」です。ここには、職場のなにげない会話・職場で遭遇しそうなトラブル・働くときに感じる哲学チックな瞬間といった、「今の沖縄の働くことをめぐる空気感」と「労働法のエッセンス」を閉じ込めています。「琉球新報」の新聞記事・写真・図も用いました。「労働をめぐるガイドブック」として旅行気分が味わえるかもしれません。職場の日常会話には人物名が登場していますが、ご本人のご許可をいただいたものを除き、私の創作です。職場の基本的ルールである労働法は、難解なものになっています。労働行政関係者・学者・法律家は、法律が難解になれば仕事も増えてうれしいでしょう。しかし、住民目線・国民目線からは、迷惑な話以外の何物でもありません。何よりも、まじめに働く労働者には時間がないはずです。本書を「物語労働法」として軽く読み飛ばしていただきたく、あえて「労働法の網羅的な体系書」という体裁はとっていません。もし、本書を気に入っていただけたら、「お前の書いてることは間違ってるよ」とか「学者のくせにバカなこといってるよねー」とツッコミと対話が成立し、読者の癒しや救いになるならうれしいです。恩師の角田邦重・中央大学名誉教授の「労働法の文章には、働くことによって社会を支える人々への誠実さとともに、一読して理解できる簡潔さが大切です。」というお教えを実践できているかどうかについては、いまだに自信がありませんが……。

　沖縄県労働委員会（第17期から第19期）での実務経験は、「沖縄」の職場のありそうな風景を考える際に有益なものとなりました。文部科学省の「私立大学研究ブランディング事業」の「沖縄型福祉社会の共創―ユイマールを社

会的包摂へ―」(2016年―2018年)の研究班で、「大人の貧困問題」を考える機会に恵まれたことも本書執筆のきっかけになりました。「子どもの貧困問題」の多くには、子どもの貧困だけではなく、同居する親等の家族を含む世帯としての貧困があります。「子どもの貧困問題」解決のためには、「大人の貧困問題」を取り扱う、労働法の検証なくして、根源的な問題解決にはなりません。今後の沖縄社会の展望を考えると、例えば、「非正規労働者の待遇改善」「ワーキング・プア」「子どもの貧困」「ブラック企業」「ブラックバイト」といった一つの社会的問題に対して、一つの彌縫策(びぼう)・対処療法的なアプローチではなく、「雇用社会」と「生活社会」をつなぐ、「労働法」と「社会保障法」をパッケージとした、長期的・総合的な法政策が不可欠となっていくことでしょう。本書が法律家や行政関係者が駆使する「専門用語」と「迷宮」のようにも見える「労働法」に幻惑されることなく、沖縄の「雇用社会」や「生活社会」にとって、一体、何が本質的な問題なのかを、あらためて、考えていただくきっかけになるなら、こんなにうれしいことはありません。

　最後になりますが、本書の出版に際しては、「沖縄大学出版助成金」の補助を受けました。そして、出版に際しては、琉球新報社出版部長の田港朝之さん、デザイナーの宜壽次美智さん、本学の仲地博学長・地域研究所の島村聡所長・城間尚樹事務長・與那覇あゆみさん・城間重臣さんにも大変お世話になりました。ありがとうございました。

　　　　　　　　　　　　　2018年の8月13日。
　　　　　　　　　　　　　沖縄大学・国場555番地にて。春田吉備彦

目　次

推薦のことば ……………………… 琉球新報社 社長　玻名城泰山　2

沖縄型福祉社会の共創のために … 沖縄大学地域研究所 所長　島村　聡　4

付　記 ……………………………………………… 春田吉備彦　6

第1講　那覇から、ホームレスの問題をきっかけに、
　　　　法律学について、考えてみると。………………　12

第2講　「私(し)」のあれと「公(こう)」のこれ
　　　　―それって、プレーの範囲内？―　………………　28

第3講　戦後沖縄の医療保障制度の展開から
　　　　見えてくること。……………………………　60

第4講　非正規労働問題をまじめに考えてみると。
　　　　　　　　　　　　　　…………………　80

第5講　駐留軍等労働者の働き方、知っているやっさー？
　　　　　　　　　　　　　　　　………… 120

第6講　「過労自殺」「過労死」について、
　　　　法律学から考えてみると。　………… 140

第7講　「マタハラ」「パワハラ」「セクハラ」なんかを
　　　　職場で見てしまうと、「イライラ」するやっさー。
　　　　　　　　　　　　　　　　……… 164

第8講　見ちゃいけないものを「職場」で
　　　　見ちゃったら、どうしますか？　………… 188

第9講　結構、地味なテーマですが……。　………… 218

第10講　職場のトラブルをどう解決しますか？　……… 242

沖縄県産品の労働法

第1講

那覇から、ホームレスの問題をきっかけに、法律学について、考えてみると。

1. 最近、わたくしは、このように考えていますが……。

　沖縄の夏といえば、学生の皆さんからすれば、「お友達とビーチパーティーだったり、キャンプだったり、考えただけでうきうきするやっさー」ということになるのでしょうか。6月の中頃のある日の3時間目の授業を行っていたとき、前から2列目の席で、磯の香りを漂わせながら、すやすやと気持ちよさそうに寝ている学生が、目にはいりました。「6月といえば、内地では、梅雨真っ盛りで、憂鬱な時期なのに、沖縄ではすぐ近くに海があり、授業の合間に、泳ぎに行って、しかも、昼ごはんを腹いっぱい食べると、眠くもなるわなあ」と妙に感心したことを覚えています。

　沖縄本島をちょっとドライブしただけでも、風向明媚な景色がいたるところにあり、おもわず、住んでみたいなあと思うことがあります。自宅のある「おもろまち」から大学のある「国場」にせっせと行き来する生活にも、そろそろ、うんざりしてきたので、ドライブがてらに自分のお気に入りの場所を見つけて、テントでも張って住んでしまおうと、最近は、本気で思いはじめました。このような、私の願望に対する、一般的な反応は、「先生、キャンプ場などで、お金を払って、2、3日、キャンプするならばかまいわないが、権利がないのに、

勝手に、ビーチや公園などに住んではいけません」というものでしょう。それでは、このような私の願望は、極めて突飛なことといえるのでしょうか。

このことを、もう少し深く考えていく上では、ホームレスをめぐる議論に憲法の立場からアプローチする、笹沼弘志さんの議論[*1]を参照すると、私の素朴な願望も、突拍子のない思いつきというだけではなく、法的問題にも連なることが明らかになります。

ここでは、このような作業を行う前提として、つぎのような新聞記事を見ていくことにしましょう。そこでは、沖縄県那覇市におけるホームレスの実態が紹介されています。それに基づけば、住所不定となった上位の理由としては、①倒産、リストラ、仕事に就けない、②あえてホームレスを選んだ、③住む家がない、というものでした。着目したい理由は、①の理由です。なぜなら、ホームレスの方は、路上や公園にダンボールを敷き

琉球新報 2006 年 3 月 11 日

---

*1 笹沼弘志『ホームレスと自立／排除』（大月書店、2008 年）。

毛布をかぶって寝ている「顔」の見えない存在などでは決してなく、かつては、サラリーマン、建設日雇労働者、サービス業、日雇い派遣*2などの仕事をし、「顔」の見える存在でしたが、時の経過とともに、失業の経験や稼働収入の喪失などによって、社会的にも「顔」の見えない、存在となってしまったと考えられ

琉球新報 2017 年 4 月 6 日

るからです。さらに、つぎのような新聞記事を見ていくと、ホームレスの平均年齢が60歳を超えており、路上生活の期間が10年以上にわたる割合が増えていることが伺えます。ホームレスの方にも、当然、そのヒトなりの色々な人生や生活の経緯があったということです。高齢化や長期化が進むことで、記憶も遥か彼方のものになってしまったかもしれませんが、私たちは、日本国憲法13条の「すべて国民は、個人として尊重される」というフレーズが要請して

---

*2 「日雇い派遣」と「ホームレス」の問題が関係する場合があることを、つぎのような文章が示唆しています。「(人材派遣会社)で正社員として働く星野雄一さん(26)は、『スポット(日雇い)派遣』の『人繰り』が仕事だった。企業の依頼を受け、携帯電話やメールでそのつどの人手を確保し、解体作業などの現場に送る。午後3時まで注文を受け、登録スタッフのマッチングを始める。……スポット派遣の日当は6000円〜7000円。月20日働いても十数万円。アスベストの粉塵が舞う現場で風邪用マスクだけで働かされた人、危険な現場で安全靴を持たず、釘が足を貫通した人……。星野さんが珍しく家に帰れた日の翌朝。出勤途中の横浜駅の地下で、ゴミ箱をあさる若い男性を見た。胸が詰まった。時々仕事をまわすスタッフだった。『これじゃホームレス製造工場じゃないか』」『AERA』2007 年 4 月 2 日号 19 頁。

いる意味を、あらためて、問う必要があると思います。

2. 沖縄の素晴らしい景色は、いつから特定の者の持ち物となったのでしょうか。

ところで、みなさんの、ホームレスに対する一般的なイメージは、「ホームレスは、勝手にみんなの場所、例えば、路上や公園を不法に占拠する野宿者である」とか、あるいは「みんなが使う路上や公園を勝手に個人的にお家としている利用している存在であり、ときには、地域社会とのあつれきを生み出し地域住民にとって迷惑で、怠惰な存在である」ということになるのではないでしょうか。ホームレス問題は、1990年代のバブル崩壊後の日本経済の低迷やそのことに起因する「雇用の喪失」や「不安定雇用の拡大」と密接な関係があり、この頃から、東京、大阪などの都市部を中心に、大都市の市内各所の公園や河川敷、高架下などの、テントや小屋などを建てて、公園を不法占拠する人々が目立って増えたといわれています。不法占拠ということばが示すように、ホームレスがテントや小屋に住むという行為は、あくまで、法的根拠なくして、いわば、ひっそりと暫定的にその場所にとどまるということであり、そこに定住するという行為とは縁遠いと、通常は、考えられるかもしれません。

ところが、このような一般的な考えに対して、警鐘を鳴らす、つぎのような興味深い事件があります。大阪市が大阪城公園等においてテント生活を行っていた、野宿者であるXのテントを強制排除する手続きを進めていたことに対して、Xらは、公園を「住所」とする転居届けを提出し、その住民登録を求めました。ところが、大阪市がこの転居届けを受理しませんでした。これに対して、Xらは、大阪市の住民票転居届不受理処分の取消しを求める訴訟を提起しました。大阪地方裁判所は、大阪市の不受理処分は違法であるとして、Xの請求を認容しました[*3]。

もっとも、つぎのような新聞記事を見ていくと、大阪地方裁判所の判決は、

大阪高等裁判所の判決*4 によって、取り消されているようです。大阪高等裁判所は、公園内のテント所在地が住民基本台帳の住所に当たるか否かについては、「生活の本拠としての実体の有無に加え、形態が社会通念に基礎付けられていることが必要だ」と、判断しました*5。結論的には、大阪市の不受理処分は、違法ではないと判断しているということになりますね。

この判決をきっかけとして、笹沼弘志さんは、ある論文の中で、つぎのような素敵なフレーズを述べています。「この世界は誰のものでもなく、誰もが自由に使うことが出来た開かれた空間であった

「公園が住所」認めず
ホームレス男性逆転敗訴
大阪高裁

大阪市北区の公園で撤去が可能な構造、容易にテント生活をしている「ない」と結論づけた。山内ムレス山内勇志さん（５７）さんは「二〇〇〇年ごろからが、公園内に住所を公園に住みついて生設けることを認めていな活している」。都市公園法い」と判断。「原告が公園で継続的上、私人が公園内に居住に日常生活を営んでいる撤去できる上、都市公園「原告側が控訴審で受け」、公園内に住所を認しないで、都市公園法に基づき設置を持って、健全な社会通念に実体があるとは認められ基づけ、「テントは容易なかった。

はずだ。しかし、いつからかこの世界、人間が住まう空間のほとんどが囲い込

琉球新報 2007 年 1 月 23 日夕刊

---

*3 大阪市扇町公園住民票転居届不受理処分取消請求事件（大阪地判平 18.1.27 賃金と社会保障 1412 号 58 頁）。判決は、「本件テントの所在地について X が公園管理者である大阪市から都市公園法 6 条所定の占有許可を受けた事実を認めるに足りる証拠がなく、X が同所在地について占有権原を有するものとは認められないとしても、同所在地は、客観的にみて、X の生活に最も関係の深い一般的生活、全生活の中心として、生活の本拠たる実体を具備しているものと認められる」としています。

*4 住民票転居届不受理処分取消訴訟控訴事件（大阪高判平 19.1.23 判例時報 1976 号 34 頁）。

第1講 那覇から、ホームレスの問題をきっかけに、法律学について、考えてみると。

まれ、私的に所有されることになった。その起源は誰も知らないが、しかし、それを法の世界で確立したその日は人類共通の遺産として記憶されている」[*6]と。もう少し、このフレーズを、噛み砕いてみると、「この世界は、もともと、みんなが自由に使うことができる空間であったはずなのに、でも、気がつくと、いつの日からか、この世界の素晴らしい景色は、特定の誰かのものとなっている……」ということになるのでしょうか。なんだか、恋人と会話をするときに、このフレーズをつかってみると、相手はうっとりとしそうですね。沖縄にあてはめて考えてみると、見晴らしのよい高台とか、景色がよかったり、日当たりがよかったり、海が近かったり、そういう誰もが住みたいと思うような場所から、個人の持ち物となっていくということになりますか。

万座毛！ 素晴らしい！

[*5] 高裁判決は、①住民基本台帳法（以下、住基法）にいう「住所」とは、生活の本拠をいうが、「生活の本拠としての実体」があると認められるためには、今日において住基法にいう住所の有する基本的性格に鑑みると、単に一定の場所において日常生活が営まれているというだけでは足りず、その形態が、健全な社会通念に基礎付けられた住所としての定型性を具備していることを要するものと解することが相当である、②本件テントにおけるXの生活の形態では、同所において継続的に日常生活が営まれているということはできるものの、それ以上に、健全な社会通念に基礎付けられた住所としての定型性を具備していると評価することはできないものというべきであるから、未だ「生活の本拠としての実体」があると認めるに足りず、したがって、Xが本件テントの所在地に住所を有するものということはできない、などと判断しています。そして、一審判決を取り消したうえで、Xの請求を棄却しています。最高裁もXの上告を棄却したため、この高裁判決は確定しました（最二小判平 20.10.3）。

[*6] 笹沼弘志「ホームレス、または世界の喪失」現代思想34巻9号（2006年）74頁。

そして、笹沼さんは、先ほどの素敵なフレーズに続けて、さらに、つぎのようなハッとする法的説明を加えています。「1789年、フランスにおける人および市民の権利宣言 17 条は、人々の諸権利の中でも、所有を唯一神聖かつ不可侵の権利として定めた。これにより、世界を囲い込み私的に所有してきた事実が、後追い的に合法化されたものである。……市民革命は諸個人を解放し、新たな自由な空間、すべての人が各自の居場所をもつことのできる世界、公共性をつくり出したはずであった。しかし、すべての人々に居場所が確保されたか、というとそうではない。解放された空間は、直ちに私的な論理、所有により、今度は一層強固に、再コード化された。私的に囲い込まれた世界、属領化された世界には、もはや持たざる者たちが占める場所は残されていなかった。そして、私的に囲い込まれた膨大な空間の隙間・外部に、ごくわずかな公共空間・公共施設が残され、私的な世界に居場所を持つことが出来ないない人々、貧困で病を持った人々などが身を潜め、隠れ棲むことになった」[*7]と。

　近代市民社会の成立によって、それぞれの市民は、「基本的人権」、例えば、「財産権」が保障されることになりました。このことを根拠に、自宅や持ち家といった「住む場所」は、売買契約（民法 555 条）なのか、賃貸借契約（民法 601 条）なのかはさておいて、少なくとも、私的な契約によって、そこに住む権利は、正当化されていくことになりました。現在の日本国憲法 29 条 1 項においても、「財産権は、これを侵してはならない」と定めており、この規定は、個人の具体的な財産権を保障するとともに、私有財産制を制度的に保障したものであると考えられています[*8]。

　そして、ヒトが見向きもしなかったり、ヒトの目の届きにくい空間、例えば、交通の便が極めて悪い場所、日当たりが悪い場所、水害の被害にあいやすい川

[*7] 笹沼弘志「ホームレス、または世界の喪失」現代思想 34 巻 9 号（2006 年）74 頁。

べりの場所、などなどが、公共空間として、私的所有から免れてきたというわけです。貧困であるがゆえに、私的に囲い込まれた世界に居場所を持たない者たち＝現在でいうところのホームレスは、路上、地下道、駅、橋の下などを野宿の場所とするしかありません。もちろん、町の中心部であるとか、住民のみんなで使うことが、あらかじめ予定されている場所、例えば、公園、駅舎、広場、市役所、教会などは、近代市民社会成立後も、公共空間として残されてきたことはいうまでもありません。

　笹沼さんの議論は、私有財産制やその社会基盤である資本主義社会そのものを否定するものではなく、近代市民社会において確立された「基本的人権」という概念が、常に、権力性や暴力性を伴う危険性を内包したものであることを可視化しようとする議論です。そして、このような視点からすれば、かりにある国民に基本的人権が付与されたとしても、その場合でも、「社会的に排除された者」が存在していないのかどうかを、あらためて問いかける議論であり、社会的に隠蔽された存在に、再び、スポットを当てることで「基本的人権」という概念が、「近代自然法思想」という「仮想の世界」を出発点にしたものであることを、あらためて認識させてくれる興味深い議論であるとおもいます。

3.「社会的に排除された者」を見つけ出す作業、法的問題が法的処理によって隠蔽されたならば、それを、再可視化・再構成化する作業。

　このような「社会的排除」の一例として、ホームレスの問題と同様に、ハン

---

*8　憲法27条1項は、制度保障であると同時に、各人がもっている個別的な財産上の権利に対しても憲法上の保障を与えるという考え方が、現在の判例・通説です（最大判 62.4.22 民集 41 巻 3 号 408 頁）。この点については、高橋正俊「財産権保障の意味」大石眞・石川健治編ジュリスト増刊新・法律学の争点シリーズ3『憲法の争点』（2008年、有斐閣）152頁。
*9　沖縄の視点から、ハンセン病差別被害を法的に解明した、研究としては、森川恭剛『ハンセン病差別被害の法的研究』（法律文化社、2005年）があります。

セン病患者の強制隔離の問題を指摘することが出来ます[*9]。つぎのような新聞記事を見ていきましょう。

そこでは、熊本地方裁判所におけるハンセン病国家賠償請求訴訟の判決について、解説が加えられています。判決は、ハンセン病患者に対する国の強制隔離政策は「1960年には違憲性が明白であった」とし、「隔離の必要性が失われても隔離政策の抜本的な変換を法廃止（1996年）まで怠った厚生労働大臣の職務行為に国家賠償法上の違法性と過失がある」としています。着目したいのは、判決が「らい予防法」と

琉球新報 2001年5月12日

いう実定法が、違法であると評価している点です。それでは、なぜ、判決は、実定法である「らい予防法」に否定的評価を加えているのでしょうか。

この議論の前提としては、「法実証主義」と「自然法思想」の関係を理解する必要があります。「法実証主義」をわかりやすく説明すると、「あなたたちが手

にしている六法全書に書かれているものだけが、法である」とする立場です[*10]。これに対して、「自然法思想」は、実定法を超えた真理を規定する法が存在するという立場です[*11]。その当時の「らい予防法」という実定法は、その当時の「六法全書」に書かれていたものであり、法であるという立場を貫徹するとするならば、「らい予防法」が違法であるという評価を導くことができません。「ハンセン病患者を隔離する」というこのような実定法は、ハンセン病患者の「基本的人権」を等閑視した「自然法」に反するものであり、否定されるべきだという理屈を立てなければ、判決のように、違法評価はできないと考えられます。

[*10] 三島淑臣『法思想史〔新版〕』（青林書院、1980年）321頁には、「法実証主義」について、以下の説明があります。「法実証主義とは、『認識の対象をもっぱら実証的・経験的所与に限定し、経験を超えた形而上学的なもの（事物の隠れた本質、究極の原因や理念等）によって経験世界を基礎づけたり、方向づけたりしようとする一切の試みを否定する反形而上学的・実証主義的思考態度が、法思想・法学の分野にあらわれたもの』……であり、その基本的特徴として、（ⅰ）自然法を排斥して、法学の考察対象たる法（すなわち、固有の法的拘束力をもった規範秩序）としてはただ実定法だけを認めること（実定法一元論）、（ⅱ）法の領域と道徳の領域を明確に分離し、法の効力根拠を道徳的評価から独立したものとみなすこと、（ⅲ）法について、一切の超越論的（超経験的）基礎づけの試みを排除し、法的実践を方向づけるものとしての法理念（法の価値原理）の探求に対して否定的ないし、消極的態度をとること」と、述べています。

[*11] 加藤新平『法哲学概論』（有斐閣、1976年）159頁以下では、「自然法思想」について、以下の説明があります。そこでは、「実定法（人定法）の上に、より高次の法たる自然法があって、人間の社会生活は実定法による規律に服するものと考えられてきた。そして自然法と矛盾する実定法の規範的拘束力を否定するというのが、自然法思想のオーソドックな立場であった。……自然法とは人為から独立の（人間の作為によって動かされない）何らかの自然的な事態・秩序（＝自然）又は先験的な倫理的法則・価値に基づいて、必然に存立するものとされる、正しい人間生活のための規範である。そして、自然法論の長い歴史において、自然法は―少なくとも自然法の原理的部分は―歴史的民族的制約を超えた普遍妥当性をもつものと考えられ、その認識源としては、単なる経験的考察の集積ではなく、何らかのアプリオリな思弁や直覚ないし啓示というようなものが主張され又は想定されてきた」と述べています。

ここで、今一度、確認しておきたいことは、憲法、民法、刑法などの実定法＝法律学の正当化根拠は、そもそも、自然法の一類型である「近代自然法」であるということです。そして、現在、通用している実定法も、将来的には、社会の変化に対応して、あるいは、自然法の洗礼を受けることによって、かわっていくということです。いいかえると、「法は変化するものである」ということです。

　「近代自然法」思想の論者である、ホッブズ[*12]、ロック、ルソーなどに共通する考え方は、「自然状態」を想定し、その状態の下で取り交わされる「社会契約」によって、国家と個人との関係が切り結ばれるというものです。そして、国家と契約を結ぶ、それぞれの個人は、「人間は生まれながらにして、自由・平等の権利＝基本的人権」をもっているはずだという仮定から話は始まることになります。「基本的人権」をもっているはずだという仮定からすると、みなさんが「基本的人権」をおもちだとしても、「六法全書」を指し示し、条文を読むことで、それを証明できますが、「基本的人権」そのものを、手に取り出して、他者に目に見えるかたちで見せることはできないということです。

　「基本的人権」はバーチャルなものであり、そこから社会的に排除されていないかを、改めて、検証されるべき問題は、そのほかにも、例えば、性同一性障害者、同性婚など、まだまだ、多くの問題があると思います。これまで、一見、目には見えない存在、あるいはその存在が見えないものとされていた存在

[*12] ホッブズの思想については、加藤朗「誤読されるホッブズ　ネオコン　米の支配を正当化」（朝日新聞2003年8月29日夕刊）において、ホッブズの「万人の万人に対する闘争」の世界観は、「自然状態における人間の平等性、その平等性故に生まれる相互不信という仮定から論理的に紡ぎだされた実証も反証もできないホッブズの仮想の世界である。この世界観は『希少性と欠如』の仮説に集約され、『生存競争』『適所生存』『弱肉強食』『強者の権利』などさまざまな対立の物語を生み出し、分野や時代を超えてわれわれを呪縛してきた」とその特徴が簡潔に説明されています。

を、可視化していくという作業の一例として、ホームレスの問題、ハンセン病患者の問題を取り上げてきました。

　つぎに、これまで、目に見える存在であったものが、隠蔽化された存在になる、しかし、そのような存在についても再捕捉化と再構成化の作業によって新たな視点から論じられうるというお話をしてみましょう。「ワーキング・プア（働く貧困層）」の基本的人権、とりわけ、憲法25条の生存権にかかわる問題がかつて衆目を集めました。「ワーキング・プア」の定義は、正社員なみにフルタイムで働くか、またはその意思があっても生活保護水準以下の収入しか得られない就業者のことです。この問題は、ある意味では解消しつつあります。それは、つぎのような操作がなされつつあるからです。生活保護法上の生活扶助費がワーキング・プア世帯の就労者が働いて獲得した金額より高いということが、その勤労意欲を減退されるという理由によって生活保護費の引き下げが議論の俎上にあがっています。そして、引き下げる方向での法改正がなされつつあります。その理屈は、ワーキング・プア世帯との消費実態との均衡というものです。つまり、ワーキング・プア世帯の消費実態に鑑みて、低い方の基準に、生活保護費を引き下げるということで、従来、通用していた、「ワーキング・プア」の定義を法的にはうやむやにし、法的に隠蔽化しようとしています。

　しかし、このような法的操作によって、現在、沖縄や日本が、直面している、この問題の本質的部分は何ら解決されたわけではありません。つぎのような新聞記事を見てみましょう。

　沖縄の貧困率が全国最悪であること、その背景には、全国一の非正規雇用率があること、沖縄の生活保護補足率が全国平均を下回っていること等が報道されています。格差が拡大し巨大な下層階級が姿を現したとも評されうる[13]、

---

*13　橋本健二『新・日本の階級社会』（講談社、2018年）。

連鎖 出口見えず

貧困率 全国最悪
いびつな経済構造

2007年の沖縄の貧困率が、全国最悪の29.3%であることが、山形大学人文学部の戸室健作准教授による調査で明らかになった。常に貧しく、働いても貧困から抜け出せない沖縄の現実。困窮者支援の現場からは、消費税増税の中での生活保護法改正や年金引き下げといった社会保障のさらなる引き締めへの懸念や、雇用安定による給与所得の底上げ、福祉と雇用施策の横断的取り組みなどを求める声が上がった。

2007年にかけての推移の上昇幅は21.7%で、2番手の高知の9.6%を大きく引き離した。沖縄は0.9%と高質のまま微増した。1992年から2007年の貧困率は5.2%増加した。全国平均は1998年以降の正社員激減などを背景とする全国の貧困率増加とは異なり、それ以前から突出して高い貧困率が続く沖縄の背景に、戸室准教授は「米軍基地に関わる大きかからの経済への依存が大きく、経済発展地盤が弱いことになっているとみられる」と指摘する。恒常的な高貧困地域であることから、本土からの進出企業も多い「低賃金労働者排除という問題だと、戸室准教授は指摘する。解決策としては「生活保護は全

生活保護捕捉率 全国平均下回る

額庫負担にすぎないべきだ。その捕捉率の地域格差をなくさせないと指摘。そもそも生活保護の捉える地域という統一的な取り組みを訴える。貧困を形成させない統一的な取り組みを訴える。貧困を形

2007年が9.8%と、全国平均（14.3%）より4.5%下回る。他にも35県あるにもかかわらず、捕捉率の地域格差是正する必要がある。そもそも生活保護の捉え方が全国一律であるのに、排除されている問題だと、戸室准教授は指摘する。解決策としては「生活保護は全

非正規雇用
増大裏付け

「働く貧困層」率最悪

沖縄のワーキングプア率は2007年が20.5%という全国最悪水準で横ばいが続く、全国一の非正規化で、2番手の高知（20.2%）から2007年にかけて1992年から創意工夫に当たる。1992年から2007年にかけての創意工夫44.5%も裏付けた。

雇用率（総務省）年調査、沖縄の2人以上世帯の高ワーキングプア率世帯の高ワーキングプア率を指摘する。一般的に人数が多ければ稼ぎ手も増え、少なくとも稼ぎ手がまん延しい低賃金の仕事がまん延しい低賃金の仕事がまん延し、人数分の生活費に収入が追い付いていないのではないかと分析する。

用語

貧困率 厚労省の算出方法は、全国民の可処分所得（就労所得や財産など）を少ない方から並べ、中央の金額（09年は112万2千円）の半分の水準（貧困線、09年は122万4千円）に満たない人の割合を示す。戸室准教授は、都道府県や世帯人員別の年額低生活費（生活と住居、教育扶助などの合計）を下回る世帯総数を貧困世帯と数え、都道府県や世帯人員別の総世帯数から算出している。

作るワーキングプアと高齢者層への対策が急務だ」とし、①最低賃金の向上や非正規労働者の活用規制の強化を提言。②年金額を減らすための年金制度の創設③貧困率の生活保障年金制度の創設④公的年金の底上げ、福祉と

ワーキングプア率の推移（沖縄県）

	1992	1997	2002	2007
(%)	20.2			20.5 上昇幅 0.3
	4.0			6.7 上昇幅 2.7 (1992-2007)

琉球新報 2013年12月15日

第1講　那覇から、ホームレスの問題をきっかけに、法律学について、考えてみると。

今日の社会状況をどのように法的に解決すべきなのでしょうか。そのためには、まず、隠蔽化された事実を、新たなる概念あるいは新たなる法的アプローチによって、再捕捉化・再構成化する作業が必要です。また、このような社会状況を生み出そうとしている、問題の法的処理に対する歴史的経過についてもフォローする必要もあるでしょう。

　現在では、「ワーキング・プア」問題は、沖縄を含めた日本全国で大きな問題となっている、「子どもの貧困問題」と連結して「大人の貧困問題」として新たな視角から議論されています。沖縄においては、正社員世帯においてもその半数が困窮世帯であり、「大人の貧困問題」は危機的な状況にあります。このため、「子どもの貧困問題」の対処療法として、個別の子どもに食事支援や教育支援を行うだけでは、根本的な解決とはなりません。むしろ、「子どもの貧困問題」は「親の貧困問題」や「地域の貧困問題」が複合的に別の形で表面化した問題に他ならないと捉えるべきです。「子どもの貧困問題」を論じる際に「子どもには罪がない」「せめて子どもくらいは」といわれることがあります。しかし、多くの場合、貧困なのは子どもだけではなく、同居する親等の家族も含めて世帯として貧困に窮しています。「子どもの貧困問題」は同居する親などの「大人の貧困問題」と

琉球新報 2017年6月3日

合わせて、世代を横断して捉えたうえで、総合的対策を講じるべき問題です。

「大人の貧困問題」が発生する社会的背景には、沖縄のあり得ない理不尽な労働実態、すなわち、大人の働き方の問題があります。2014年度の沖縄県労働環境実態報告書を見てみると、沖縄において、年休制度のない事業所は37.4%、社会保険に加入していない事業所は18.2%、育児休業制度を採用していない事業所は48.6%であることが読みとれ、職場においてのずさんな実態が見えてきます。沖縄県やマスコミはこのような労働実態をしばしば報道します。しかし、そうすればそうするほど、逆に、多くの沖縄県民はこのような不合理な労働実態に麻痺し、諦め、「世の中の現実はそんなものだ」と受け入れてしまう「あきらめの境地」が広がっているようです。

しかし、まずは、労働実態の現状やそこに内在する問題の本質を正確に認識することが、「大人の貧困問題」を解決するための第一歩です。さらに、問題解決のための実践的な方法論については、この本の「職場のトラブルをどう解決しますか？」のところで、一緒に考えていくことにしましょう。「労働法の問題」の解決を地道に図り、さらには「労働社会」の枠内で解決されない問題については、「生活社会」にかかわる社会保障法と連結して問題解決を積み重ねていくしかありません。

さて、これまで見てきたように、隠蔽された事実を読み取る「ちから」、あまりヒトが着目しない事実を自分なりに捉えることの出来る「ちから」は、法律学の学習のためには、貴重な武器となるはずです。その意味では、法律学的アプローチ、あるいは現実の社会を評価するための視点は、複眼的となるはずです。ナマの事実の評価には、複数の評価があることが、ほんやりとでも、分かってくると、法律学の勉強は面白くてたまらないことになるでしょう。

最後にもう一度、みなさんにうかがいます。那覇市におけるホームレスの基本的人権、とりわけ生存権の保障は、どのように行われるべきでしょうか。まず、生活保護法の適用の可能性が考えられます[*14]。つぎに、ホームレス自立支援

法の適用の可能性が考えられます[*15]。しかし、ホームレス自立支援法1条は、「この法律は自立の意思がありながらホームレスとなることを余儀なくされ者が多数存在する…」と述べています。それでは、「自立する意思のないホームレス」あるいは「自立したくないホームレス」に、ホームレス自立支援法は適用されるのでしょうか。ここでは、結論は述べません。みなさんで、基本的人権とそこから「社会的に排除される者」、そして、その者を法的に包摂する作業、それでも、そこから「社会的に排除される者」が存在する可能性がある。それに対して……といった観点から考えてみてください。

[*14] 生活保護法が、ホームレスに適用されるか否かという問題については、ホームレスは、住所が定まらないということを理由にその申請を拒否し、保護を開始しないという運用が、従来は、まかり通ってきたといえます。しかし、最近では、厚生労働省は、ホームレスの生活保護の適用にあたり、「居住地や稼得能力があることのみをもって保護の要件に欠けるものではないことに留意し、生活保護を適正に実施する」という考え方を示すようになっています（「ホームレスに対する生活保護の適用について」平15.7.31 社援保発0731001号）。このような取り扱いに影響を与えた判例として、以下の事案があげられます。

高齢のため、日雇い労働に就労することができず、野宿生活を余儀なくされていたXが、難聴のため、周囲とのコミュニケーションをとることが困難で、施設収容による保護ではなく、居宅での保護を求めていました。これに対して、Y更正相談所長は、住所を持たない者は居宅保護ができないとして収容保護決定をしましたが、判決は、このことを違法として、収容決定を取り消しました（大阪地判平14.3.22 賃金と社会保障1321号10頁）。

[*15] ホームレス自立支援法2条に基づけば、「ホームレス」の定義は、「都市公園、河川、道路、駅舎その他の施設を故なく居住の場所とし、日常生活を営んでいる者」と定義されています。

| 第2講

「私(し)」のあれと「公(こう)」のこれ
─ それって、プレーの範囲内？ ─

1. 国際通りのお土産屋さんで考えたこと

　私は東京で大学院生活を送ったこともあり、今でも、2か月に1回位は上京し、母校の研究会で勉強しています。その際、沖縄の手土産をもっていくと先生や大学院生にも喜ばれ、研究会の雰囲気も和やかになります。定番の手土産は、「新垣本舗のちんすこう」か「お菓子御殿の紅芋タルト」といったところでしょう。お世話になった先生へのお礼は、県庁前で購入する沖縄の縁起物の田芋を使った「田芋パイ」か金武町の鍾乳洞で長期熟成させているマボロシの豆腐餻(とうふよう)と決めています。

　研究会前日のある日、手土産を探して、国際通りのあるお土産屋さんには

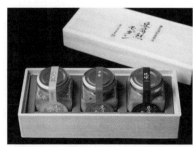
マボロシの豆腐餻
（写真提供：㈲インターリンク沖縄 龍の蔵）

国際通り

いったところ、お客さんの少ない時間帯だったようで、何やら、二人の女性店員が雑談をしていました。つぎのような会話を思わず聞き入ってしまいました。「最近、彼氏とうまくいっていないの。」「そーなんだ。」「彼氏とも付き合い長いからねー。」「いわゆる、倦怠期ってやつ。」「そーかもしれない。」「彼のこと今でも好きなの？」「そりゃーそうでしょう。」「一途だねー。」「そーだ、あれ使えば。」「これじゃなくてね。それね。いいかもー。でも、あれって大丈夫かしら？」「えー。いいにきまってんじゃん。」「でも、これって気持ちいいのかなぁ？」「そりゃ、そうでしょう。」「そうなんだ。でも、あんなときにこれを使うのは？」「それって、プレーの範囲内だと思うけど。」その場にいた私は「あれとこれとそれ」が何なのか、とても気になりましたが、時間がないので、お目当ての商品をもってレジまでもっていき、「すみません。これお土産にください。」と話しかけました。すると、二人は真っ赤な顔をしながら、「ありがとうございます。」と何事もなかったかのように会計をしてくれました。今でもあの時のこのような会話をめぐる場面を思い出します。その場合、「あれとこれとそれは何だったか」がいまだに不思議でなりません。とはいえ、「あれとこれ」をそのように使うことをきっかけにあの二人の距離がぐんと近づいてやがて一緒に暮らし始め、このような年月が過ぎることで夫婦となっているのか、あるいは、すでにそれから別れてしまい、あのような関係が解消されてしまったのかという点は、このような私でもそれなりに気になって仕方がないのですが、あのような話はカップルの付き合い方、プレーや趣味の範囲内の問題であり、他人である私がこのようにとやかくいうことではないというのがそれなりの結論になりますか。

2.「私」のものから「公」のものへ。「公」のものから「私」のものへ？

「夫婦喧嘩は犬も食わない」（One should not interfer in lover's quarrels.）ということわざがあります。この意味は、夫婦喧嘩はつまらない原因だったり、

一時的なものであったりするから、他人が間に入って心配したり、仲裁するものではないということです。夫婦やカップルのあり方は、ふたりの信頼関係に任せるべき「私」の領域の問題です。しかし、ふたりの喧嘩やいざこざが「閉じた空間」において、例えば、料理の味付けが気に入らないと調味料を投げつけるとか、野菜の切り方が悪いとテーブルをひっくり返すといった暴力行為やおどしが継続的なものになり、一定の限度を超えた場合には、当事者だけでは、適切な問題解決は難しくなります。「私」の領域で問題が解決できないならば、ドメスティック・バイオレンス（以下「DV」）という概念で捉え直したうえで「公」の領域に移行させ、第三者である行政のサポートによって問題を解決した方がよさそうです。「法は家庭に入らない」という言葉があるように、「夫婦喧嘩は犬も食わない」が原則です。しかし、DV法[*1]を根拠にDVと法認された「夫婦喧嘩には役所が介入する」ことで、問題を解決するということです。

　「私」の領域から「公」の領域へという説明はわからないでもないが、「私」のものと「公」のものとは、いったい何だろうという疑問をもたれた方がいらっしゃるでしょう。「人間は社会的動物である」という言葉があるように、「私」の領域でも「公」の領域でも何らかのルールというものがあるはずです。この

[*1] 正式名称は、配偶者からの暴力の防止及び被害者の保護等に関する法律です。DV法1条3項は、配偶者を、法的に正式な夫婦とともに、事実婚の状態（婚姻の届出をしていないが事実上婚姻関係と同様の事情にある者）を含むと定義します。DV法1条1項は、配偶者からの暴力について、「配偶者の身体に対する暴力（身体に対する不法な攻撃であって生命又は身体に危害を及ぼすものをいう……）またはこれに準ずる心身に有害な影響を及ぼす言動」と定義します。その適用対象は殴る蹴るなどの身体的な暴力を受けたケースに限定されているため、「これに準ずる心身に有害な影響を及ぼす言動」の解釈、あるいは被害者の位置づけはグレーゾーンとなっています。身体的暴力を伴わない場合は「DVではない」＝「私」の領域の問題とする役所（都道府県や市町村に置かれている配偶者暴力相談支援センター）もあれば、「DVであり保護が必要」＝「公」の領域の問題とする役所もあり、この線引きの問題は実務上の難問です。

ようなルールを社会秩序と呼びます。社会秩序には、宗教・習俗（ならわし・マナー）・道徳・法があります。イスラム教を国教とするある国では、宗教によって妻を4人まで妻取る(めと)ることができます。日本では、お家の中でパスタをずるずると音をたてて食べると奥さんから大声でののしられるでしょう。しかし、沖縄そばを食べている際に同様な行動をとられたら、DVを疑わなければなりません。なぜなら、沖縄そばを食べる時に音をたてることはマナー違反ではないからです。また、ゆいレールの中では、「お年寄りや体の不自由な方に席を譲りましょう」と書かれているかもしれません。かりに書かれていなかったとしても多数の方は「そんなの当然でしょう」と内心では思うでしょう。この内心に基づくものが道徳です。

「社会あるところ法あり [ubi societas,ibi jus]」というローマ時代のことわざがあるように、何といっても社会秩序の代表選手は法です。法の世界では「公法・私法二元論」とよばれる伝統的な議論があり、「私」の領域は、自由放任主義的な経済政策を基礎として国家からの自由が要請され、市民間の財産権および契約自由の原則が保障される領域であるとされています。この議論では、国家と市民間の法的関係を規律するものが公法であり、市民間の法律関係を規律するものが私法であり、両者は住みわけられるべきと考えられています。公法には憲法・行政法・刑法などがあてはまり、私法には民法・商法などがあてはまります。国家は何よりもまず社会の平和を確保するといった「公」の領域に専念し、「私」の領域には、国家は介入すべきではない（消極的国家・夜警国家）と考えられてきました。国家は公私の区別をし、その活動範囲は、例えば、外国からの攻撃を防衛したり、予め攻撃されないように外交活動を行う、あるいは公共の生活や利益に資するように道路・港湾・空港を整備するといったことを主たる役割とすべきだというわけです。

「神の見えざる手」に導かれ、「私」の領域である市民の自立性に委ねることで自律的に発展すると考えられてきた資本主義は20世紀にはいると、貧困や

失業といった社会的矛盾に苦しむことになります。そこで、むしろ、国家は社会的矛盾を解消するために、「公」の領域の問題に積極的に介入し、市民・国民の社会権を実質的に保障する役割を担うべきであるという国家観(積極的国家・福祉国家)がヨーロッパ先進諸国を中心に大きな影響力をもつようになります。しかし、このような国家観は「大きな政府」を求めることから、やがて国家財政の悪化をまねくことになり、イギリスのサッチャー政権、アメリカのレーガン政権で行われたように、規制緩和、国営・公営企業の民営化、社会保障制度の見直し・縮小といった「小さな政府」を目指した経済政策[*2]に再転換していくことで「公」の領域から再び引き上げ、「私」の領域に押し戻してしまうという傾向が見てとれます。日本でも、中曾根内閣の第二臨調、国鉄分割民営化、電電公社の民営化、小泉内閣の郵政民営化といった経済政策が推進されました。今でも、ことあるごとに「官から民へ」「規制緩和」「(聖域なき)構造改革」というキャッチフレーズは唱えられます。

　「私」の領域だけでは解決が困難な問題を「公」の領域に移行させることで解決しようとしている色々な問題について、つぎのような新聞記事を見ていくことにしましょう。「恋煩い」から「ストーカー規制」へ、「家庭のしつけ」か

[*2] この経済政策は、「リバタリアニズム(libertarianism・自由至上主義・自由尊重主義)」という、個人の自由を侵さない限りにおいて個人に最大限の自由を認めるべきであるという、自由に最大の価値をおく政治哲学的立場を論拠とします。自由の意味は、個人的・人格的・精神的自由とともに、経済的自由も含むと捉えられており、経済学的文脈では、フリードリッヒ・ハイエクやミルトン・フリードマンといった経済学者のアプローチと親和性があります。リバタリアニズムは、自由を損なう国家を廃止またはその機能を最小限化すること、経済的には市場原理に任せることを含意し、このことで、富の再分配は自動的に行われ、安定した社会が成立すると主張します。より詳しくは、マイケル・サンデル著・鬼澤忍訳『これからの「正義」の話をしよう　いまを生き延びるための哲学』(早川書房、2011年)、佐伯啓思『経済学の犯罪　稀少性の経済から過剰性の経済』(講談社、2012年)。

第 2 講 「私」のあれと「公」のこれ

ら「児童虐待」へ、「家族を含めた高齢者への介護」から「高齢者虐待」へといったプロセスとともに、いずれの記事を参照してみても、既存の法では対応できない難しい事態の発生に対して、新たな法的対策が図られつつあることが読み取れます。

また、学校給食費未納問題（以下、未納問題）の解決のために、学校給食完全無償化を実施しようとする地方公共団体の取り組みも、同様な視点で捉えることがで

琉球新報 2016 年 5 月 10 日

琉球新報 2016 年 5 月 30 日

琉球新報 2015 年 2 月 10 日

きます。今日、多くの各都道府県の市町村において義務教育の小中学校では学校給食が実施されています。しかし、その実態や問題状況は各地方公共団体によって千差万別で一概には論じられません。学校給食については「親の愛情弁当」か、それとも「学校給食」かという論争があります。「親の愛情弁当」派には、「個々の成長への配慮」「親子の絆」「食券購入等の手間が不要」「給食費滞納者のために給食は質が低下することがある」「他の家族の弁当とあわせて作ることができる」「アレルギーのある生徒の精神的負担が軽減できる」といった意見があり、「学校給食」派には、「栄養のバランス」「経済的に恵まれない生徒への配慮」「家庭での負担軽減」「衛生管理等安全性の確保」「給食費の徴収・管理等の教職員の時間的・精神的負担の軽減」等の意見があります[*3]。もっとも、実際には、学校給食は大部分の市町村においても実施されています[*4]。さらに最近では、学校給食は、「子どもの貧困問題」や「食の保障」としての民間による取り組みである「子ども食堂」の広がりとともに、「公」の領域の問題として論じられています。このアプローチは、学校給食の本質を考えていく際に欠かせない視点です。なぜなら、学校給食の出発点は貧困児童の救済から始まったという歴史があるからです[*5]。

　文部科学省の2015年度の調査からは、2015年に米飯やパンなどの主食とおかず、牛乳がそろった「完全給食」を実施した全国の国公私立の中学校は

[*3] 鳫咲子「給食費未納　子どもの貧困と食生活格差」（光文社、2016年）179頁。
[*4] 学校給食法1条は、「学校給食が児童及び生徒の心身の健全な発達に資するものであり、かつ児童及び生徒の食に関する正しい理解と適切な判断力を養う上で重要な役割を果たすものであることにかんがみ、学校給食法及び学校給食を活用した食に関する指導の実施に関して必要な事項を定め、もつて学校給食の普及及び学校における食育の推進を図ることを目的とする」と定めています。もっとも、同法4条が「義務教育諸学校の設置者は、当該義務教育諸学校において学校給食が実施されるように努めなければならない」という法的義務ではない、努力義務としているため、その判断は各地方公共団体に委ねられています。

82.6%、公立小学校は 99.6% となっており、給食実施率はかなり高いということがわかります*6。学校給食法 11 条が調理施設費や人件費は自治体などの学校設置者が負担し、食材費は保護者が負担すると定めているため、学校給食費は無料ではありません。このため、何らかの理由で保護者が給食費を「払わない」「払えない」という、未納問題が生じます。未納問題は、「払わない」という視点に立って「子どもの昼食代はどこにいても必要なはずなのに、ただ飯を食らい、食い逃げをするのか」という「保護者の責任感や規範意識の欠如といったモラルの問題」と捉えるのか、それとも「払えない」という視点にたって「親の経済的な問題」に起因して

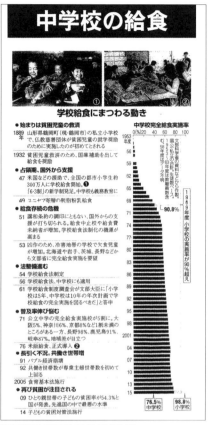

朝日新聞 2017 年 6 月 19 日

---

*5 朝日新聞 2017 年 6 月 19 日では、「第 2 次世界大戦での中断を経て、1954 年に学校給食法が制定。小学校の給食の法的根拠が与えられ、普及していきます。2 年後に中学校にも適用されますが、実施率の伸びが鈍る時期がきます。地域ごとの財政事情に加え、経済成長とともに専業主婦というライフスタイルが広がり、遅くとも 70 年代には『愛情弁当論』が語られるようになりました。バブル崩壊後、格差が社会問題化。再び、貧困対策としての割合が給食に期待されるようになっています。」として学校給食の始まりは、今でいう「子どもの貧困」対策として始まったことが説明されています。

*6 朝日新聞 2017 年 5 月 6 日。

子どもを犠牲にしないためにも「給食は子どものセーフティネットとして不可欠である」と捉えるのかという観点から論じられます。ここでは、「払わない」という問題は、脇に置いて、「払えない」という問題に焦点をあてましょう。

学校給食費の集金（徴収）は誰が行うのかという問題もあります。学校集金で行うものを「私会計」、設置者である自治体が行うものを「公会計」と呼びますが、2012年度の文部科学省の全国の公立小中学校に対する調査に基づけば、公会計化している学校は30.9％、私会計化している学校は69.1％ということで、未だに多くの小中学校で私会計化に止まっていることが未納問題の難しさに拍車をかけています。なぜなら、公会計では、未納者に自治体が督促を行うことができ、未納分は税金による自治体の負担となりますが、私会計では、学校長名義の口座で給食費を管理し、未納者には学校が督促を行い、未納分は他の生徒の負担になったり、食材購入に影響を与えることになるからです。

つぎのような新聞記事を見てみましょう。沖縄県内自治体のうち給食費を徴収する36市町村の給食費が小学校で2900円〜4300円、中学校で3400円〜4800円となっていること、給食費を無料とする5町村（嘉手納町・渡名喜村・多良間村・粟国村・与那国町）があることが読み取れます。保護者が負担する給食費のこれ位の額も払えないのかという意見もあれば、子どもの数が多い家庭では大きな負担だという意見もあるでしょう。前者の意見は一見まっとうなであるようにも思えますが、実は、その額が払えない保護者は、例えば、国民健

社説　学校給食費の地域差

国が無料化し是正すべきだ

琉球新報 2016年3月9日

康保険料・国民年金保険料・住民税・所得税等を滞納し、サラ金に多重債務を抱え込む等、日常生活が破たんに追い込まれている状況にあることが明らかになっています[*7]。つぎのような文章がその実態を示唆しています[*8]。

「ほとんどの滞納者は、払いたくても払う金がない滞納者です。……資力のない滞納者は、徴収職員に怒られるのではないかというおびえ、支払い義務を果たしていないという引け目を感じています。そして、税金すら払えないような自分は、誰からも見放されているという孤独感に追い詰められています。滞納が高額化し、重複してくると……判断不能そして思考停止の状態に陥ります。……給食費を払えないお母さんを想像してみましょう。給食費の支払いが3か月遅れて、担任の先生から電話がかかってくる。そのときお母さんは先生から叱られないか、子どもの給食費も払えないなんて恥ずかしい、母親失格と感じています。給食費が払えないなど、夫にも実家の父母にも相談できるはずもなく、一人で悩み続けます。しかも消費者金融、クレジットカードなど他にも複数の支払いがあると、なにからどう手を付けてよいのか混乱して、家計の収支が把握できなくなっています。……滞納が深刻化し、判断能力、現実逃避にまで至ると、どんなに督促を厳しくしても何の成果も生みません。滞納の原因を聴き取って、その原因を除去するしか方法はありません。」

学校給食費を完全無償化すれば、「払う」「払わない」「払えない」の線引きに悩むことなく、未納問題の解決が可能です[*9]。学校給食費を無償化している多くの自治体は、子育て・少子化対策の政策経費として財源を確保しています。無償化＝自治体負担とするためには、教育予算の増額が必要で、費用の公費負

[*7] 雁咲子『子どもの貧困と教育機会の不平等』（明石書店、2013年）18頁。
[*8] 瀧康暢・生水裕美編『生活再滞納整理の実務』（ぎょうせい、2013年）36頁。
[*9] 保護者負担金研究会編『保護者負担金がよくわかる本　集金から未収対策まで』（学事出版、2015年）116頁。

担を定めた条例や要綱の制定が必要です。このためには、自治体としての政策や財源を検討し、議会の承認が必要になります。「なぜ若い世代だけ税金をばらまくのか」「学校給食費は保護者負担が望ましい」という考え方も、「子どもの食のセーフティネットである」「学校給食の時間も学習指導要領に定められている特別活動であるため一種の教材として公費負担が望ましい」という考え方もありえます。後者の考え方について住民のコンセンサスが得られたときに、「私」の領域から「公」の領域において、未納問題は解決されます。さらに、例えば、一部の学校において壺屋焼物を給食用食器として使用し、鏡水大根の地産地消に取り組む「那覇市」や美味しいヤギ汁が地産地消として給食に出る「北中城村」のように、各地方公共団体独自の給食メニューが生み出されていくことに

琉球新報 2018 年 2 月 23 日

---

*10　平成20年の学校給食法改正によって、学校給食の目標に「わが国や各地域の優れた伝統的な食文化についての理解を深めること」(同法2条6項) が追加されました。地産地消の学校給食や有機農業や食育を柱としたまちづくりで全国の注目を集めている今治市の政策については、安井孝『地産地消と学校給食』(コモンズ、2010年)。また、外国の例ですが、さすが、食の大国と感心した本として、奥本美香『イタリア　ぐるっと全20州おいしい旅』(産業編集センター、2014年)、秦真紀子『スペイン　まるごと全17州おいしい旅』(産業編集センター、2017年)。

なり、さらに「給食の質」拡充に向けた議論が「公」の領域でなされることになるでしょう*10。次のような新聞記事を見てみましょう。「伊江島牛」を給食で食べられるそうです！

　これまで見てきたように、何が「公」の領域の問題であり、何が「私」の領域の問題なのかという区別は、時代とともに常に行ったり来たりしています。「DV」「ストーカー規制」「児童虐待」「高齢者虐待」「学校給食費未納」といった問題は社会保障法に親和性のある領域の問題であり、後述する労働法とあわせて、公法上の憲法・行政法・刑法と私法上の民法等の両法にまたがる問題関心を共有する特徴があります。

3.1. 労働法のお話 ―「私」のものと「公」の罰則というもの―

　民法では「雇用契約」*11 の中身は、ある労働条件で働きたいと考える採用希望者とこの労働条件なら雇ってもよいと考える使用者との間で決める問題だと考えます。一方、「雇用契約」を労働法において読み替えた「労働契約」は、「私」のものと捉えるだけではなく、むしろ、「公」の色彩が濃厚となっています。このような変化には、二つのお話がかかわってきます*12。一つは、「私」のものである「労働契約」に「公」＝労働基準監督官による「罰則」を関与させることで、公正な労働基準を実現していくお話です。沖縄でも、つぎのような報

---

*11　民法623条は、雇用契約について、「雇用は、当事者の一方が相手方に対して労働に従事することを約し、相手方がこれに対してその報酬を与えることを約することによって、その効力を生ずる。」と規定しています。
*12　ここでは、労働法上の実効性確保の問題について取り扱っています。より詳しくは、山川隆一「労働法の実現手法に関する覚書」根本到・奥田香子・緒方桂子・米津孝司編『労働法と現代法の理論　西谷敏先生古稀記念論文集　上』（日本評論社、2013年）75頁、鎌田耕一「労働法の実効性確保」日本労働法学会編『講座労働法の再生　第１巻　労働法の基礎理論』（法律文化社、2017年）225頁。

道がなされています。

　もう少し、具体的に考えていくことにしましょう。私は授業の中で、受講者につぎのような質問をしたことがあります。「離島出身者で那覇に下宿をしている沖大の学生が、居酒屋でアルバイトをしていたところ、その居酒屋は必ず夕食を出してくれた。このため、その学生は大変喜んでいた。月末のアルバイト料を計算してみると時給550円であったが、その学生はいつもお世話になっているから、まあ、いいかと考えた」と。「この場合、あなたは、この学生にどのようなアドバイスをしますか」と質問してみたところ、2つの意見をきくことができました。ひとつは、「お互いが納得しているのだから、それでいいのではないか」というものでした。もうひとつは、「沖縄県の最低賃金[*13]に違反し、法に違反しているから、それは認められない」というものでした。しかし、この学生から「居酒屋の店長には大変感謝しているし、私がいいといっているのに、なんで関係のない、あんたなんかが干渉するんだばー」といわれたら、どのように説明しますか。最低賃金法によれば、使用者は、最低賃金の適用を受ける労働者に対し、その最低賃金額以上の賃金を支払わなければなりません（同法5条1項）。さらに、これに違反すれば使用者は40万円以下の罰金に処されることになります（同法40条）。もちろん、この店長は労働契約上、550円から737円に切り上げて、学生に差額を支払わなければならないという経済制裁的な規制を受けることにもなります。

　同様な問題として、つぎのような問題も指摘できます。労働基準法（以下、労基法）32条2項は、使用者は労働者に1日8時間を超えて、労働させてはならないと定めています。それでは、労働者の方から「私は、今月はお金がいるから、1日10時間働きたい。店長にお願いしたのは私だ。なんで、関係な

[*13] 2017年10月現在の沖縄県の最低賃金は737円です。

いあんたが口出しするのかー」といわれたらどうしますか。この問題*14について、労基法13条は、「この法律で定めた基準に達しない労働条件は、その部分については無効とする」とし、「この場合において、無効となった部分は、この法律で定める基準による」と定めています。このことから、私法上（労働契約上）の説明は可能です。つまり、かりに労使当事者が労働契約上10時間の労働時間を合意していたとしても、この条文からその労働契約はいったん0時間となり、その0時間に対して、労基法32条の定める8時間がとってかわり、労働時間は8時間ということになります。また、使用者は、労基法の定める労働時間制限を超えた違法な労働をさせたわけですから、労基法119条が介入することで*15、「罰則」を受けることになります。実務的には、行政（労働基準監督官）が使用者に関与することで、公正な労働条件が公法的にも確保されま

---

*14　労働契約上の労働条件をどのように決めていくのかという問題です。根拠は、①労基法（強行法規）、②労働協約（労働組合との団体交渉によって締結される書面協定）、③就業規則（求人票などの労働契約のひな型）、④労働契約、⑤労使慣行（職場で暗黙の了解がある慣習）の5つがあり、前者が後者に優越するという関係があります。この問題は大学生に教えていてもほぼ全員が「理解し難い」という顔をするところです。興味がなければ、この解説は無視してください。もう少し考えてみたいという方には条文を示しておきます。

労基法92条1項「就業規則は、法令又は当該事業場について適用される労働協約に反してはならない。」
労基法93条「労働契約と就業規則との関係については、労働契約法第12条の定めるところによる。」
労働契約法12条「就業規則で定める基準に達しない労働条件を定める労働契約は、その部分については、無効とする。この場合において、無効となった部分は、就業規則で定める基準による」　※この条文は就業規則に最低基準効を付与している。
労働組合法16条「労働協約に定める労働条件その他の労働者の待遇に関する基準に違反する労働契約の部分は、無効とする。この場合において無効となった部分は、基準の定めるところによる」。
※労基法13条は本文に引用しています。

す*16。もっとも、罰金の金額は決して高いものではないので大企業は痛くもかゆくもありません。もっと、べらぼうな金額の高額化といった厳罰化も考えてみる必要がありそうです。さらに、使用者は2時間分の割増賃金を含む残業代という経済制裁的な規制を受けることになり、「あんたが口出しするのかー」と毒づいていた労働者はラッキーなことに金銭的な利益も享受できます*17。

---

*15　使用者は、6箇月以下の懲役または30万円以下の罰金に処されます。
*16　労基法36条1項は、「使用者は、当該事業場に、労働者の過半数で組織する労働組合がある場合においてはその労働組合」（過半数代表組合・多数組合）、あるいは「労働者の過半数で組織する労働組合がない場合においては労働者の過半数を代表する者」（過半数代表者）との書面による協定を締結し、これを労働基準監督署に届け出た場合には、時間外労働または休日労働をさせることができるという規定を置いています。この36協定が締結されることによって、違法な残業ではなくなり（適法な残業になり）ます。しかし、適法な残業ということと、労働者が労働契約において残業義務を負うのかという私法上の効果の問題は別問題です。なぜなら、36協定締結とその書面協定を労働基準監督署に届け出ることは、使用者が処罰されないという公法上の効果を発生させるにとどまるからです。なお、労基法上の労働基準緩和機能を有する労使協定には、13類型があります。その多くは労働時間にかかわるものです。参考までに、労基法条文の該当箇所を指摘しておきます。

> 貯蓄金の管理協定（18条2項）、②賃金の一部控除（24条1項）、③1か月単位の変形労働時間制（32条の2）、④フレックスタイム制（32条の3）、⑤1年以内の変形労働時間制（32条の4）、⑥1週間単位の変形労働時間制（32条の5）、⑦一斉休憩原則の解除（34条2項）、⑧時間外・休日労働（36条1項）、⑨割増賃金の例外（37条3項）、⑩事業場外労働時間のみなし制（38条の2第2項）、⑪裁量労働時間のみなし制（38条の3第1項）、⑫計画年休（39条5項）、⑬年休取得者に対する標準報酬月額（39条6項）。

　労使協定の発展形の労使委員会の決議（38条の4）も参照してください。もっとも、この条文は、いくらなんでも長すぎて、読む気もしなくなりますが……。
*17　2時間分は労働契約の根拠がなくなりますが、違法な残業を行った事実は残ります。そうすると、労働契約関係がない場合に用いられる民法709条の不法行為と労基法37条の時間外・休日・深夜の割増賃金にかかわる規定を根拠にして、使用者は、違法な残業につき2割5分増以上の残業代の支払義務が生じることになるでしょう。

3.2. 労働法のお話 ―「私」のものと「公」の「公表」というもの―

　二つ目のお話は、行政[*18]が「私」のものを「公」のものに政策誘導し、言うことをきかないなら、恥ずかしい思いをさせるが、不感症の者には応えないというお話です。例え話をしてみましょう。建前はさておき、本音では「この会社はわったーがつくった会社だ。誰を雇おうと勝手だし、いろんなところから口出しされる意味がわからん」と考える社長がいらっしゃったとしましょう。この社長は、内心ではきっと、「障害者？　役に立つのかね。年寄りも体力・知力が衰えて戦力にはならん。女性は、せっかく採用しても結婚したといって、突然、辞めてしまう。そーでなくても、妊娠・出産とかで会社を休む。こちらが期待して教育訓練をしてもカネの無駄だ」と思っているはずです。この会社では、障害者・高年齢者・女性労働者は苦労しそうです。どうしたらいいのでしょうか。放置プレー？　それとも、社長の社会的立場から、がつんと「刑罰」を伴ったハードな調教プレー？　もっとも、強い態度で出ると、かえって開き直られそうです。お願いベースで、なだめたり、すかしたりしながら、説得してみる、ソフトな調教プレーがよろしいかと……。

　この点について、荒木尚志さん（東京大学教授）は、「人々の生き方、家族観、価値観等に密接に関わる社会労働立法においては、実効性ある規制を導入しようとすると、その価値観をにわかには受け入れる用意のない立場からは大きな反発が生じてしまう。この点、日本では、障害者雇用、高年齢者雇用、育児介護休業等の規制において、新たな規範について『努力義務』（その違反について裁判所に出訴して実現できない性質のものであることからソフトローの一種

[*18] ここでの行政は厚生労働行政のうち労働行政のことを指し、行政と国は同じ意味で用います。

とみることができる）を課し、積極的な行政キャンペーンや啓蒙活動を通じてその価値が社会に浸透するのを待ってハードロー化するという漸進的施策が多用されている。……労働立法においては、努力義務の他にも、必ずしもそのまま裁判規範とはならない配慮義務規定、訓示規定等が設けられることは少なくない。……これらの規定は、権利濫用判断等で考慮されることはあっても、それ自体が裁判規範を設定した規定とはいえない。しかし、当事者が労働条件をめぐって交渉する場合には、重要な行為規範として機能する」という秀逸な説明をなさっています[19]。

　法がつくりだす秩序というものは実在する既存の社会を反映して形作られます。このため、むしろ法は現状を固定化してしまう傾向があります。法の運用・解釈に携わる法律家は、既存の法秩序を維持する作業は得意です。しかし、不確定な未来社会の変化を先取りすることは苦手です。一方、法の執行者である行政は、強制ではなく選択の自由を残しつつ、行政の考える最善の羅針盤を指し示し、行政目的を実現することが得意です。この手法では、まず、「私」のもの＝労働法で「使用者」と呼ぶものを、「公」のもの＝行政法では「事業主」と読み替えます。そして、国が「事業主」に柔軟な法といった意味の「努力義務」を用いたソフトローの段階から、より厳格な法律といった意味のハードローとしての「法的義務」の段階に漸進的に移行させ、この段階では法的義務に従わない事業主に「公表」という究極の仕掛けを行います。公表[20]とは、事業主が行政上の指示や勧告といった行政指導に従わなかった場合に、行政が違反事実とその名前を広く知らせることです。目的は違反事業主に間接的な圧力によって行政指導に従った行動をうながすことです。公表は違反した事業主の名前（企業名や個人名）や違反行為を国民に知らせるものですから、社会的評価

---

[19]　荒木尚志『労働法〈第3版〉』（有斐閣、2016年）778頁。

の低下を嫌う事業主には効果があります。こうして、マスコミや世論などの批判を喚起しながら違反した事業主に社会的制裁を加えることで実効性の確保措置を図ります。

具体例をエピソードで見てみましょう。

エピソード１

2004年の高年齢者雇用安定法（以下、高年法）改正によって、65歳未満の定年を定めている事業主は、65歳までの高年齢者の雇用確保のため、①定年の引き上げ、②継続雇用制度の導入、③定年の定めの廃止、といった３つのうちいずれかの措置を採ることが義務づけられています（高年法9条）。事業主の法的義務が課されていることを前提に、さきほどの社長と従業員である相当(そうとう)適当(ゆきまさ)さんの会話を聞いてみることにしましょう。

「社長、私、いよいよ来年4月に61歳になりますので、65歳まで継続雇用していただけませんか。」（相当さん）

「はー、あんた年とって、体力ないでしょうが。」（社長）

「体力の問題とかじゃなくて、高年法によって法的義務が生じています。それって法律違反です。まずいですって。」（相当さん）

---

*20 公表には、情報提供目的の公表と制裁目的の公表の二つがあり、制裁目的の公表には法律の根拠と事前手続の保障が必要です。この点は、宇賀克也『行政法概説Ⅰ 行政法総論［第6版］』（有斐閣、2017年）267頁。都築弘「ハラスメント紛争解決制度の現状と課題」法律のひろば（2017年）52頁では、ITが進展し情報の伝播性が格段に広がっている昨今では、氏名や企業名の公表がその個人や企業の名誉や信用に対し多大な不利益を与えかねないし、仮に誤った公表がなされた場合には、名誉や信頼の棄損に対する被害回復が困難であるとの指摘がされています。なお、事後的な救済としては、違法な公表によって名誉や信用を棄損された事業主は、事後的な救済としての国家賠償請求が認められます（東京地判昭54年3月12日判時919号23頁）。

「ほう、法？ そうなの？ 法律？」（社長）

「そうです。社長は行政から要望を受けているはずです。」（相当さん）

「行政？ おもろまちの公務員のことか。知り合いはおらんし、頼まれたことも一度もない。だいいち、行政とはつきあいがない。」（社長）

「知り合いがいるとかいないとかという話じゃなくて。法的義務があるわけですから、65歳まで雇ってください。家のローンも残っていて、一人息子も関東の大学に行かせてます。お金が必要なんです。」（相当さん）

「お願いしてるの？ それとも、要求しているの？」（社長）

「ですから、法律上の義務を根拠に交渉しています。」（相当さん）

「むり、む理、無り、無理……。」（社長）

「なんでですか？」（相当さん）

「あんたのいっていることは法的に無理な話なの。あんたのいう義務は公法上の義務の話でしょうが。あんたのいうことを実現したいなら、高年法に私法上の義務になる根拠がなければ話にならん。例えば、労契法18条のように、わしに対する『承諾みなし制度』のような規定があると、わしはもはや断れん。しかし、ないから、私法上、つまり労働契約上は無理だな。それから、その前提は、さらに、あんたの申込み権が高年法に規定されていることだ。」（社長）

「……」（相当さん）

相当さんは国が事業主に課した法的義務を自分に対する法的義務と勘違いして権利を主張しています。たしかに、国・事業主（使用者）・労働者の三者間の関係において、国が事業主（使用者）に公法上の法的義務を課し、さらには、高年法10条に「公表」等にかかわる規定によって[21]、法的義務の実効性を高めています。とはいえ、労働者は、三者間の関係で反射的に、私法上（労働契約上）、事業主（使用者）に課された法的義務の果実を享受できる可能性が高まっているにすぎません。相当さんのように具体的な権利を侵害されたと考える者に、法的義務が直接的な私法上の効力を付与していないことから、「なんだか

なぁー」といった割り切れない気持ちになりそうです*22。

エピソード2

さらに、社長の会社で起こっているセクシャル・ハラスメント（以下、セクハラ）についての、会社の従業員である平等平等子（ひらとうひとこ）さんと行政の会話を聞いてみましょう。

ある日のこと

「えー！相談あるんだけどさ、いいねー？ はっさ！わんの上司の東砂漠（ひがしさばく）課長がさ、出張中の車の中でね、わんの胸や腰にひっちー触ってくるわけよ。してよ、やー触らんけーしたら課長補佐の職をとかれてしまったわけさー。あきれるさー。しに、わじわじーする。やしが、同じ営業の仕事をしている関係で、東課長と一緒に営業先を回ることも多いわけよ。しかさー、いつも触るのを許すなら課長補佐に戻すとかいってきたばーよ。」（平等さん）

「それはいけません。お話からしますと、完全に、均等法11条*23の対価型セクハラに該当しているようです。社長は何らかの対応をしてくれませんか。

---

*21 高年法10条は、次のような規定をおいています。

1 厚生労働大臣は、前条第1項の規定に違反している事業主に対し、必要な指導及び助言をすることができる。
2. 厚生労働大臣は、前項の規定による指導又は助言を場合においては、その事業主がなお前条第1項に違反していると認めるときは、当該事業主に対し、高年齢者雇用確保措置を講ずべきことを勧告することができる。
3. 厚生労働大臣は、前項の規定による勧告をした場合において、その勧告を受ける者がこれに従わなかったときは、その旨を公表することができる。

*22 高年法9条については、学説上、私法的な効力を否定する立場と肯定する立場が対立しています。エピソード1では、社長の意思がありませんから、両当事者間に新たな労働契約の締結についての意思の合致が存在していません。それにもかかわらず、どのような理屈で新たな労働契約の成立を認めるのかという点に争いの本質があります。

例えば、東課長を注意・指導するとか。」(行政)

「なんも！なんもしてくれんよ。社長はさ、やったーの問題だからやったーでなんとかしなさいってしかいわんかった。」(平等さん)

「困りましたね。社長には、①セクハラに関する方針を明確化し、このことを労働者に周知・啓発し、②労働者からの相談窓口を会社に設置するといった必要な体制整備を行い、③相談の申出に対する事実関係の迅速で正確な確認と事実が確認できた場合の行為者と被害者に対して適切な措置をとること、④相談者と行為者のプライバシー保護に必要な措置、相談・事実確認協力を理由として不利益を行ってはならない旨の定めとその周知・啓発措置を講じる法的義務がありますからね。おそらく、均等法違反と思われます。よく調査したうえで行政として対処したいと思います。」(行政)

「は？ なに？ 何がいいたいわけ？ あんたのいっていること、意味がわからんけどさ、とにかく行政として対処してくれるってことでしょ？ ありがとう。ゆたしくよ！」(平等さん)

後日

「あのさ、この間、相談したやつはどうなったねー？ あきさみよ、前と何も

---

*23　男女雇用機会均等法（以下、均等法）11条1項は、セクハラについて、「職場において行われる性的な言動に対するその雇用する労働者の対応により当該労働者がその労働条件につき不利益を受け、又は当該性的な言動により当該労働者からの相談に応じ、適切に対応するために必要な体制の整備その他の管理上必要な措置を講じなければならない」との法的義務を事業主に課しています。この条文では、例えば、「職場」「労働者」「性的な言動」「セクハラの内容」「事業主が雇用管理上講じなければならない措置」が具体的には理解できません。条文理解のためには、均等法にかかわる指針を参照すれば法規制の全体像が見えてきます。労働行政による法には指針や通達を用いた複雑な規制が多く、素人にとっては難解すぎます。

かわらないからさ、もうイライラたまってからに、ふらーになりそうだよ。どうするねー。」(平等さん)

「調査してみたところ、やはり、行政が求めている法的義務は一切果たしていませんでした。社長にお話をしましたが、うちの会社はアットホームな雰囲気の経営を売りにしており、そんなことはあるはずがない、取引関係のない行政とは話をする必要がないとの主張を繰り返しておられました。こちらの指導にも従わないので、明日、琉球新報などの新聞社やテレビ局を呼んで、均等法30条[*24]にも基づく、公表を行う最終段階にきています。」(行政)

琉球新報本社ビル

「はっさ、公表されるとさ、小さい会社だからわんが関係しているってことすぐバレるやんに？　かなりまいってて、不眠症気味なのに。公表されたら精神的にもさらに追い詰められるんじゃない？しかもよ、わんが求めているのはそもそもセクハラが終わることだけど。公表したらセクハラが終わるわけ？」(平等さん)

「行政としても、これまで、法違反の事実の確認→違法な取扱いを是正するように助言し、是正を求める。→是正報告がない。→指導書を交付し、違法な取扱いについて是正を求める。→是正報告がない。→勧告書を交付し、違法な取扱いについて是正を求める。→是正報告がない。→厚生労働大臣による報告

[*24] 均等法30条は、同法5条から7条までの男女差別禁止規定に違反している事業者に対して、行政が同法29条の勧告をした場合に、その勧告を受けた事業主がこれに従わなかったときは、その旨を公表できるとしています。なお、育児介護休業法は、その実効性を強化するため、紛争解決制度の導入、勧告違反事業主の公表制度(同法56条の2)、報告義務違反への罰則が創設されています。

徴収。厚生労働大臣名の勧告書を交付し、違法な取扱いについて是正を求める。→是正報告がない。→公表という長いプロセスの中で膨大な努力をしてきました。これが私たち行政のできる最大限のところです。これでもダメなら、あとは平等さんご自身で裁判所にいかれて、労働契約上、つまり、私法上の履行請求や損害賠償請求をするしかありませんね。」(行政)

「やーよ！ なにしゃべっているか、意味わからんてば！ 要するにさ、それはやったーの仕事でわんには関係ないーさーね。わんは、今まで行政の相談のためにさ、自分で勉強しようと思っていっぱい本買ったり、ひっちー図書館に通ったり、沢山の時間とガソリン代も費やしたよ。行政に相談しにきたときの駐車料金はタダだったけど。やしが、わんが裁判を起こしてお金も払うわけ？ 」(平等さん)

「そうおっしゃられても、三権分立という制度上の限界があり、行政は可能なかぎりの努力はしております。ご理解いただければと……。」(行政)

「しに、ありえんさ。…………」(平等さん)

ここでは、行政のソフトローという柔軟なアプローチが、不感症の事業主にそもそも全く響いていません。時にはしつこいといって、逆切れされるかもしれません。公表によって、会社の評判がガタ落ちになることになって、社長がようやく気づいた頃には、弱気になった平等さんは会社をやめているかもしれません。三権分立の原則から、行政は労働環境整備の基準となる法を執行し、労使に法遵守をお願いするファシリテーションを行うことは可能ですが、裁判所のように究極的な法的紛争解決を図る権限はありません。このため、平等さんは法によって職場のトラブルは何ら解決されず、即効性に乏しいと感じており、さらに、司法救済、すなわち裁判所による私法救済を求めなければならず、時間の無駄だという徒労感も感じているようです。

何よりも割に合わないのは行政です。行政は理想的な労働社会の実現を目指して法を制定します。しかし、中立的な立場から法を円滑に運用し、労使双方

から不満が出ないように精緻かつ慎重に法政策の実効性を高めなければならないという制約があります。このため、その趣旨が国民・住民に伝わるように、例えば、法改正があるたびに、おもろまちの沖縄労働局に新しいパンフレット等を置くなど頑張っています。とはいえ、法だけではなく法にかかわる指針や通達をも参照しなければ理解できないというマニアックな法規制が、国民・住民目線からは大変わかりづらいものとなっています。日々の生活の片隅に身近な存在として、法があり、救いや癒しになれば素晴らしいことです。しかし、難解なため、読まれない・伝わらない・使われない法になっていないかどうか、行政には、今一度、検討していただきたいと思います。行政による法の難解さが全く響かない、てーげーな事業主とともに他人の労働をてーげーに感じてしまう上司・部下・同僚などの鈍感さや無関心も見逃すわけにはいきません。労使ともに他者の労働を自己の労働に通じる問題であると共感する感性が「労働社会」に充ち溢れるような雰囲気を醸成する努力も必要です[25]。

　障害者にかかわる法規制の全体像はラビリンス（迷宮）と言っても過言ではありません。その理由は、①障害者雇用促進法の理解のためには、障害者権利条約・障害者基本法・障害者差別解消法・身体障害者福祉法・知的障害者福祉法・精神保健福祉法・発達障害者支援法・障害者総合支援法等の関連法への理解が必要なこと、②法定雇用率の問題[26]と「合理的配慮提供」義務の関係が入り組んでいること、③裁判上、形成されてきた私法（労働契約）上の解釈問

---

[25] 社会言語学において有名なサピア＝ウォーフの「言語はその話し手の世界観に影響を与え、あるいはさらに支配さえもすることによって、その社会を左右する」という仮説があります。行政が社会を変えたいと思っても、事業主、労働者、国民、住民の意識が変わらない限り、次のステージに進むわけがありません。行政は人々がやりたがっていることについては、背中を押して推進させることはできますが、やりたがっていないことをやらせることはできません。やりたがっていないことをやらせるための手法が行政からの補助金ということになるのでしょう。

題と障害者雇用促進法の公法上の「合理的配慮提供」義務の解釈問題が模索段階にあること[*27]、④そもそも、障害者像は多様性と個別性という二律背反的な側面があり、一概には論じ難いことがあると思います。

エピソード３

ここでは、最近、私が考えている障害者雇用問題のうち、労働者の募集・採用の段階に限定してお話します。障害者雇用促進法は、つぎのような規定を置いています。いずれの条文も、事業主に対する法的義務（公法上の義務）となっています。同法34条は、事業主に労働者の募集・採用の段階において障害者に非障害者と均等な機会を与えることを義務づけています。また、同法36条

[*26] 同法は、事業主に障害者雇用率に相当する人数の身体障害者・知的障害者（2018年４月１日から精神障害者の雇用を義務づけるとともに、雇用率未達成の事業主からは障害者雇用納付金の納付を義務づけ（同法53条）、法定雇用率達成の事業主には障害者雇用調整金を支給する（同法50条）という経済的なメリットを与えるという総合的アプローチを用いて障害者雇用を促進します。さらに、事業主が障害者の雇用状況が一定の水準を満たしていない場合には、「障害者雇入れ計画の作成」（同法46条１項）を命じたり、計画の適正な実施に関し勧告を行い（同法46条６項）、その勧告に従わないときは、その旨を公表するという実効性確保措置をとっています（同法47条）。

[*27] 入社時には障害がなく、入社後障害または疾病によって職務遂行能力が低下・喪失した者（採用後障害者）が解雇される事案あるいは私傷病休職期間後に傷病が治癒しなかったとして労働契約を自然（自動）退職させられる事案が、裁判上、頻繁に争われています。使用者が、私傷病休職期間満了時に完全に復職可能ではないとして、直ちに、労働契約を終了させるのではなく、短期間の復職準備措置や他の軽易な業務への配置可能性の配慮を要請する私法上（労働契約上）の解釈問題が問われます。学説は、この問題に「合理的配慮提供」の義務という公法上の義務がどのような影響を与えるのかを議論しています。この問題には、労働者が復職申請後に使用者が復職を拒否した期間（就労拒否期間）の賃金請求権の可否を争う類型である、片山組事件最高裁事件（最一小判平10.4.9労判736号15頁）判決が、事案類型を超えた多大な影響を与えています。

の2は、事業主に障害者の職務遂行能力の発揮を妨げる社会的障壁を取り除くことを義務づけており、この義務は「合理的配慮提供」義務と呼ばれます。但し、「事業主に対して過重な負担を及ぼすこととなるとき」はこの義務は免除されます。さらに、ここでは引用しませんが、同法36条の6で、行政機関が、指導・助言・勧告ができるという規定もあります。しかし、違反事業主に「公表」は規定されていません。このような規定は、一般的には、事業主に対して公法的な効力はあるが、私法的な効力はないと説明されます。

> **34条**
> 　事業主は、労働者の募集及び採用について、障害者に対して、障害者でない者と均等な機会を与えなければならない。
> **36条の2**
> 　事業主は、労働者の募集及び採用について、障害者と障害者でない者との均等な機会の確保の支障となつている事情を改善するため、労働者の募集及び採用に当たり障害者からの申出により当該障害者の障害の特性に配慮した必要な措置を講じなければならない。ただし、事業主に対して過重な負担を及ぼすこととなることなるときには、この限りではない。

　沖縄大学では担当教員の引率する海外ゼミ旅行に参加した学生には、教務課から2万円の補助が出ます。さらに、3000円のさらなる補助が出ることもあります。これまで、フランス・イタリア・スペイン・台湾などに学生とゼミ旅行に行きました。現地に到着して、最初に行うことは、両替と地元住民が利用するスーパーマーケット（以下、スーパー）でペットボトルの水と小腹がすいたときに食べられるお菓子を購入することです。ヨーロッパのスーパーを観察してみると、日本と違って店員は座ったままで買い物客の商品をレジ打ちしていることに気づきます。客はレジについたら、まず購入する商品を自分でカゴ

やカートから出して、レジ前の
ベルト・コンベアーの上に並べ
ていき、商品をすべて出し終わっ
たら、「次の客」と書かれた仕切
りを台に置いていきます。椅子
に腰掛けた店員はコンベアーを
動かしながら、商品のバーコー

ドをスキャンして値段を読み取り、レジの反対側の袋詰めエリアへとスキャン済みの商品を移動させていきます。店員はレジ袋が必要な客にはレジ袋を有料で手渡すという作業を行うくらいです。チェコのプラハに旅行したことがあります。その際にスーパーにはいった時間帯は、客の少ない時間帯だったのでしょうか。店員同士で楽しそうに雑談したり、時にはペットボトルで水分やちょっとしたお菓子のようなものをとっていました。もちろん、客がレジに並び始めると、何事もなかったかのように速やかに仕事をしていました。レジ係がカゴから商品を出してレジを通し、かごに綺麗に入れ直すのが一般的な日本のスーパーのスタイルに慣れていると、「お客様は神様」とこれっぽっちも思っていないとか、驚くほどサービスが悪いと思うかもしれません。しかし、ちょっとした飲食ですし、暇な時間帯で人間お腹がすいたら仕事もはかどらないだろうと考えると、まったく悪い気はしませんでした[*28]。

　私はこの話を車いすを利用している、湯上垂直(ゆがみすいちょく)君にしたことがあります。ある日、湯上君はあるスーパーの「レジ係募集」の張り紙を見て、アルバイトの採用に申込みたいと考えました。そこにいたスーパーの店長に何か湯上君が

[*28] 写真は、「貧乏主婦の海外放浪記　目指せ貧乏脱出！アメリカ・ヨーロッパ・アジアを転々とする国際結婚妻のブログ」のホームページ (http://go-terry-go.net/sit-down-on-the-job) から、引用。

話しかけているようです。

「僕がここで働くとしたら、このレジ台はちょっと高すぎると思います。車いすに合う高さにレジ台を下げる加工をしていただけませんか？」（湯上君）

「私は店長というだけで、権限はありません。本部の方に一応お伝えしておきます。湯上さんの問い合わせには、20××年2月14日の午後3時に回答したいと思うので、お手数ですが御来店いただけないでしょうか。」（店長）

「わかりました。」（湯上君）

20××年2月14日の午後3時。

「この間の僕の要望はどうなりましたか。」（湯上君）

「本部に相談しましたが、障害者雇用促進法34条と36条に沿った対応を行うということになりました。面接試験は受けていただきます。合理的配慮の機会を提供することが過度な負担でないと判断したからです。国がうちの会社に要求している公法上の義務は果たします。面接時の移動距離を出来るだけ少なくし、車いすの利用がしやすい場所で面接を行います。会場の机の配置も考慮し、車いすでの移動スペースを確保して移動の負担も軽減するようにします。ハローワークの職員と介助者の同席も可能です。」（店長）

「あのー。面接とか試験時の話ではなく、採用後の具体的な話をしませんか。例えば、業務上必要でない条件をつけて、私のことを排除しないとか。」（湯上）

「湯上さんの採用についても、念のため＋αとして合理的配慮ができるかどうか検討しました。第一に、事業活動への影響の程度、つまり、うちの会社における生産活動やサービス提供への影響その他の事業活動への影響の程度といった観点、第二に、実現可能性の程度、つまり、うちの会社の物理的・技術的制約および人的・体制的制約の観点、第三に、費用・負担の程度、第四に、うちの会社の企業規模の観点、第五にうちの会社の財務状況、第六に、公的支援の有無といった観点を総合的に勘案すると、湯上さんのためにレジ台を低くする工事を行ったうえで採用することは、うちの会社には過度な負担になるだ

ろうというのが本社の結論でした。よく考えてみてください。レジ打ちだけでなく、場合によっては、裏の倉庫からダンボールに入った商品を取り出し、商品を棚に陳列することも仕事の一部になります。棚にも高低差と若干の歪みがあり垂直にはなっていません。ですので、湯上さんには無理ではないかと。だいいち、36条の2はそこまで要請していません。」*29（店長）

「えー。まだ、面接試験も受けていません。それに、ちょっと、待ってください。そのようにいっぺんに難しい概念を延々と話されてもよく理解できません。少なくとも、アルバイト募集の張り紙では『レジ係募集』と書かれていました。その仕事の本質はお客様の買いたいと思う商品の値段を正確に計算し、お渡しするということですよね。付随する業務として商品のサプライを行うこともあり得るかもしれませんが、できる人がやればいいだけの話です。それから、お宅のスーパーではレジの一部ラインには特化型AI（人工知能）が導入されているかどうかわかりませんが、お客様ご自身で機械を使って商品の清算を行う、機械レジを導入していますよね。あれって調べさせてもらいましたが1台導入するのに100万かかっています。一方、僕のためのレジ台の高さを加工する工事は30万しかかかりませんから、第二と第三の壁はクリアーしていると思います。それから、お宅の会社は沖縄県全域にスーパーを展開している大きな会社で業績も好調です。お宅の会社の色々な場所で買い物をしてみましたが、僕の見た限り、レジ係に車いすで働く人を見かけませんでした。勘違いでしょうか。もっとも、接客部門ではなく事務部門とかでは法定雇用率は満たしているのかもしれませんね。このように考えてみると、第四と第五の壁もク

---

*29　店長の発言は、「雇用の分野における障害者と障害者でない者との均等な機会若しくは待遇の確保又は障害者である労働者の有する能力の発揮の支障となっている事情を改善するために事業主が講ずべき措置に関する指針」（いわゆる、合理的配慮指針）第5の1に基づいたものとなっています。

リアーしていると思います。第六の公的支援もアクションを起こせばもらえるはずです。そして、第一の壁は、うちのような接客業には、見栄えがいい人材を活用したいということでしょうか。私を採用すると、事務・事業の目的・内容・機能を損なうとお考えのようですが、それって本当でしょうか。健常者もレジ係として座ってゆとりのある接客を行うような業態をとれば、疲れないので心のゆとりも生まれます。無表情にお世辞を述べ、紋切型の接客フレーズを機関銃のように繰り返すこともなくなり、従業員も会社に大切にされているって思うんじゃないですか。それに、僕の車いすも目立たなくなるし……。」(湯上君)

「あのー、湯上さんは勘違いしています。36条の2は採用面接時の合理的配慮を求めているだけで、採用基準はあくまで、会社が決めていくものです。どのような労働者を雇い入れるかは会社の業績を左右する重要な決定事項であり、企業経営のリスクは包括的にわが社に委ねられています。それに、先ほど申し上げた話は、もし採用した場合にはというサービスの話をしただけです。わが社が湯上さんを採用しなければならないという私法上の義務、つまり、湯上さんの労働契約上の権利はそもそもどのような法にも書かれていません。採用する方向で努力はしますが……。」(店長)

「……。」(湯上君)

皆さんはどのようにお感じになられましたか？　湯上君を、自信に充ち溢れて権利主張する「面倒くさい人」と思われたでしょうか。あるいは、障害者は弱々しく遠慮してお願いすべきだと思われたでしょうか。湯上君は、レジ打ちの職務の本質にかかわる部分ではその能力があるから、その点を査定してほしいと主張しています。会社は採用時の試験上の配慮は行う予定だが、採用決定は会社の自由であり、アルバイトであってもレジ打ちの中心的業務に付随して様々な業務があると反論しています。それでは、その後、この話し合いはまとまりそうでしょうか。まとまったとしても、さらに、会社がより複雑な選別雇用基準を用意し、それに基づいて懇切丁寧に査定したと主張した場合に、湯上

さんは湯上君に対する査定の不当性や問題性があった場合、それを問うことはできそうでしょうか。

　実は、現在、障害者問題については色々な書物や研究論文が刊行され、ちょっとした出版バブルの様相を呈しています[*30]。しかし、この事例が裁判で争われた場合に、どのような理屈でどのような結論になりそうなのかは、論じきれていないようです。障害者についての私法上の実効性のある救済法理は、現在、熱心に、検討が進められています[*31]。そして、法改正の崇高な理念はまだまだ社会に浸透していないというのが現実です。確かに、事業主は法的義務を尽くせば、行政も指導・勧告までで話は終わってしまい、「公表」という実効性確保は予定されていません。その先の労働契約上の権利の話なんて……。でも、それでいいのでしょうか。ボブ・ディランではないですが、「友よ、風に吹かれて、転がる石のように時代は変わっていく」はずなのですが……。

4. むすびにかえて

　冒頭のお話は、カップルが「あれ」か「これ」か「それ」なりに使いこなす

[*30] 水野仁美・長谷川珠子・富永晃一編『詳説　障害者雇用促進法—新たな平等社会の実現に向けて』（弘文堂、2016年）等。

[*31] 阪神バス（勤務配慮）事件・神戸地裁尼崎支部決平24.4.9労判1054号38頁では、Y社の従業員であり身体障害を有するXが、勤務シフトにおいて従前受けてきた配慮がなされなかったことから、Y社に従来付与されていた乗務に関する勤務配置の確認を求めた仮処分申請に対する裁判所の決定の事案です。決定は、厚生労働省の障害者雇用対策基本方針を根拠に、障害者に必要な勤務配慮を合理的理由なく行わないことが、法の下の平等（憲法14条）の趣旨に反するものとして公序良俗（民法90条）ないし信義則（同法1条2項）に反するか否かという実定法に照らした観点から、勤務配慮がない状態で就労する義務がない権利を確認するとの結論を導いています。もっとも、この決定は、従来実施された勤務配慮措置を復活させるものにすぎず、新たな配慮を求めたものではなかったという事案の特殊性があり、まさに、新たな私法上の権利を創設するための解釈論が今後の課題です。

ことで、円満な生活を送っているようだという内容でした。もっとも、「あれ」と「これ」と「それ」がなんであったのかは、未だに不明です。社会保障法の世界でも労働法の世界でも、「私」の領域から「公」の領域に接近しながら、様々な法現象の解決を図ろうとしていることが読み取れたと思います。時代の推移とともに、どちらの領域で問題解決を図るべきなのかは、絶えず、問われ続けます。近未来の2045年には、汎用AIを備えたロボット[*32]が普通の存在となっており、人間は「労働」から解放されているかもしれません。その頃には、このようなロボットと人間のカップルの付き合い方やプレーの問題が、「私」の領域から「公」の領域において、移行して論じられているかもしれません。

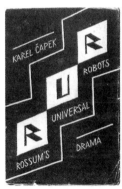

初版(1920年)表紙　　第2版(1921年)表紙　　『R.U.R.』初演時のプログラム

---

*32 「ロボット」という言葉は、チェコスロバキア共和国の作家である、カレル・チャペルが、1921年1月25日のプラハ国民劇場において『ロボット（R.U.R）』初演時に初めて用いました。この劇のストーリーにおいては、全世界・全人類が破滅した後に、「愛」を芽生えさせたロボットのカップル、「新しいアダムとイブ」の登場によって、ストーリーは終わっています。本文中のコラージュは、飯島周『カレル・チャペル　小さな国の大きな作家』（平凡社、2015年）41頁に掲載されている、『R.U.R』初演時のプログラムとチャペク作／千野栄一訳『ロボット（R.U.R）』（岩波書店、1989年）205頁に掲載されている、原書の初版表紙と第2版表紙を組み合わせたものです。

第3講

戦後沖縄の医療保障制度の展開から見えてくること。

1. はじめに

　沖縄の空や海はとても美しくその風景をぼんやりと眺めていると何だか心が穏やかになっていくことを実感します。沖縄の美しい風景、やさしいウチナーンチュの人柄、美味しい琉球料理などに癒しを求め、今年も多くの観光客が沖縄を訪れます。

　沖縄本島では、恩納村、宜野座村、本部町、今帰仁村、名護市などの本島北部地方のリゾートホテルが大人気です。八重山地方では、とりわけ石垣島は、「観光客」や「移住者」に大人気です。石垣島北部一帯はもともとジャングル地帯のため、西表島とともに開拓が遅れた地域で、「開拓移民」によって開拓されてきたという歴史から、「移住者」には寛容なようです。しかし、この

あー！与那国島！

第３講　戦後沖縄の医療保障制度の展開から見えてくること。

ような開拓が、感染症であるマラリアによる苦難に満ちた歴史に彩られてきたことを、みなさんは、ご存知でしょうか*1。

「Dr.コトー」*2という漫画があります。これは、与那国島における「医療」をモチーフにしたもので、離島県沖縄の「医療」について色々なことを考えさせられます。

沖縄県には、「医師」とは違う資格で「医療」に従事している、日本でただ１人の最後の「医介輔」がいらっしゃいました。うるま市勝連平敷屋で診察をなさっておられた、「宮里善昌」さんは、1952年から平敷屋診療所で沖縄の地域医療一筋に生きてこられました。つぎのような新聞記事を見てみましょう。

琉球新報 2008 年 11 月 7 日

---

*1　中野育男『米国統治下沖縄の社会と法』（専修大学出版会、2005 年）137 頁には、「太平洋戦争末期、旧日本軍による住民のマラリア有病地への強制移転の命令が出されたため、空襲での死亡者よりもマラリアによる者の方が多いという悲惨な事態が発生した。1945 年の統計では、１万 6000 人の患者が存在し、3600 人の死亡者があった。当時の人口３万 2000 人の１割がマラリアで死んだことになる。八重山における『戦争マラリア』の問題である。……1950 年に、米軍基地の拡張に伴う土地問題なども関係した本島、宮古から八重山への開拓、入植が始まると、入植者たちは免疫性がなかったこととともに栄養、労働などの面で悪条件が重なり、再びマラリア患者が増え始め、再流行の兆しが見えてきた。1956 年に患者が 1000 人を超した」との記述があります。

*2　山田貴敏『Dr.コトー診療所　１』（小学館、2000 年）。

宮里さんは「患者に対する優しさが医の原点だった」「医療保険制度も確立していない時代、貧しい家から診療代を取らなかった。」とおっしゃっています。
　2017年、沖縄は1972年5月15日の祖国復帰から45周年を迎えました。復帰前の沖縄は、27年間、米国統治下にあり、本土とは異なった医療保障制度の展開[*3]を経験してきました。沖縄の美しい風土も、その歩んできた複雑な歴史があるからこそ、そのことに思いを馳せると、より一層、陰晴や明暗がはっきりと見えてきて、荘厳な気分になります。私の関心は、歴史的に、沖縄住民と「医療」とのかかわりがどのようなものだったのかということです[*4]。沖縄の医療保障制度の展開をたどっていくと、現在の日本の医療保障制度や、それだけでなく社会保障制度そのものの制度設計を考えていくうえでの、貴重な議論の素材が存在することがわかります。
　このことを解き明かす前に、まず、現在の日本が経験している、社会保障制度の疲弊とそれを引き起こす社会的背景について見ていくことにしましょう。「沖縄」あるいは「日本」といったときに、私たちはそこには均質な状態が社会全体に存在していると感じているかもしれません。しかし、今日の「沖縄」あるいは「日本」では、すでに医療保障制度を含む社会保障制度を侵食する出来事が確実に進行しています。戦後日本が社会保障法や労働法のモデルとして想定してきた「両親と子どもが二人」という家族像は、もはや普遍的ではなく

[*3] 米国統治下沖縄の社会保障制度にかかわる先行研究として、例えば、中野育男『米国統治下沖縄の社会と法』(専修大学出版会、2005年)。
[*4] 沖縄歴史教育研究会・新城俊昭編『高等学校　琉球・沖縄史（新訂・増補版）』(東洋企画、2001年) 48頁によれば、第二尚氏王統の尚真 (1477～1526) は、50年にわたって王位に君臨し、第二尚氏王統による琉球王国の基盤を確立したとの記述があります。それでは、この時代における「住民」に対する「医療」と「看護」と「介護」は同じように取り扱われていたのでしょうか。あるいは区別した取り扱いがなされていたのでしょうか。さらに、現在の「沖縄」では、このような問題はどのように取り扱われているのでしょうか。

なっています。父親が終身雇用制の保障された「正社員」として働き、母親が部分的に「家計補助的」パート等で働くといった雇用モデルも普遍性を失っています。皆さんは、ヒックス＝HIKS（Half Income with Kids）[*5]という言葉をご存じでしょうか。これは「年収が半分になった夫婦」を指す言葉で、このような夫婦は二人とも正社員でない働き方をしていることが多いそうです。例えば、小学生の子どもを抱えながら、夫婦で、2ヵ月に1回、東京・名古屋・群馬というように勤務場所をかえながら、仕事をつなぐという「社会階層」が日本にも存在するということです。もちろん、小学生の子どもは小学校を転々としなければならないことはいうまでもありません。あるいは、「スクラム家族」という言葉もあります。この言葉は、父親・母親・大学生・高校生等の家族全員が、契約社員・パート・アルバイト等の非正規社員によって働いていることを示す言葉です。家族全員がラグビーのスクラムのように協力し合うことで、家族のいずれかが雇止め（失業状態・雇用終了）に陥っても、家族総計の経済的ダメージは最小限に抑えられます。

　家族像の変化とともに、フリーター層の拡大といった社会問題も着目しなければなりません。フリーターの労働の実態を見ていくと、短時間労働者（パートタイマーやアルバイト等）の社会保険法上の取り扱いは、1週間の所定労働時間30時間以上の短時間労働者は、フルタイマー（正社員）と同様に、①年金については「厚生年金保険」への加入義務が、②医療保険については「健康保険」への加入義務がそれぞれ生じます[*6]。雇う側の企業は、社会保険料を負担したくないですから、1週間の所定労働時間を29時間に抑えるというわけです。2017年10月1日時点での、沖縄県の最低賃金は時間給737円です。そして、737円×29時間×4週を計算すると、1ヵ月の収入は85,492円となります。

[*5] 野口やよい「いま、若い夫婦を経済危機が襲う」ビックイシュー日本版39号（2005年）14頁。

この額から、例えば、年金について、1ヵ月16,340円（2018年4月から2019年3月）の国民年金保険料を納付することは、はたして可能なのでしょうか。国民年金では自分で全額の保険料を納めなければなりません*7。このため、毎月のモチベーションを維持することは大変そうです。

つぎのような、新聞記事を見てみましょう。やや古い数値で恐縮ですが、全額免除や猶予を受けている者を除くと、なんと国民年金保険料納付率は22.2%にとどまっています。つまり、将来的な「無年金者」「低年金者」が確実に増大しているということです。これらの者は、老後、生活保護受給者となる可能性が高

琉球新報 2008年9月7日

---

*6　2012年に成立した社会保障・税一体改革関連法に関連して、健康保険法等の被用者保険の短時間労働者への社会保険の拡大が図られています。それによると、特定適用事業所（同一事業主の適用事業所の厚生年金保険の被保険者数が、1年で6ヵ月以上、500人を超えることが見込まれる事業所）に勤務し、勤務時間・勤務日数が常時雇用者の4分3未満の短時間労働者で、①週の所定労働時間が20時間以上である、②雇用期間が1年以上見込まれる、③賃金の月額が8.8万円以上である、④学生でないという要件にいずれも該当する場合には、健康保険法の適用対象者となります（健康保険法3条1項9号）。とはいえ、中小企業の多い沖縄では、本文で記した従来の取り扱いが一般的でしょう。

*7　一方、正社員向けの厚生年金では会社が保険料の半額を負担して、会社がその者の保険料と合わせて自動的に納めてくれます。

く、国や地方公共団体の財政を圧迫していくことも間違いないでしょう。また、1ヵ月の収入は85,492円という収入によって、はたして、ひとりで生活していくことができるのでしょうか。現実には、2つ以上の仕事を積み重ねる「マルチ・ジョブ・ホルダー」が増加しています。雇用社会の変容に伴って、「ワーキング・プア（働く貧困層）」[*8]の拡大という社会現象が指摘されています。このような現象は、何も日本だけの現象ではありません[*9]。なぜ、努力しても報われないのでしょうか。その理由の一つが、低賃金の仕事が増加していることです。例えば、時給850円で、年間2000時間（週40時間で年間50週）働いたとしても、年収170万円にしかなりません。

　さて、医療保障制度の問題に話を戻しましょう。日本の医療保証制度においては、全ての国民は、原則として、一般被保険者（サラリーマン）を対象とする健康保険、国家公務員や地方公務員等を対象とする各種共済組合、自営業者やフリーター等を対象とした国民健康保険等のいずれかの保険制度に加入しています。このような「国民皆保険の原則」によって、これまで日本は、先進国の中でも充実した医療保障制度を有していると考えられてきました。被保険者は保険料を拠出した見返りとして、保険事故が生じた際に、保険給付がなされます。しかし、雇用社会の変容は、医療保障制度に対しても衝撃を与えています。なぜなら、国民健康保険の被保険者は、自営業者、農林水産業従事者、フリーター、失業者等を対象としていますが、これらの者が保険料負担を行うこ

[*8] ワーキング・プアとは、1人あるいは複数の者がフルタイムで働いているか、働く準備があるにもかかわらず生活保護レベルの生活水準を保てない収入、年収200万以下の世帯のことをいいます。
[*9] イギリスについては、ポリー・トレンビー『ハード・ワーク』（東洋経済新報社、2005年）を、アメリカについては、バーバーラ・エーレンライク『ニッケル・アンド・ダイムド』（東洋経済新報社、2006年）に目を通せば、日本と同様に、先進諸国で進行している「ワーキング・プア」や「格差社会」の実態が理解されるでしょう。

とができない収入しかなかったとしても保険料は納付しなければならないからです。現実には、ワーキング・プア（低所得者）の中にはそれを納付できない者も存在します。その数は、2013年においては国民健康保険加入者約2千万世帯のうち保険料滞納世帯は2割近い370万世帯に達しているとの報道がなされています[*10]。国民健康保険の保険料を「特別な事情」がないのに1年以上長期滞納を続けると、正規の保険証を市町村に返還させられることになり、そのかわりに、「被保険者資格証明書」が交付されることになります。そのような加入者も急増しています。「被保険者資格証明書」に切り替わると、一旦は、治療費全額が患者の自己負担となり、その中から滞納した保険料が充当されていき、その残りが「特別療養費」として、医療費が償還されるという仕組みとなっています。この場合、一旦は、患者が高額な治療費を自己負担しなければならないので、「治療費の全額が払えない」とか、「ケガは気合で直しまっせ」とか、「市販の売薬で、風邪なんか治るもん」といったかたちで、受診抑制が起こります[*11]。

　さらに、つぎのような新聞記事を見てみましょう。

[*10] 朝日新聞2014年4月21日。
[*11] なぜ、このような出来事が起こってしまうのでしょうか。これには、国民健康保険法が採用している保険技術の説明が必要です。保険料を完全に納めている場合には、医療は「現物給付」がなされ、患者である国民は3割負担で、医療の「現物給付」サービスを受けることができます（現物給付方式）。分かりやすくいうと、風邪を引いて、病院で医師の診療を受け、注射を受けたり、薬剤を投与してもらったとしても、薬局の支払いを含めて3000円程度ですむことになるでしょう。みなさんが患者として病院にいって治療を受けたとしても、あまり意識しないかもしれませんが、実際の医療費は1万円かかっているのです。そして、7000円は、保険医と保険者との関係でやり取りがなされるのです。ところが、保険料の長期滞納がなされると、「現物給付方式」から「償還払い（現金給付）方式」に切り替わり、一旦は、患者が、全額の治療費を医者に対して支払い、事後的に「特別療養費」として、保険者から患者に払い戻されるという仕組みになっています。

第３講　戦後沖縄の医療保障制度の展開から見えてくること。

無料低額診療に1.4万人

医療生協　困窮者対象、6年半で

生活困窮者に対して、沖縄医療生活協同組合が県内6医療機関で実施する無料低額診療事業（無低診）の利用者が、2010年10月の事業開始から6年半で延べ1万4千人を超えていた。利用者は11年度をピークに減少傾向にあり、沖縄医療生協は「制度を知らない人が多く、利用者は氷山の一角」と指摘する。

沖縄医療生協は10年10月15日から沖縄協同病院、那覇民主診療所、首里協同クリニック（以下、那覇市）、中部協同病院（沖縄市）、糸満協同診療所（糸満市）、浦添協同クリニック（浦添市）で無低診を始めた。世帯収入が生活保護基準額を下回る人は窓口負担は無料、130％以下は半額となる。

「利用者、氷山の一角」

沖縄協同病院の外間貞則事務長によると、利用者は40代以上が多く、家族などに頼れる人がいないという。2010年10月からの事業開始から6年半の利用者は1万4千人を超えた。利用者の大半は生活保護基準を下回る収入の世帯だった。無低診は「一時的な措置」との位置付けで、その間に生活保護などの利用を勧めている。

利用者は、行政や民生委員の紹介で無低診につながることが多いという。低額診療事業（無低診）を実施する沖縄医療生協の利用者も、6年半で延べ1万4千人を超えた。この数字から、県内で広がる貧困が手遅れとなった人が昨年は3人いた。外間事務局長は「もっと早く受診していればよかったかもしれない」と悔やむ。

行政連携し周知を

【解説】

沖縄医療生協が実施する無料低額診療事業（無低診）の利用者が、6年半で延べ1万4千人を超えた。この数字から、県内で広がる貧困の実態が垣間見える。一方で利用者は減少傾向にあり、10年からの無低診の実施を開始した北海道勤医協小牧病院（北海道苫小牧市）によると、同院の利用者は年々減少している。

「もっと早く受診していればよかったかもしれない」「薬代にも困っているようだ」。那覇市にある無低診の実施医療機関連合会（沖縄民医連）の名嘉共通運営委員長（県宜野湾市）は、低所得で働いている人、年金生活者などから、無低診を利用したいという相談が増加している状況にある。「貧困化する人が現に目の前にいる。一方で利用者は減少傾向にある。制度を広めている病院とそうでない病院の差が大きい」と話す。

「一つの病院では限界がある。制度を広めていくには行政との連携が欠かせない」。制度が始まった高知では市町村と連携し、薬代も市町村が補助する事業を行うなど5市2町に広がっている。愛知県でも経済的な理由から受診が遅れ、手遅れになって亡くなった事例を学ぶことで、医療機関と行政の連携が進んでいる。県内では北海道勤医協小牧病院の取り組みのように、医療機関から行政に動きかけ、より強固な連携を作ることが求められる。

（真喜志　真喜志）

利用者

「ようやく安心して眠れる…」

治療再開、生活保護も

暮らし再建へ

「頭の中は、そのお金をどうしようかでいっぱいだった」。本島中部の女性（45）がうつむいた。当時、再婚したばかりの夫から1千万円近い借金をつくられたと知らされる。女性は仕事をやめざるを得なくなり、経済的にも病院に行けなかった。幼い子どもも抱えている。国民健康保険証も払えず、短期の保険証を発行してもらった。3年前に離婚し、自己破産したが、中学生から幼児室に一カ月入った。

昨年7月、役場の職員に連れられ、集団治療を行う中部協同病院（沖縄市）を訪れた。医療ソーシャルワーカーが事情を聞き、無低診を活用することが決まった。女性は「ようやく安心して眠れるようになった」と話し、心臓の病気を発症したのに通院できずに熱が下がらない。県立中部病院に2週間入院して治療は中断する。

「目の前のことに必死で、先のことは見えず、女性は大きな壁を前にしていたが、病気が一歩ずつ体調を整えて、外で働ける体制を整えて、月1回の通院は無料となり、「ようやく将来のことを考えられるようになった」と笑顔。病院に行けない人や、「自分の友達にも、お金がなくて、無低診の制度につながってほしい」と願う。

琉球新報 2017年10月3日

67

社会福祉法2条に基づく、沖縄県内のワーキング・プア（低所得者）やホームレス等の生活困窮者に対する「無料低額診療医療」の利用者が、2010年10月の実施から6年半で延べ1万4千人を超えたことが報道されています。そして、2016年の受診抑制に起因する死亡者が3人いたことも読み取れます。このような状態は、「国民皆保険の原則」が崩壊に向かいつつあることを示唆しています。普通の暮らしはもちろん社会保険料負担も困難になるような「ワーキング・プア」状態は、憲法25条のいう「健康で文化的な最低限の生活」が営めるか否かの問題です。これまでのお話から、戦後、日本がモデルとしてきた「家族像」「労働者像」が崩壊し、さらには、沖縄社会・日本社会で生活する「生活者像」にかかわる社会保障制度も大きく揺らいでいることが読み取れたと思います。その対策としては、戦後日本の「家族」と「労働」の原像と幻想に見切りをつけ、憲法25条を根幹とした「労働法」と「社会保障法」が連携を深めていくことで、働いていても・働けなくなったとしても、生きていくためにはどのような制度が必要かを絶えず問い直していくことが必要です。その一例として、例えば、最低賃金の基準を底上げするといった法的介入による社会的正義の実現が不可欠です[*12]。

　それでは、このような医療保障制度を取り巻く今日的状況は、米国統治下の沖縄医療保障制度において、そもそも存在しなかったのでしょうか。つぎに、米国統治下の沖縄医療保障制度の展開をトレースすることで、その間の「医療」と沖縄住民の間のかかわりがどのようなものであったかを確認し、さらに復帰後の沖縄や現在の日本における「医療」と国民健康保険の被保険者や沖縄住民のかかわりがどのようなものとなっているのかについて、確認していきましょう。

---

*12　島田陽一「非正規雇用労働者の現状と生活保障政策の課題」山田省三・青野覚・鎌田耕一・浜村彰・石井保雄編『毛塚勝利古希記念　労働法理論変革への模索』（信山社、2015年）377頁は、この点を詳細に論じています。

2、米国統治下の沖縄医療保障制度の展開

ここでは、米国統治下の沖縄（琉球）医療保障制度を、医療費の支払方法[*13]に着目して、三つの時期区分をして、各時代の特徴を概観していきましょう。

（1）無料・低額医療費および官営医療の時期

第一期にあたるのは、1945年4月から1951年6月の「無料・低額医療費（難民救済施療）の時期および官営医療の時期」です[*14]。第一期の端緒は、米軍にとっては難民救済の時期から始まります。米軍は、慶良間諸島、沖縄本島上陸以来、戦闘の行われている中で、非戦闘員の一般住民を一定地域に収容して必要な食料・衣類・テントなど米軍物資を支給し、無料配給を行い、傷病者に対しては治療を施しました（医療

住民を診察する沖縄の医師（沖縄県公文書館提供）

[*13] 崎原盛造・當銘貴世美・石川りみ子「沖縄における戦後医療史序説─医療保障の視点から─」琉球大学医学部付属地域医療研究センター編『沖縄の歴史と医療史』（九州大学出版会、1998年）56頁に基づいて、米軍統治下の沖縄医療保障制度の時期区分は行いました。また、久塚純一『フランス社会保障医療形成史』（九州大学出版会、1998年）において、フランス社会保障医療における「伝統的自由医療」から医療保険制度としての「償還払い制度」の採用に至る制度の歴史的変遷が詳細に検討されています。

[*14] 沖縄県医師会会史編纂委員会編「沖縄戦直後の沖縄の医療と公衆衛生」『沖縄県医師会史─終戦から祖国復帰まで─』（若夏社、2000年）29頁。

の提供)。住民にとっては、食糧危機、傷病あるいはマラリアなどの急性伝染病の蔓延の防止が、緊急の課題であり、米軍は医療器具や薬品を無料支給し、診察、診療は無料で行われました。

沖縄戦終結時に生存していた沖縄の医師は64人で、しかも医療施設は完全に灰じんに帰していました。終戦当時、住民は一定の地区に収容され集団生活をしていたが、その医療機関は米軍の病院や各部落に設置された診療所であり、米軍管理の下に、生き残った沖縄医師が医療に従事していました。

1946年1月、沖縄民政府の一機関として公衆衛生部が発足し、これに伴って、それまでの米軍管理下にあった各病院、診療所は、次々に沖縄民政府側に運営が移されていきます。当時、沖縄本島には、沖縄中央病院、宜野座病院、名護病院の3総合病院をはじめ、各地区病、診療所70か所が設置され、住民の診療にあたっていました。同年5月、貨幣経済が復活することになり、配給品その他のものについては有料となりますが、病院、診療所においては、引き続き、無料診察が行われます。このような制度は、1948年6月まで続けられました。1948年7月、沖縄民政府の財源に資するため、病院、診療所における診察も有料となります。これも極めて低廉なものでした。なお、この間の医師、歯科医師、薬剤師その他の医療従事者は全て公務員として勤務していました。

米軍にとってみると、沖縄戦が予想より早く終結したこともあり、米軍のための軍需物質である、食料・衣類・テントが豊富に蓄積されていたという理由はありましたが、医療保障制度において、沖縄が「無料・低額医療費および官営医療の時期」を経験しているということは、本土にはない、沖縄医療保障制度の特徴であるということは指摘できるとおもいます。

(2) 自由診療の時期

第二期は、1951年7月から1966年9月の「自由診療の時期」です[15]。

1950年12月15日、米国軍政府は、琉球列島米国民政府（USCAR）と改組、

改称され、その実務は琉球軍司令部司令官が民政副長官として執務することになりました。1951年1月19日、USCARは自由開業（自由診療）に必要な布令第31号「沖縄群島における開業医師・歯科医師の配置」、第33号「開業歯科医師法」、第34号「病院・診療所に関する法」、第37号「開業医師法」を矢つぎばやに公布しました。USCARは、官営医療制度は経費がかかり過ぎて貧弱な琉球政府の財政では負担できないから、援助資金が打ち切られた場合、医療を自由開業に移すほかないと考えていました。この時期は、住民側においても、沖縄民政府から、1950年4月の沖縄群島政府へ、さらに、1951年4月1日の琉球臨時政府を経て、1952年4月1の琉球政府への移行する過渡期でもありました。

官営医療制度から自由開業制度に移行することについて、住民と医師の間で賛否両論がありました[16]。賛成意見は、①官営医療制度下では全ての医療人の人事権は政府の一部官僚に掌握されて全体主義的色彩が濃厚である、②全ての企業が自由経済に移行したにもかかわらず医療人のみが官営医療という統制機能下に置かれているのは不合理である、官営医療では薬品その他の医療用品がすべて配給制で品目、数量ともに限られており、医師が欲しい新しい薬品や器具の入手が困難で、斬新な医療、創意的な医療が抑制され、医療内容が統制化される、というものでした。

反対意見は、①自由開業になれば医療費が高騰することは必然で患者はその負担に苦しむことになり、戦後日なお浅く住民生活も安定していない時期に官営医療制度を廃することは時期尚早であり、住民生活が安定するまで従来どお

---

[15] 沖縄県医師会会史編纂委員会編「沖縄戦直後の沖縄の医療と公衆衛生」『沖縄県医師会史—終戦から祖国復帰まで—』（若夏社、2000年）40頁。
[16] 沖縄県医師会会史編纂委員会編「沖縄戦直後の沖縄の医療と公衆衛生」『沖縄県医師会史—終戦から祖国復帰まで—』（若夏社、2000年）40頁。

り低廉な官営医療を持続して欲しい、③自由開業になれば医師は都市地区に集中し、僻地、離島は再び医療空白状態を招くから医療機関が地位的におおむね均等化された現状を維持してほしい、というものでした。

　第二期の医療保障制度と住民の関係については、「開業医の慣行料金は当時の日本本土の保険診療点数に比べて、それほどの高値ではないが、診療費全額を受診の都度窓口で支払う患者にとって重い負担を感ずるのは無理もないし、継続治療を要する患者でも極く苦しい時期だけ受診し自覚症状が軽快すれば勝手に治療を中止するのが多い。診療費が続かないからである」*17 という記述、あるいは、1956 年 3 月 1 日発行の沖縄社会福祉協議会機関紙『福祉新聞』における「一旦病気ともなれば、それが大きな負債となっておいかぶり、その桎梏から脱けきれない者や又、病気を自覚しながらも、専門医の治療を受けることも出来ず、安価な売薬に頼み、揚句は病愈々膏肓（やまいいよいよこうこう）に落ちるのが全勤労者の偽らぬ実態」であるとの記述から、伺えます*18。

（3）医療保険法制定における償還払い方式の時期

　第三期は、1966 年 9 月の医療保険法施行から 1972 年 5 月の沖縄本土復帰までの「医療保険法における償還払い方式の時期」です。

　1966 年 9 月 7 日、医療保険法が施行されました。その第 1 の特徴は、適用対象者の限定という点にあります*19。医療保険法は、原則として、常時 5 人以上の労働者を使用する事業主・政府・市町村その他これに準ずるものに使用

---

*17　前原穂積『熱きこころで　労働組合運動と社会福祉活動に生きて』（あけぼの印刷株式会社、2005 年）343 頁。
*18　福祉新聞 1956 年 3 月 1 日
*19　日本弁護士会『法律時報臨時増刊号　沖縄白書─総集編』（日本評論社、1972 年）244 頁。

第3講　戦後沖縄の医療保障制度の展開から見えてくること。

される者およびその被扶養者を対象としました。1967年2月において、被保険者数は12万7215名、被扶養者は20万812名で琉球総人口約100万人の約34％のみが同法の対象となっていましたが、自営業者・農林漁業者・零細事業所従業員といった67％弱の住民が同法の適用除外におかれました。農村地帯や離島においては、教員や役所の職員のみが適用対象者で住民の約90％が適用除外者となっているところもありました。

医療保険法1条は、「政府は、1970年までに、すべての琉球住民に医療保険が適用されるように努めなければならない」と定め、住民皆医療保険制度[20]への目標は設定されていましたが、その実現は本土復帰まで持ち越されました。

医療保険法の第1の問題は、適用除外者の大部分が低所得階層に属する人たちであり、もっとも保険医療による社会保障を必要とする階層を除外していることにありました。適用除外とされた理由は、主として保険財政能力の観点からでした[21]。なお、1970年6月当時の沖縄の低所得者の数は、被保護者およびその他の生活困窮者を合わせて6万3373人であり、総人口の6.7％でした。

医療保険法の適用除外とされた住民は、第二期と同様に、自由診療制の下におかれていました[22]。この時期の住民の実態は、本土復帰後の1987年の国民健康保険法改正に伴う、国民健康保険の保険税滞納者への制裁処置を盛り込ん

---

[20] なお、本土の国民健康保険法は、1958年12月に立法され、1959年1月1日に施行されています。
[21] 日本弁護士会『法律時報臨時増刊号　沖縄白書—総集編』（1972年、日本評論社）244頁。
[22] 沖縄大学人文学部こども文化学科の宮城能彦教授にインタビューしたところ、「置き薬」は家庭に常備されていたようです。怪我をした場合、そのあたりの薬草を使うなどして応急処置をしたり、釘などを踏んだ場合、近くの石でその部分を叩いて血を出すことで、子供ながらに破傷風などの疾病予防を行っていたのだろうとか、ユタ（沖縄の民間巫者）などによる民間療法がなされていたとの証言を得ることができました。

だ改正条例案に対する第135回那覇市議会（定例会）における、真喜屋武議員の「復帰前の低所得者の母親たちは、子供が急病になっても病院に連れて行くということではなく、オロオロと隣近所や親戚をかけめぐってお金を借りることからはじめなければならなかったという、なんともやりきれない社会状況が再現されることになるわけであります。…」との発言が、その一断面を表しています。

　医療保険法の第2の特徴は、本土のような現物給付制度ではなく、被保険者でも医療費はそのつど現金で支払い、後に約7割の払い戻しを受けるという医療費償還払方式（現金給付方式）を採用していたことです。このことから、医療保険法適用下の患者であっても、まず患者が医者に支払う医療費を準備しなければなりませんでしたし、現金の準備ができない者は被保険者であっても現実には医者にかかれないという受診抑制がなされるということになってしまいました[23]。

　医療保険法が現金給付方式を採用した理由は、①医師および医療機関の絶対数が少ないこと、②療養の給付（現物給付方式）では診療報酬請求の技術的審査に従事する専門医の確保がほとんど不可能に近いこと、③医師の少ない現状においては医師の請求事務等によって医療の質および量が低下するおそれがあること、④急激な医療需要の増加で医師の量的な診察能力の限界をこえ適正な医療を確保しがたいおそれがあること、⑤医療費の増高が琉球政府の一般財政を圧迫する恐れがあること、⑥医療保険財政の経験がないこと、⑦本土の医療

---

[23] 日本弁護士会『法律時報臨時増刊号　沖縄白書—総集編』（日本評論社、1972年）245頁。
[24] 崎原盛造・當銘貴世美・石川りみ子「沖縄における戦後医療史序説—医療保障の視点から—」『沖縄の歴史と医療史』琉球大学医学部付属地域医療研究センター編『沖縄の歴史と医療史』（九州大学出版会、1998年）69頁。

保険にみられる欠陥を沖縄で再現することを避けること、にありました[*24]。

その背景には、医療制度の制度設計に影響を与えた、当時の日本の厚生省が一貫して、現金給付方式を琉球政府に推奨しており、また、本土においても、厚生省を中心とする一部で現物給付方式から現金給付方式への移行の可能性につき、模索がなされていたことからすれば、沖縄がこの方式のテストケースとして位置づけられていた側面があったと指摘されています[*25]。

受診率が低かったこともあり、保険財政は毎年黒字でした。保険税等収入に対する保険給付等の支出割合は、初年度（1967年度）が15.5％、1986年度が30.1％、1969年度が40.2％、1970年度が50.3％、1971年度が49.3％、1972年度が53.6％に過ぎず、実質5年間の保険財政の収支は大幅な黒字で、本土復帰に際して、87億9000万円の余剰金を生じていました[*26]。

3、現物給付方式による生活保護法上の医療扶助について

1953年10月5日、米国統治下の沖縄においても、生活保護法が施行されました。生活保護の開始の理由を年度別にみていくと[*27]、保護開始の理由は、「疾病による収入の減少」を理由とする世帯は、1956年度は36.0％であったものが、1971年度には、67.2％となっており、年々増加しています。当時の病気と貧困との関係を示す数値で、同時に、低所得者に対する医療保障制度の欠陥を如実に示しているとおもいます。

1971年4月における本土と沖縄の医療扶助の実施状況を比較すると[*28]、全

25　前原穂積『生命輝け　米国占領下におかれた沖縄の社会福祉』（あけぼの出版、2003年）218頁。
*26　崎原盛造・郡司篤晃「沖縄における保健医療の特性」琉球大学医学部付属地域医療研究センター編『沖縄の疾病とその特性』（九州大学出版会、1996年）38頁。
*27　『沖縄の社会福祉25年―沖社協創立20周年記念誌―』111頁。

国では、被保護者人員は131万9886人、医療扶助人員は69万6499人でした。一方、沖縄では、被保護者人員は2万8370人、医療扶助人員は2448人でした。医療扶助人員について本土と対比した沖縄の特徴として、①保護人員に占める医療扶助人員の割合が極端に低い、②医療扶助人員のうち結核患者の割合が低位にある、③精神病患者の度合いが高く、さらに入院精神病率が高い、という点が指摘されます[*29]。このうち、①保護人員に占める医療扶助人員の割合が極端に低い理由は、当時の沖縄においては、依然として生活保護費に占める生活扶助の割合が6割と圧倒的な部分を占めており、医療扶助費は約3割程度に過ぎないからでした[*30]。

また、医療保険法の適用対象者が受診する場合、保険手帳の提示により受診し、その結果、医療機関への報酬が即金払いされるのに対して、医療扶助の場合、事前に実施機関の規制を受け、複雑な事務処理過程を経て医療機関が診療費を受領するまでに相当期間を要することから、指定医療機関が被保護者を快しとしない機運を助長することになり、さらに医療扶助患者が当該医療機関のベットを多く占有すればするほど病院経営に影響を及ぼし、病院経営を困難に陥らせることになるとの指摘がされています[*31]。このような指摘から、医療保険法の医療費償還払い制度が、生活保護法上の医療扶助に対して受診抑制の作用を及ぼしていたという関係が明らかになるとおもいます。

さらに、生活保護法による診療報酬が、1955年1月11日告示第4号により、1点単価5円（B円）として各診療行為ごとに点数が設定されていたが、1967年7月1日までの12年半、物件費、人件費の上昇にもかかわらず診療点数が

[*28] 沖縄県社会福祉協議会『沖縄の社会福祉25年』（1971年）117頁。
[*29] 沖縄県社会福祉協議会『沖縄の社会福祉25年』（1971年）113頁。
[*30] 沖縄県社会福祉協議会『沖縄の社会福祉25年』（1971年）115頁。
[*31] 沖縄県社会福祉協議会『沖縄の社会福祉二十五年』（1971年）116頁。

据え置かれたこと、あるいは1969会計年度（1968年7月1日から翌年6月末日）がスタートして3ヵ月で生活保護法診療報酬の予算が皆無となって、1968年10月以降、指定医療機関に対して、支払いが完全に停止し、10月末までの未払額が30数万ドルに達するという事態も発生しています[*32]。

このような状況を考慮しますと、医療と当時の沖縄の低所得者（貧困層）との関係については、生活保護法上の医療扶助については機能し難い要因が積み重なっていたということが明らかとなるでしょう。そうすると、米軍統治下の沖縄医療保障制度の展開においては、第一期の「無料・低額医療費および官営医療の時期」を除いては、それらの者の「疾病」は、「公共性を有する心配事」として「公共的費用」の発動が必要な事柄とは、捉えられておらず、それらの者の「疾病」は私的な責任の問題と考えられていたといってよさそうです。

4、本土復帰後の沖縄の国民健康保険法適用と現在日本で生じている国民健康保険法上の「被保険者資格者証明書」交付の問題について

1970年5月30日、琉球政府は、「医療保険法の一部を改正する立法」「社会保険診療報酬支払基金法」「国民健康保険法」の3法案を立法勧告しました。10月3日には、「本土法適用に関する準備措置」の内容を公表し、健康保険法および国民健康保険法についての即時適用を日本政府に要望しました。11月20日、日本政府は、「第一次復帰対策要綱」を閣議決定し、その中で、医療保険制度については、復帰と同時に本土の法令を適用することとしました[*33]。

1972年5月15日、沖縄は祖国復帰しました。沖縄県における本土法令の適

[*32] 沖縄県医師会会史編纂委員会編「沖縄戦直後の沖縄の医療と公衆衛生」『沖縄県医師会史―終戦から祖国復帰まで―』（若夏社、2000年）223頁。
[*33] 那覇市社会福祉協議会40周年記念誌編集委員会編『戦後那覇市の社会福祉の歩み』（那覇市社会福祉協議会、1996年）185頁。

用にあたっての特別措置は、復帰特別措置法において各省所管の法律に所要の特例規定が設けられたものですが、同法156条1項の「この法律に規定するもののほか、必要な法令事項は政令で規制することができる」という政令へ委任規定に基づき、沖縄の復帰に伴う厚生省関係法令の適用の特別措置等に関する政令が閣議決定され、厚生省関係の全般にわたる特別措置が定められました[*34]。

これにより、沖縄の市町村は、1972年5月15日の復帰の日から1974年4月1日までの間に国民健康保険事業を開始する義務を負うことになりました。

こうして、医療保険法においては適用除外とされていた、自営業者・農林漁業者・零細事業所の従業員・有期労働者等は、「現物給付方式」の国民健康保険法に包摂されるようになり、沖縄住民の長年の念願であった住民皆保険が実現しました。

1987年の国民健康保険法改正によって、現物給付方式を採用している同法が、保険料を滞納する被保険者に対して、償還払い方式を規定することによって（同法9条3項、54条の3、63条の2等参照）、一定のサンクションを与える法改正がなされました。

このことは、国民皆保険の原則が動揺し、再び、低所得者の中には、医療保険制度の枠内で償還払いの取扱いがなされる者が存在しているという現実を教えています。

これまで、米軍統治下の沖縄の医療保障制度の展開と今日までの沖縄を含めた日本の医療保障制度の現状をトレースしました。

沖縄という視点から、日本の医療保障制度を見ていくことによって、医療保障制度を含めた「社会保障制度」が、ワーキング・プア（低所得者）に対して、今後、どのような制度設計を行う必要があるのかを、問うているということが

[*34] 沖縄県国民健康保険団体連合会設立20周年記念史編集委員会編『沖縄の国民健康保険のあゆみ』（沖縄県国民健康保険団体連合会、1995年）143頁。

明らかになりました。その意味で、日本は沖縄の複雑な歴史的経験に学ばなければならないのです。

| 第4講 |

非正規労働問題を
まじめに考えてみると。

1. Imagine all the people!

（1）非正規社員に高めに払えば、「非正規労働問題」は解決するはずですが……。

　2010年2月から3月の春休みのことです。沖縄大学の新館が完成したため、古い建物にあった私の研究室の引っ越しをすることになりました。そこで、当時のある学生に時給2000円で1日5時間という約束で仕事を頼んで、この引っ越しは、なんと2日で終わってしまいました。この学生は、2日間の短い時間のアルバイトによって、それなりのお金をもうけたと喜びましたが、感謝しなければならないのは私の方です。私の通常の業務とは異なる業務をこの学生はテキパキとこなしてくれたのですから。私は「雇い主」[*1]として、その気持ちを「銭(じん)」に込めることがよいと思ったので、約束より上乗せして、時給2200

[*1] 「雇い主」と表現しましたが、労働法では「使用者」とか「事業主」と表現し、経営学では「企業」とか「会社」と表現します。これらの概念は同じものとして、記述していきます。私は、労働基準法（以下、「労基法」）10条に基づく使用者ではなく、労働契約法（以下、「労契法」）2条2項に基づく使用者として、この学生を雇ったことになります。

円を支払いました。

　企業の経営でも、継続的で固定的な業務は正規労働者にお願いし[*2]、繁忙期等の臨時的・一時的な業務増加においては非正規労働者にお願いすることが多いのではないでしょうか[*3]。そして、非正規労働者は、通常は、その企業で定

[*2] 正規労働者は、期間の定めのない労働契約（以下、「無期契約」）を締結している労働者のことです。非正規労働者は、期間の定めのある労働契約（以下、「有期契約」）を締結している労働者のことです。非正規労働者に比べて正規労働者の得なところを確認しておきます。
　①「解雇は、客観的に合理的な理由を欠き、社会通念上相当であると認められない場合は、その権利を濫用したものとして、無効とする」（労契法 16 条）と定められており、解雇は厳格に規制され、雇用が安定しています。
　②時給ベースで計算すると、正規労働者の給料は高く、例えば、労働政策研究・研修機構の統計に基づけば、正規労働者（フルタイム労働者）の時間当たりの所定内賃金を 100 とすると、パート労働者は、56.6 となっています。この比率は、英国では 71.4、ドイツでは 79.3、フランスでは、89.1 となっています。
　③ボーナス、退職金、家族手当、住宅手当、社宅、社員寮といった基本給以外の多様な付加的給付・福利厚生給付がなされることが一般的です。もっとも、このような給付を、正規労働者だけに支給することが許されるのか否かは、現在、実務上、問題となっています。
　④被保険者が「療養の為」に「労務に服することができないとき」に「傷病手当金」が支給されます（健康保険法 99 条）。傷病手当金は、労務不能の日により起算して第 4 日目から支給されます（同条 1 項）。その支給は支給開始日より 1 年 6 ヵ月をもって限度とされており（同条 2 項）、傷病手当金として支給される額は、1 日につき標準報酬日額（健康保険法 40 条）の 3 分の 2 に相当する額となっています。
　⑤雇い主が社会保険（「健康保険」「厚生年金」「介護保険」「雇用保険」）につき、その保険料半額負担部分と正規労働者の保険料の半額部分を給料から天引きして納付するため、通常、「年金未納問題」「国民健康保険料滞納」等の問題は起こりません。労災保険料は雇い主の全額負担となります。
[*3] 正規労働者でない者が非正規労働者です。職場の呼称から見ていくと、パート・アルバイト・キセツ・準契約社員・契約社員・嘱託職員、派遣社員等の多様な呼び方があります。西谷敏『労働法の基礎構造』（法律文化社、2016 年）187 頁は、ドイツの「標準的労働関係（Normalarbeitverhältnis）」（①期間の定めのない労働契約、②直接雇用、③フルタイム労働という基礎的要素）から外れる者と定義しています。

年まで働くことまでは予定しておらず、退職金を払う必要はなさそうですから、時給ベースで換算して正規労働者よりも、高い時給を払ってあげてもよさそうです。

　小熊英二さん（慶應義塾大学教授）は、つぎのような「思考実験」を行っています*4。

〈時間給の最低賃金を、正社員の給与水準以上にすることだ。なお派遣や委託その他の、いわゆる「非正規」の働き方への対価も同じように引き上げる。……「正社員より高いなんて」と思うかもしれない。だが仕事内容が同じなら、正社員の方が高い根拠はない。むしろ非正規は、社会保障や雇用安定の恩恵（コスト）がない場合が多いから、そのぶん高くていいという考え方をしてみよう。「正規の方が高い国などない」という意見もあろう。しかし、日本型の正社員そのものが独特なのだから、改善の仕方も独自の形で思考実験してみよう。……例えば時給2500円なら、1日8時間月22日働けば月収44万円になる。若年の正社員より高めで、賞与なしでも家族を扶養できる収入だ。もちろん物価が上がれば金額も上げるようにする。

　では最低賃金を時給2500円以上にしたら、日本社会はどう変わるか。

　まず、正規と非正規の格差は減少する。両者の違いは残るが、それは「安定しているが賃金と自由度の低い働き方」と「不安定だが賃金と自由度の高い働き方」の相違となる。

　次に、「正社員の座」にしがみつく必要がなくなる。研修やスキルアップ、社会活動や地域振興のため、一時的に職を離れることが容易になる。転職や人材交流が活発化し、アイデアや意見の多様性が高まる。起業やイノベーションも起きやすくなり、政界やNPOに優秀な人材が入ってくるようになる。

　賃金が上がれば結婚しやすくなる。男女とも育児期の一時離職が容易になり、

---

*4　小熊英二「労働を買いたたかない国へ」朝日新聞2017年3月30日。

第4講　非正規労働問題をまじめに考えてみると。

少子化の緩和が期待される。

　過度の長時間労働は減る。……「正社員の座」に固執する必要が減れば、（過労死といった）悲劇は減少する。また労賃が上がれば、経営者は無駄な労働を減らそうと努めるだろう。〉

　このような社会では、「非正規労働者の待遇改善」は労働市場の需給に任せても解決します。なぜなら、雇い主は非正規労働者の労働が高くつくなら、その利用には慎重になり、経営上、どうしても必要な場合にのみ、その利用を行うはずだからです。最低賃金を上げることで、非正規労働者の賃金を底上げするという法政策は、このような社会を実現するためのアプローチです。

　「ちょっと、待ってよ。何、バカなこといってんの。非正規労働者の給料が高いなんて、ありえんだろ。企業経営を知らない、ずぶの素人が何を勝手なことほざいてんの」と突っ込みをいれてみたくなったでしょうか。沖縄では、「年収300万未満の名ばかり正社員」が多く、「正規労働者の低賃金問題」と違法残

琉球新報 2017年6月3日

琉球新報 2018年5月15日

業や最低賃金破りといった「非人道的な働かせ方」が横行しているということは、本書の第6講で述べることにいたしましょう。「沖縄の雇用政策上の課題」には、「正規労働者の労働条件向上」とともに、「非正規労働者の待遇改善」という二つの問題があるために、ますます、このような社会をイメージすることは「夢物語」と見えてしまうのです。

（2）非正規労働がもたらす沖縄社会への影響

　なぜ、非正規労働が増えてしまったのでしょうか。この問題を理解するためには、「沖縄」「日本」「世界」の経済動向に目を向ける必要があります。世界各国の企業は世界市場を舞台に優勝劣敗を決する熾烈な競争に突入しています。勝負に負ければ、雇用や事業もろとも売却されるか、企業そのものが市場から退場するしかありません。企業としては、少しでも安くて良質な商品を供給することが要請されます。このことが、「商品のジャスト・イン・タイム化」によってもたらされる限り、消費者にとっては喜ばしいことです。まさに、適切な経営戦略としての「イノベーション」です。しかし、このことが、正規労働を非正規労働に切り替えることで、コスト削減を模索するという「労働のジャスト・イン・タイム化」によってもたらされる場合には、労働者にとっては悲

劇そのものです。このような動向は先進諸国が抱える共通する問題となっています。「沖縄」は「日本」の「労働のブレークスルー（創造的破壊）」の最先端をひた走っています*5。労働者の賃金が下がるということは、消費者としての購買力が下がるということでもあり、企業の売り上げも下がるということです。企業は労働者の人件費を節約するという、目先の利益を追い求めた結果、将来のビジネスチャンスを縮小させてしまい、さらには、日本や沖縄の経済といった、より大きなレベルでも「負のスパイラル（デフレ・スパイラル）」をもたらします。

　とはいえ、法的規制がなされていない限り、企業が経済合理性を追求することは、責められるべき話ではありません。労働市場には未だに過度な規制と障壁が存在し、「労使の自由な取引」が阻害されているから、企業の競争力を高めて利潤の最大化を図るためには、さらなる労働法上の規制緩和や規制撤廃（「労働市場の柔軟化」）を進めていくべきだという主張もありうるでしょう。その一方で、今日の社会的状況はすでに不具合を起こしており、労働法上の規制強化や規制見直しと社会保障法上の補完機能拡大が不可欠という主張もありうるでしょう。そして、近年の労働立法の動向は、基本的には、前者の立場に立脚しています。つまり、政府は、企業の求める「小さな合理性」の追求を追認しています。この結果、「沖縄」あるいは「日本」といった社会「全体としての大きな不合理性」がもたらされています。非正規労働の増加は生涯未婚率の上昇や少子化を加速させ、国家としての経済規模の縮小・税収不足に伴う財政危機といった国民生活の水準低下をもたらします。社会保険料と税金を負担

---

*5　琉球新報 2018 年 7 月 14 日に基づけば、総務省が 2018 年 7 月 13 日に発表した全国の働く者全体の数は 6621 万人であり、このうち非正規の数は 2132 万 5700 人であったこと、全国の非正規の割合は 38.2％であるのに対して、沖縄の非正規の割合は 43.1％の全国一であったことが報道されています。

する層の減少は、将来的な年金財政の悪化や福祉・医療サービス水準の切り下げにもつながります。とりわけ、「沖縄」の特徴である、正規・非正規を問わない、「労働者を大切にしない働かせ方の蔓延」[*6]が、「ワーキングプア（働く貧困層）問題・中高年フリーター問題＝大人の貧困問題」[*7]「ブラック企業問題」[*8]「フリーター・ニート（NEET:Not in Employment,Education or Training）問題＝若者の貧困問題」といった労働問題だけではなく、「子どもの貧困問題」「中高年引きこもり」「無年金問題」「分断社会問題」といった社会保障問題にまで、複合的に波及しています。つぎのような新聞記事を見てみましょう。

[*6] ILOは「ディーセント・ワーク（decent work）＝働きがいのある人間らしい仕事）」を提唱し、①雇用の促進、②社会的保護の方策の展開と強化、③社会的対話の促進、④労働における基本原則と権利の尊重や促進あるいはその実現を政策目標としています。沖縄でも昨今の人手不足によって、①の「雇用の量的確保」は図られつつあるようです。しかし、最も肝心な「雇用の質的確保」にかかわる、②③④については、正規労働者・非正規労働者を問わず、「労働者を大切にしない働かせ方」として見過ごされ続けています。ディーセント・ワークについては、西谷敏『人権としてのディーセント・ワーク』（旬報社、2011年）、和田肇『労働法の復権―雇用の危機に抗して』（日本評論社、2016年）145頁以下。

[*7] 例えば、沖縄県の2017年10月1日時点での最低賃金は737円です。この金額で正社員並みに働いたとしても（1週40時間×4週×12月）、141万5,040円になります。この額から税金と社会保険料を控除（0.864を掛けて）してみると、可分所得は122万2,595円程度となってしまいます。

[*8] 今野晴貴さんは、『ブラック企業 日本を食いつぶす妖怪』（文藝春秋、2012年）・『ブラック企業ビジネス』（朝日新聞出版、2013年）・『ドキュメント ブラック企業―「手口」からわかる闘い方のすべて』（筑摩書房、2014年）・『ブラック企業2「虐待型管理」の真相』（文藝春秋、2015年）において、ブラック企業が国の将来や産業の担い手である若年労働者を次々と使い潰していくことで、持続可能な「雇用社会」や「社会基盤」を壊している実情を指摘して、金儲けのために社会を壊していくことを認めてしまうのか、それとも、社会の再生産性や持続可能性を守っていくべきかを問うています。

第4講　非正規労働問題をまじめに考えてみると。

琉球新報 2017年11月19日

琉球新報 2017年12月31日

琉球新報 2011年1月1日

2. 非正規労働としてのブラックバイト

（1）ブラックバイトとは？

　ドイツ語の「Arbeit（労働）」に由来する学生の「アルバイト」は、そのほとんどが非正規労働です。アルバイトは、もともとは学生の内職を意味していました。お金に困ったときにコンサートや引っ越しの日雇バイトで小銭を稼ぐとか、家庭教師をするといったイメージです。ところが、現在では、アルバイトは学生の本業になり、学生生活と両立できないほど、巻き込まれる学生が続出しています。アルバイトは非正規労働者という立場の弱さだけではなく、バイト先が学生を子ども扱いすることからも、さらに立場が弱くなります。学生も大学4年間のアルバイトが「一時的」なものであり、バイト先に「永久就職」するつもりはありませんから、多少のおかしな扱いにも、我慢して見過ごすことに慣れてしまいます。バイト先で「業務で使用する長靴の自費購入を強要された（ラーメン屋）」「『残業代は出ないことになっているから』と、冷凍ごはんや、ネギ、ミョウガといった余り物が現物支給された（居酒屋）」「バイトを辞める際にクリーニング代が賃金から天引きされた（スーパー）「業務で使用した備品などの買い取りが強要された（引越し業者）」といった労働トラブルを経験する学生もいます[*9]。このような「ブラックバイト」[*10]は、現在、大き

---

*9　事例については、神部紅「ブラックバイトの実態と首都圏青年ユニオンの取り組み」季刊・労働者の権利309号69頁から引用しました。
*10　大内裕和「ブラックバイトに騙されるな！」（集英社、2016年）19頁では、「学生であることを尊重しないアルバイト」をブラックバイトと命名し、その定義を「低賃金であるにもかかわらず、正規雇用労働者並みの義務やノルマを課されるなど、学生生活に支障をきたすほどの重労働を強いられることが多い」としています。ブラックバイトが、学生自身の「労働問題」であるだけではなく、学生生活と両立しえない、過酷な働かせ方が大学等の「高等教育システム」を破壊し、将来の日本社会を担うべき人材を使い潰していることに警鐘を鳴らしています。

な社会問題となっています。どうして、学生はブラックバイトにハマってしまうのでしょうか。今野晴貴さん（NPO法人POSSE代表）は、つぎのように説明しています[*11]。

〈今ではむしろ、学校の勉強ができるなどということよりも、「アルバイト先でリーダーをやっている」ほうがよほど社会的スティタスが高いと考える学生が大勢いる。学校の勉強や成績が将来の就職や仕事に役立つのかわからないのに比べ、アルバイト経験は直接的に「就職活動の売りになる」……何の役に立つのかわからない学問を教える学校の先生よりも、職場の先輩や、上司にあこがれる。そもそも、授業よりも仕事のイメージがつきやすく、具体的に能力が評価されるアルバイトのほうが「面白い」のである。……彼らにとって「仲間」がいるのは授業やゼミではなく、アルバイト先なのであり、学生生活の人間関係の中心はそこで築かれる〉。

つぎのような新聞記事を見てみましょう。「私がいないとつぶれる…昼夜激務学べない」という見出しに続けて、「テスト前日に夜勤入れられた」「学

琉球新報 2016年10月1日

[*11] 今野晴貴『ブラックバイト 学生が危ない』（岩波書店、2016年）146頁。

習時間が確保できない」「入院した」「交替の人が来なくて強制的に夜中まで働かされた。翌日、学校に遅れた」「留年した…留年した…留年した…留年」「バイト休めず、学校休む」「単位落としたぁ」「体調不良、睡眠不足」等の痛々しい学生の声が聞こえてきます。今日、沖縄だけではなく日本全国の大学で、バイト先のシフト変更に翻弄され授業を受講できない学生、バイト都合でゼミ合宿・クラブ活動に参加できない学生、バイトと大学の試験や就職試験が重なり受験を断念する学生、授業料や生活費を稼ぐために複数のアルバイトを掛け持ちする学生、奨学金だけでは足らずにバイトに追われ留年してしまう学生、シフトを減らされて学費を払えずに中退する学生、挙句の果てには奨学金返済の義務だけが残ってしまう中途退学生……といった、ブラックバイトに翻弄される学生たちで溢れかえっています。

(2) 労働者は労働契約を自由に決められない。

正規労働者の予備軍として「就活」を行っている大学生でさえ、面接試験において、「お宅の企業はブラック企業ですか」とか「求人票は建前で、実はサービス残業とかやらせていますよね」とか「額面上、給料は他社より高く見えますが、固定残業代ですよね」といって、企業に突っ込みをいれる者はいないはずです。そんな質問をしてしまったら、「新規学卒一括採用方式」[*12]という正規労働者への就職のための「人生最大のチャンス」を見逃すことになってしま

[*12] 日本的雇用慣行のうち「終身雇用制」「年功序列制」は崩壊に向かう中、学校在学中に就活を開始し、希望する業界や企業を選び、試験・面接に臨み、学校卒業と同時に内定していた企業等に就職するという「新規学卒一括採用方式」という形は残存しています。とはいえ、「7・5・3問題」という学生が就職したものの早期離職してしまうという問題、教育機関が正規労働者への就職にターゲットを置くため、非正規労働者・NPO・法律関係等の資格取得や専門職・大学院等を目指す学生等に適切に対応できていないという問題があります。

います。多くの学生は、正規労働者になることを夢見て、大学4年間を過ごしています。採用内定通知を受け取るための学生側の「唯一の選択肢」は、企業のいうことをひたすら信じ込み、機嫌をとって労働契約を結んでもらうことしかありません[*13]。大学の授業でしばしば講演する「外部講師（ゲストスピーカー）」だけではなく、大学教職員からも、繰り返し、「働くことはいいことだ」とか「働くことを通じて人間は成長する」といった「名言（迷言？）」[*14] への信仰を強要された結果、ブラック企業やブラックバイトについていけないのは、自分が悪いのだと思い込んでしまいます。大人たちのステレオタイプの言説は拡散し、「アルバイト経験が社会経験に役立つ」「厳しいバイトでもがんばれば、その経験を就活で話せる」「バイトを辞めたら就活に不利になる」といっ

[*13] 企業も学生も「採用内々定」と「採用内定」を実質的に同様な意味であると実感しています。就職希望先からの採用内定通知と誓約書や身元保証書の提出、内定式への出席は、将来の職業キャリアを確実にします。一般的には、大学卒業後の4月1日前後に設定された入社式と辞令交付のときから就労を開始し、社会人の第一歩が始まります。そして、3ヵ月から6ヵ月の試用期間を経験し、ようやく正規労働者として採用されます。慎重な採用プロセスがとられているのは、終身雇用制のもとでいったん採用すると、よほどの事情がない限り、解雇は許されないからです。

[*14] 労働には、やりがい・面白さ・生きがい・喜びという側面だけではなく、苦痛・心身ともに摩耗させる過酷な働き方という側面もあるはずです。この名言（迷言？）は、無邪気・無意識というよりも、大人の都合のいい勝手な価値観を上から目線で押し付けるだけに始末が負えません。「ブラック企業・ブラックバイトで働くことはいいことだ」「ブラック企業・ブラックバイトで働くことを通じて人間は成長する」ということにならないはずですが……。同種の発言に、「大学に入るだけではなく、将来のことを考えなさい」「生きる力は受験を通じてつくと思う」「自分らしく働ける仕事を見つけなさい」「進路は自分が自由に選択。だから結果は自己責任」というものがあり、職場では、「お前の代わりはいくらでもいるんだよ」「君はこの仕事に向いていないんじゃない？」「空気読めよ」「派遣は責任取らなくていいからいいよな」という発言に切り換えられてしまいます。このような発言のもつ理不尽さについては、小森陽一『理不尽社会に言葉の力を ソノ一言オカシクナイデスカ？』（新日本出版社、2007年）。

た、さらに不確実な名言（迷言？）になって、学生の間に浸透していきます。「企業もたまには（結構？）悪いことをする」という社会の実状や「働く者の権利とその実現方法」といった、複線的なものの見方について、しっかりと教えることができていない、大学にも問題があるといわざるえません。

ましてや、アルバイトやパート*15 といった非正規労働者は、正規労働者よりも、一層、弱い立場に立たされます。つぎのような新聞記事を見てみましょう。そこでは、沖縄県内の大学生が経験した、コンビニのブラックバイト事例が紹介されています。この事例でも、

琉球新報 2016 年 4 月 19 日

---

*15　非正規労働者のうちパート（パートタイム労働者・短時間労働者）については、短時間労働者の雇用管理の改善等に関する法律（以下「パート法」）2条が「1週間の所定労働時間が同一事業所に雇用される通常の労働者……の1週間の所定労働時間に比し短い労働者」と定義しています。典型例は、会社員の夫がいる主婦が子育て等を終えて空いた時間に家計補助的にパートで働く「主婦パート」です。主婦は夫の社会保険にはいり、税制上も配偶者控除等の恩恵を受けられるように、夫の扶養を外れない形の短時間労働を選好するという傾向があります。

勝手にシフトを深夜労働にいれたり、研修期間の時給が半額だったり、レジの不足分を自腹で払わせたり、恒常的なサービス残業であったり、まさにやりたい放題です。まず、学生が抗議したにもかかわらず、勝手に夜のシフトに入れることで、当初の労働契約を一方的に変更しています。コンビニ経営者は「昼間の授業があるから夜しか働けないでしょう。夜は時給が高いし、悪いようにはしないから。」といいくるめたのかもしれません。学生も「当初の契約とは違う話だけど、考えてみると授業とかぶらないし、夜の方が稼げるようだ。自分さえしっかりしていれば、多少、睡眠不足でも授業には行けるはずだ。」といつの間にか、話がすり替わっています。コンビニ経営者の言い分は、「最初はその学生は明確に嫌だといっていましたが、その後もずっと嫌だといい続けたわけではありません。こちらから学業と両立できる時間帯を提案したところ、この提案に納得したのだと思っていました。」といいたのかもしれません[*16]。たしかに、民法の枠組みでは、学生が「なんだか巻き込まれてしまい、我慢して働いているけど、やはりおかしな話だなあ。」と内心で思っていたとしても、働き続けているのであれば、それが学生の意思だったと考えるしかありません。この学生は「悪いようにはしないから」というあいまいな口約束を信じて、契約交渉を行ってしまったがために、成績不振・単位不足・奨学金停止の可能性という不幸な結末を迎えることになってしまいました。この先、この学生は留年するかもしれません。そうすると余分な学費や生活費もかかることになるでしょう。コンビニ経営者に何らかの法的責任を追及したくもなりますが、民法の枠組みでは、せいぜい、あの契約は「錯誤」であるから無効であるとか[*17]、

[*16] コンビニ経営者はヨーロッパの歴史に詳しいのでしょうか。たしかに、ローマ時代にも「合意は拘束する（Pacta sunt servanda.）」とか「沈黙する者は同意するものとみなされる（Qui tacet consentire videtur.）」という法格言があり、このような考え方は、現在の日本の民法にも受け継がれています。

「強迫」を理由としてその取消が認められる*¹⁸といった、限定的な救済法理しか導き出せません。一方、コンビニ経営者はまったく損していません。代わりの学生を探して、また、新たな悪だくみをするだけの話です。

　民法とは異なって、労働法は、労働者は使用者の指揮命令のもとで従属的に働かなければならないといった「労働契約の特質」*¹⁹に着目します。このケースを注意深く観察すると、アルバイト契約の交渉過程において、学生がどのような時間帯で働きたいのかという意思決定がコンビニ経営者の提案によって著しく歪められています。労働契約の出発点において、すでに、学生は、気がつかない間に「強制された自己決定」をさせられてしまっているのです。労働契約の締結過程において、労働者の実質的な合意が、絶えず、おびやかされてしまうという構造上の問題について、西谷敏さん（大阪市立大学名誉教授）は、

---

*17　「錯誤」は、契約を交わしたものの、勘違いをした・間違えたという場合、労働者の内心の意図と大きくかけ離れることです。民法95条1項は、「意思表示は、次に掲げるものであって、その錯誤が法律行為の目的及び取引上の社会通念に照らして重要であるときは、取り消すことができる」と定め、同条1項1号には「意思表示に対応する意思を欠く錯誤」、同条2号には「表意者が法律行為の基礎とした事情についてのその認識が真実に反する錯誤」を錯誤の事例として定めています。東武スポーツ（宮の森カントリー倶楽部・労働条件変更）事件・宇都宮地判平19.2.1労判937号80頁は、正規労働者であったキャディを雇用契約期間1年単位の契約社員にして賃金等を引き下げることについて各キャディから契約書をとりつけたという事案です。地裁判決は合意の成立を認めたものの錯誤により無効と判断しており、同事件・東京高判平20.3.25労判959号61頁は合意内容の特定が不十分であるとして合意の成立を否定しています。同様な事例として、駸々堂事件・大阪高判平10.7.22労判748号98頁があります。また、昭和電線電気事件・横浜地川崎支判平16.5.28労判878号40頁は、労働者が使用者の退職勧奨を受けて、退職手続申請書を提出したという事案です。判決は、退職届は無効と判断しています。
*18　民法96条1項は、「詐欺又は脅迫による意思表示は、取り消すことができる。」と定めています。ニシムラ事件・大阪地判昭61.10.17労判486号83頁は、退職の意思表示を脅迫によるものとして、取消を認めています。損害保険リサーチ事件・旭川地決平6.5.10労判675号72頁も同様な判断をしています。

つぎのように説明しています[20]。

〈労働者と使用者の従属的な関係において、自由・平等の立場でなされるはずの『合意』の内容が通常は使用者によって一方的に決定されるという事実は、労働法の出発点をなす認識であった。……労使の従属的な関係が解消しない限り、形式的に理解された合意原則を一面的に強調することは、労働法の存立基盤を掘り崩し、古典的市民法への逆行をもたらすことになりかねない。……これらの『合意』は、労働者の真意にもとづかず、使用者の有形無形の圧力の下でなされたものである場合が多い。〉」

このため、労働法は、形骸化された「形式的な合意」ではなく、労働者が真に納得したといいうる、「実質的な合意」が図られるように、様々な手立てを用意します。その一例として、労基法15条1項は、使用者の労働者への「労働条件の明示」を義務づけています[21]。それでも、実際には、アルバイト・パー

---

[19] 例えば、コンビニでパンを買うとかおにぎりを買う、売買契約と比較して労働契約には、つぎのような特質があります

①労働契約は働く人間そのものを取引の対象としています。したがって、契約内容によっては、労働に内在する人間性としての、労働者の肉体や精神が侵害されます。

②労働力以外に財産をもっていないことが多いという「労働力の無資力性」があります。このため、今日の労働力は今日売らないと意味がないため買い叩かれやすいという「労働力の非貯蔵性」があります。このため、労働者は経済的に弱い立場にたたされることが多いため、自分が心から望んでいない労働条件であっても、同意や契約締結を、事実上、強いられることがあります。

③労働に際して、他者（使用者）から指示や指揮命令を受けることが多くあります。その意味で、労働者個人の自由（自らの判断で行動する自由）が、事実上、奪われています。

[20] 西谷敏「労働契約法の性質と課題」西谷敏・根本到編『労働契約と法』（旬報社、2011年）9頁。

[21] 労働基準法施行規則5条に基づいて、労働契約期間、有期労働を更新する場合の基準に関する事項、就業場所や従事すべき業務、労働時間等、賃金等の10数項目に及ぶ労働条件の明示と書面交付を義務づけています。これを守らない使用者には労基法120条以下の罰則適用があります。

トといった立場の弱い労働者には、そもそも、労働条件を明示せずに、あいまいな働かせ方を強要し、労働法的知識をごまかす経営者も少なくありません[*22]。コンビニの事例でも研修期間の時給が半額であるという労働条件の合意はなされていないはずですが、労働契約内容が記載された「労働条件通知書」を見てみる必要がありますし、そもそも労働契約の出発点である、「労働条件通知書」がなければ、裁判の際の客観的な証拠も確保できないという話になってしまいます[*23]。「労働条件通知書」において「明示された労働条件が事実と相違する場合においては、労働者は、即時に労働契約を解除することはでき」ると、労基法15条2項は定めていますから、この学生は早めにやめておけば、被害は拡大しなかったはずです。あるいは、コンビニと労働契約を結べば、最低賃金法は、当然、適用されます。最低賃金法を無視して、勝手に半額にするのは違法です。

そもそも、このようなトラブルは、労働契約締結時の「労働条件通知書」があれば生じないはずです。そのひな型は、厚生労働省のホームページから使用者が簡単にダウンロードできるようになっています。

[*22] 労基法15条1項もしくは3項に違反する使用者には、労基法120条に基づいて、30万以下の罰金が課されますが、この義務違反は、国（厚生労働省）が使用者に課す義務への違反であり、直接的に、使用者が労働者に負う義務（労働者の労働契約上の権利）を定めているわけではありません。この結果、使用者の義務違反が横行しています。だって、国（厚生労働省）にバレるはずもないし、バレてもこれくらいで、罰金なんてアリエンだろうと思っているはずです。労契法4条2項は、「労働者及び使用者は、労働契約の内容（期間の定めのある労働契約に関する事項を含む。）について、できる限り書面により確認するものとする」という生ぬるい規定を置いています。直ちに、法改正を行い、「使用者の労働者に対する労働契約上の明示義務」に書き改めるべきです。

[*23] 玄田有史『雇用は契約 雰囲気に負けない働き方』（筑摩書房、2018年）は、「雇用契約」や「労働契約」があいまいなものとされ、ないがしろにされている日本の雇用状況を分析しています。

第4講　非正規労働問題をまじめに考えてみると。

「労働条件通知書」

　経営者はこの用紙にちょっと書き込めば、簡単に「労働条件通知書」は交付できます。しかし、あえて、そんな簡単なこともやろうとしない経営者はたくさんいます。なぜなら、「労働契約をブラックボックス化」した方が楽だからです。ズルがバレそうになったら、国際通り沿いのあそこで営業している居酒屋さん（お察しください）のように、学生バイトを客引き（キャッチー）として「歩合」「請負契約」「業務委託契約」に切り替えるくらいはヘッチャラです[*24]。「本土では、規制が厳しくてかなわんが、『めんそーれ那覇市観光振興条例』はユルユルだ」というわけです。しかし、ちょっと、待ってください。店が客引きの時間帯を「スマホ」で指定したり、国際通りで客引きの場所を指定したり、仕事上の指示があるわけですから、「労働契約」に該当します。最低賃金の保証・労災保険への加入等、経営者としての義務も果たすべきです。それから、一方的に学生に「フリーランス」を押し付けるだけでなく、アルバイトでも年収に

97

よっては住民税や所得税、社会保険料の負担が生じることくらいは、教えてあげましょうよ。可哀そうなのは、キャッチーにキックバックされた15％増しの「割増料金」を払うはめになる、浮かれ気分の「観光客」です。もっとも、このような居酒屋は内地系列が多いようですから、内地や外国の客が損するだけの話でしょうと那覇市は考えているということなのでしょう。

　法を免れることにあくせくする経営者に、学生から「労働条件通知書を交付してくださいませんか」とは、いいづらいものです。いったとしても、「ちょっと、今、忙しいから、あとでね」と流されてしまうと、さらにいいづらくなってしまいます。学生から「労働条件通知書の作成なんて、簡単な話なので、こちらが作っておきましょうか」とは、さらにいいづらいものです。お店の店長や経営者が、断りずらい状況をわざと作り出し、学生が気まずくならないように忖度した結果、一方的に、ブラックバイトの被害にあってしまうということはありがちな話です。飲食業や小売業には、「寝た子を起こすな」というルールがあります。年休は、労基法39条に基づいて、働く者には、当然、与えられるべき権利のはずですが、「うちにも年休がありますか」と、学生がきかなきゃ教えてくれません。飲食業や小売業では、日ごとに売り上げがかわったり、必ず、誰かが接客する等として、日々、目の前の業務をこなさなければならない

---

*24　この手の経営者は、「罰金・ノルマ・自腹購入」を学生等の立場の弱い労働者に押しつけるのは慣れっこです。「接客態度がよくないから、売り上げが悪いんだ。お前じゃなければ、もっと売り上げがあがっていたはずだ。その分は損害賠償する」といいがかりをつける経営者、「注意力が足りなかったからコップが割れたんだ」と逆切れして、バイト料から天引きする店長、年賀状・おせち料理・恵方巻・バレンタインデーのチョコレート・ホワイトデーのクッキー・鰻重・お中元・おでん・ボジョレヌーボー・お歳暮・クリスマスケーキ等の季節もの商品買い取りを強要したり、ノルマ未達成を理由に罰金を課したりする、コンビニ経営者、「わが社の服を購入して店頭では着てもらいます」と自爆・自腹購入を強要する、全国チェーンのファッションショップ店長、大人げないったらありゃしません。

という事情があることは理解できなくはありません。とはいえ、最低限の法は守った上で、真っ当な経営をすることも経営者の義務です。「ほかの職場にはあるかもしれんが、うちには年休なんて贅沢なものはない」と独自の職場ルールを主張したり、労働者の給料から経営者が負担すべき労災保険料を天引きしたりと、やりたい放題です。学生も、ブラックバイトと気づいたら、早めにやめてしまう気力と勇気もってください[*25]。

大学生のブラックバイトとともに、さらに、気になるのが高校生のブラックバイトです。つぎのような新聞記事を見てみましょう。新聞報道の視点からは、高校生が生活費・就学旅行代・進学費用・教科書代・携帯電話代をアルバイトで稼いでいるという「生活社会の貧困」に着目した報道がされています。しかし、大学生よりもさらに立場の弱い高校生が、ブラックバイトと無縁であるとはとても考えられません。建前上は、高校の先生もアルバイトを禁止していることから、生徒のアルバイトの実態は理解していないことでしょう。親や保護者も家庭の生計の苦しさを助けるためにアルバイトをしている高校生の働き方を見守る余裕はないことでしょう。高校生のアルバイトについて、「労働問題」の観点から光を当てなくてよいのでしょうか。

琉球新報 2017 年 3 月 7 日

本土では、「ブラックバイト問題」に対して、「ブラックバイト・ユニオン」[*26]が積極的に活動しています。全国からのメール等での相談を受け付けていますから、本土から「正義の味方」をお呼びして、皆さんも「ブラックバイト問題」に取り組んでみませんか。そして、もはや、「ブラックバイト問題」が法律問題にまで拡大しているようでしたら、「沖縄」にも、労働者の味方である「労働弁護団」に所属する、正義感溢れる、金高望弁護士（のぞみ法律事務所）[*27]がいらっしゃいます。

[*25] やめられないのは学費が払えないとか生活が成り立たないといった経済的理由があるかもしれません。それでも、やはり、早めにやめた方が被害は拡大しません。「いきなりやめるなんて。職場や職場の仲間への思いやりとか愛はないのか」「面接で長期間勤務するといったはずだ」「新人教育を真剣にやってきた社員の思いを裏切るのか」「かわりのヒトを連れてきて、引継ぎをしてからやめてくれないか」「急に仕事を休まれたから開店できなくて、1日の売り上げで20万円は損するだろ。やめるなら、お金を払ってやめてくれないか」とか何とかいうのでしょう。民法628条の「当事者が雇用の期間を定めた場合であっても、やむを得ない事由があるときは、各当事者は、直ちに契約の解除をすることができる。この場合において、その事理が当事者の過失によって生じたものであるときは、相手方に対して損害賠償の責任を負う」と定めています。ブラックバイト先は違法行為や不当な行為を繰り返しているはずですから、まさに『やむを得ない事由』に該当し、学生側から「直ちに契約の解除をすることができ」ます。「スマホ」で残した証拠に基づいて、サービス残業代とかも請求しちゃいましょう！

[*26] 「ブラックバイト・ユニオン」への相談や問い合わせは、〒155-0031 東京都世田谷区北沢4-17-15 ローゼンハイム下北沢201号室。京王井の頭線／小田急線下北沢西駅から徒歩10分、京王線笹塚駅から徒歩10分。／メールアドレス:info@blackarbeit-union.com／☎番号:03-6804-7245/Fax番号:03-6804-7247 にお願いします。

[*27] 金高望弁護士への連絡先は、〒900-0015 那覇市久茂地2丁目8番地7号 久茂地KMビル8F。Tel番号:098-867-0240、Fax番号:098-867-0241 となっています。

3. 非正規労働の雇止めを規制し、安定化する法規制
　—労働契約法18条・19条—

　文章の冒頭部分で、正規労働者よりも非正規労働者の賃金が高いという社会をイメージしようという話をしました。現実は、非正規労働者は「低賃金問題」に苦しめられています。もう一つ、その労働契約が細切れで「雇用が不安定」であるため[*28]、キャリア形成が難しいという問題もあります。青野覚さん（明治大学教授）は、つぎのように論じています[*29]。

〈非正規労働の中心をなしている有期労働契約とパート労働契約は、そもそも、ともに失業を内包した雇用契約形態である点にその本質がある。つまり、パートタイム労働関係においては、パートタイム労働者はフルタイム労働者より短い時間分だけ常に失業しているのであって、相対的に短い労働時間を定めるパートタイム労働契約のうちには失業が内包されていることになる。また、有期労働契約の契約締結時の合意には期間満了による自動終了効果、つまり失業の合意が含まれるものであり、さらに、更新性の有期労働契約関係では、本来的に、契約期間ごとの間に失業が想定されている。これらの労働契約形態には「失業が恒常的に統合されている」ことから、その増加が労働者の雇用の不安定な状態を一般化した〉

　「失業」は、日々の生活の糧を奪い、物質的な（生活の）安定と精神的な安

[*28] 非正規労働者の働き方の根拠は、労基法14条です。そこでは、有期契約の上限は3年とされています。例えば、スーパーマーケットで働くパートの契約期間が2ヵ月で、契約が反復更新されているという事例はよく見かけます。
[*29] 青野覚「雇用保障の理念と有期労働契約規制—労働契約法・有期労働契約規制の立法論的検討—」山田省三・青野覚・鎌田耕一・浜村彰・石井保雄 編『毛塚勝利古稀記念 労働法理論変革への模索』（信山社、2015年）408頁。

定をおびやかします*30。非正規労働者は、つぎの契約更新の際に、雇い主から更新拒絶(「雇止め」)という「失業」を避けるために、年休がとれないとか、サービス残業や未払い賃金を強いられるとか、会社の上司等からセクハラ・パワハラ等を受けたりしても、権利主張や待遇改善の交渉を行うことに及び腰になってしまいます。さらに、沖縄の雇い主は、我慢強く、職場で表立って不平や不満をのべることをよしとしない、「ウチナーチュ」の県民性をよく知っているからこそ、あえて、知らんぷりをしています。「いやなら文句もいわずに職場をやめるはずだ」「文句をいったりしたら、狭い沖縄では、つぎの職場で前の職場でトラブルを起こしたヒトという悪い噂が立つからね」「やめても、つぎの仕事を探すのに忙しいはずだから、訴えるゆとりもないはずだ」と考えているかもしれません。非正規労働者の立場が弱くなってしまうのは、雇い主が契約更新の主導権を握っているからです。この状況を改善するためには、正規労働者と同様に、「無期契約」に転換し、契約を安定化させることで、安心して、権利主張をすることができそうです。このために登場した法制度が、つぎのような規定です。以下では、このような法律の条文に関連した言及を行う際には、「非正規」を「有期」と「正規」を「無期」と読み替えて、話を進めていきます。

---

*30 1年間の有期契約を締結している、契約社員は、翌年、当然に、契約更新があるわけではありません。有期契約は期間満了によって終了するのが原則です。雇い主が期間満了に際して、契約社員に期間満了後は契約を更新しないと通知すれば、有期契約は終了します。一方、両当事者が合意すれば2年目以降の契約更新もあります。民法629条1項は「雇用の期間が満了した後、労働者が引き続きその労働に従事する場合において、使用者がこれを知りながら異議を述べないときは、従前の雇用と同一の条件で更に雇用をしたものと推定する」と定めていますから、契約社員が期間満了後も就労を続け、雇い主がこのことに特に異議を述べなかった場合には、黙示の契約更新があったものとして、従前と同一の労働条件で有期契約が締結されたものと推定されます。

第4講　非正規労働問題をまじめに考えてみると。

労契法18条

（有期労働契約の期間の定めのない労働契約への転換）
第18条　同一の使用者との間で締結された二以上の有期労働契約（契約期間の始期の到来前のものを除く。以下この条において同じ。）の契約期間を通算した期間（次項において「通算契約期間」という。）が5年を超える労働者が、当該使用者に対し、現に締結している有期労働契約の契約期間が満了する日までの間に、当該満了する日の翌日から労務が提供される期間の定めのない労働契約の締結の申込みをしたときは、使用者は当該申込みを承諾したものとみなす。この場合において、当該申込みに係る期間の定めのない労働契約の内容である労働条件は、現に締結している有期労働契約の内容である労働条件（契約期間を除く。）と同一の労働条件（当該労働条件（契約期間を除く。）について別段の定めがある部分を除く。）とする。
2　当該使用者との間で締結された一の有期労働契約の契約期間が満了した日と当該使用者との間で締結されたその次の有期労働契約の契約期間の初日との間にこれらの契約期間のいずれにも含まれない期間（これらの契約期間が連続すると認められるものとして厚生労働省令で定める基準に該当する場合の当該いずれにも含まれない期間を除く。以下この項において「空白期間」という。）があり、当該空白期間が6月（当該空白期間の直前に満了した一の有期労働契約の契約期間（当該一の有期労働契約を含む二以上の有期労働契約の契約期間の間に空白期間がないときは、当該二以上の有期労働契約の契約期間を通算した期間。以下この項において同じ。）が1年に満たない場合にあっては、当該一の有期労働契約の契約期間に2分の1を乗じて得た期間を基礎として厚生労働省令で定める期間）以上であるときは、当該空白期間前に満了した有期労働契約の契約期間は、通算契約期間に算入しない。

労契法19条

（有期労働契約の更新等）
第19条　有期労働契約であって次の各号のいずれかに該当するものの契約期間が満了する日までの間に労働者が当該有期労働契約の更新の申込みをした場合又は当該契約期間の満了後遅滞なく有期労働契約の締結の申込みをした場合であって、使用者が当該申込みを拒絶することが、客観的に合理的な理由を欠き、社会通念上相当であると認められないときは、使用者は、従前の有期労働契約の内容である労働条件と同一の労働条件で当該申込みを承諾したものとみなす。
一　当該有期労働契約が過去に反復して更新されたことがあるものであって、その契約期間の満了時に当該有期労働契約を更新しないことにより当該有期労働契約を終了させることが、期間の定めのない労働契約を締結している労働者に解雇の意思表示をすることにより当該期間の定めのない労働契約を終了させることと社会通念上同視できると認められること。
二　当該労働者において当該有期労働契約の契約期間の満了時に当該有期労働契約が更新されるものと期待することについて合理的な理由があるものであると認められること。

労契法20条

（期間の定めがあることによる不合理な労働条件の禁止）
第20条　有期労働契約を締結している労働者の労働契約の内容である労働条件が、期間の定めがあることにより同一の使用者と期間の定めのない労働契約を締結している労働者の労働契約の内容である労働条件と相違する場合においては、当該労働条件の相違は、労働者の業務の内容及び当該業務に伴う責任の程度（以下この条において「職務の内容」という。）、当該職務の内容及び配置の変更の範囲その他の事情を考慮して、不合理と認められるものであってはならない。

　いかがでしょうか。お読みになられても、およそ意味が読み取れないのではないでしょうか。そうだとしても、皆さんの読解力が足りないからではありません。「非正規労働者の待遇改善」という素敵なテーマについて、条文が難解であればあるほど、仕事が増えて、法律実務家はさぞかしうれしいことでしょう。学者も、正義に満ち溢れた、喧々諤々(けんけんがくがく)の議論と業績の積み増しができてよ

103

かったですね。私も、おかげ様で、学生にこれらの条文を授業中に読んでもらい、それを聞いていたるだけで10分は楽できます。とはいえ、「高尚な神学論争」が、一体どれだけ、非正規労働者の待遇改善という「地上の救い」となりえているのでしょうか。

まず、労契法18条は、カッコ書きの部分を省いて読み返してみても、あまりに長すぎて主語と述語の関係すら読み取れません[*31]。労契法19条も、なんだか難しくて理解しかねます。労契法20条は、「等しき者は等しく扱う、等しくない者は、その程度に応じて等しくなく扱う」という、ギリシア哲学者である、アリストテレスの「配分的正義」[*32]やローマ時代のウルピアヌスの有名な法文の「正義とは各人に彼の権利を配分する恒常不断の意思である（Justitia est constans et perpetua voluntas jus suum cuique tribuendi.）」といった言葉に関係がありそうですが、やはり抽象的でよくわかりません。

まず、労契法18条1項を、恋人同士の話として表現するならば、およそ、こんな感じのことをいいたいのでしょうか。「同一の恋人との間で始まった、2つ以上の恋愛関係の期間（「とりあえず、僕と1年、付き合わない」「いいわよ。とりあえず、1年付き合ってみるわ」という話から始まり、その後も続いている）

[*31] 毛塚勝利「改正労働契約法・有期労働契約規制をめぐる解釈問題」労旬1783号18頁は、労契法18条が「いわゆる入口規制（有期契約の締結目的による規制）をとらなかったために契約法としては技巧的で不自然な法規制となった」とシニカルな評価をしています。

[*32] 高田三郎訳『アリストテレス ニコマコス倫理学（上）』（岩波書店、1971年）219頁では、「正義とは、……ひとびとをして正しきを行わしめ、正しきを願望せしめるようなそうした『状態』」であると定義されています。そして、正義にかなった公正さには、「配分的正義」（地位・能力・努力などに応じて比例的に分配する方法）と「調整的正義」（社会に生じた不正や歪みを調整し均等に分ける方法）があり、公正な配分だけではなく、全体として善い方向（目的）をもっていることが条件であるというようなことが書かれています。

第 4 講　非正規労働問題をまじめに考えてみると。

恋愛関係の期間が通算して 5 年を超える恋人が、相手の恋人に対して、今つきあっている恋愛期間が満了する日までの間に、この恋愛期間が満了する翌日から、変わらぬ「愛」が提供される、婚姻契約の締結の申込みをしたときは、相手の恋人はこの申込みを承諾したものとみなします」と。つまり、労契法 18 条 1 項は、恋人同士が 5 年間、交際の時間を重ねて、長いお付き合いの中でお互いのことをよく理解したうえで、5 年たったら、付き合ってといわれた方の恋人 (多くの場合、女性？) が結婚を申し込んだら、もはや、その相手は断れませんという話に近い話をしたいのでしょう。

　もうちょっと真面目に解説してみましょう。労契法 18 条は、何も、1 年たったら、正社員に転換しろといった、無茶ぶりをしているわけではありません[*33]。5 年たったら、労働条件はそのままでいいから、契約だけは無期にして、正社員として扱いなさいという、実に穏当な法規制を行っています。雇い主が 5 年も継続して、有期労働者を利用しているならば、その業務は恒常的に存在するということを意味します。そうであるならば、安あがりだという雇い主の勝手な都合だけで、有期労働者の濫用的な利用を放置することは道理に合いません。いつもある仕事なら、無期契約にしても支障はないはずです。労契法 18 条は、有期契約を繰り返し更新し、通算 5 年を超えた場合に有期労働者に無期契約に転換する権利を与え、雇い主がこの転換申し込みを拒否できないが、但し、再雇用まで 6 ヵ月以上の空白期間があると、それ以前の有期契約はリセッ

[*33]　楡周平『バルス』(講談社、2018 年) は、「非正規労働者の待遇改善問題」の本質をついた面白い小説です。その 223 頁では、「ネット通販」「宅配便」「非正規労働者」の過酷な職場環境と運送業務に忙殺される総合物流企業の過酷な労働現場を経験した、「バルス」と名乗る人物が「非正規労働者の待遇改善」を掲げてテロを行います。そこでは、テロにかかわる要求として、「パルスは、派遣社員だろうが契約社員だろうが、一年間同一の職場で働いた場合、本人が望めば正社員とし採用する義務が生じることにしろ。そう要求してきたんだよ」という場面が描かれています。

トされ、合算されないという法規制を置くことにしました。立法の趣旨には賛同できないわけではありませんが、労契法18条は、呪文のように長ったらしい文章です。こんな呪文を作ってしまうから、2018年4月1日から、有期契約から無期契約への「無期転換」制度が始まっているということが、世間ではほとんど認識されないという事態を招いています。これじゃ、アキマへん。それに、雇い主は5年を超えなければ、無期転換ルールを回避できますから、その前に有期労働者を雇止めするという、有期労働者の保護とは真逆の判断をす

---

*34　朝日新聞2018年4月2日では、無期転換をめぐる雇止めの例として、つぎのような事例が紹介されています。①「無期転換はできない」等と明確な理由なく雇止めする。②賃金の引き下げなどに応じなければ、無期転換を認めない。③「5年上限」等の制限を一方的に就業規則に明記する。④契約更新の際に「次の更新はない」等の項目を盛り込む（いわゆる「不更新条項の挿入」）。⑤試験の合格や一定の勤務評価を無期転換の条件にする。⑥6か月の空白で雇用期間がリセットされるクーリング制度を悪用。6ヵ月以上の空白期間を再雇用の条件にする。⑥財政が厳しい等の理由をつけて雇止めをする。

　④の事例において、「不更新条項」に同意して署名しないということは、1年後の「失業」に同意するということですし、同意しないということは有期労働者の生活が直ちに困窮するという、両方の嫌なことからどちらかを選択させるという、姑息な方法です。裁判例は、雇止めを適法とするもの（近畿コカ・コーラボトリング事件・大阪地判平17.1.13労判893号150頁、本田技研工業事件・東京高判平24.9.20労経速報2162号3頁、日立製作所（帰化嘱託従業員・雇止め）事件・東京地判平20.6.17労判969号46頁、東芝ライラック事件・横浜地判平25.4.25労判1075号14頁等）と、反対に、雇止めを無効にしたもの（ダイフク事件・名古屋地判平7.3.24労判678号47頁、明石書店（制作部契約社員・仮処分）事件・東京地決平22.7.30労判1014号83頁が併存しています。西谷敏『労働法』（日本評論社、2006年）440頁は、不更新条項は解雇法理を潜脱するもので、公序良俗違反として無効とすべきと主張しています。全ての不更新条項を公序良俗違反と捉えるか否かはともかく、労使間の情報力・交渉力の格差・労契法19条の解雇権濫用法理の類推適用の可否によって労働者の地位に決定的違いが生じることを考慮して、不更新条項の合意は慎重に判断する必要があります。例えば、不更新条項の目的・背景、交渉の態様、説明・情報提供の内容・程度（換言すれば、使用者が労働者の理解を得るべく十分に資料や根拠を提示して、時間をかけて丁寧に説明を行ったか否か）等の事情が考慮される必要があります。

第4講　非正規労働問題をまじめに考えてみると。

る、「志の低い雇い主」を誘発するという副作用もまねいています。難解な呪文の意味が、万一、バレそうになったら、さらに悪あがきを画策する、雇い主もいます*34。

さて、ここで、一休みしましょう。「働くこと」を通じて、みずみずしい言葉を紡ぐ歌人である、萩原慎一郎さんの短歌を紹介してみましょう。「作業室にてふたりなり　仕事とは関係のない話がしたい」「更新を続けろ、更新を　ぼくはまだあきらめきれぬ夢があるのだ」「消しゴムが丸くなるごと苦労してきっと優しくなっていくのだ」「ここにいる間はここで与えられる仕事こなしてゆくのみ

「無期転換」8割知らず
有期労働者への周知課題

琉球新報 2017年8月23日

無期転換ルール始まる
有期契約労働者 適用逃れに懸念も

琉球新報 2018年4月3日

である」「遠くから見てもあなたとわかるのはあなたがあなたしかいないから」「今日も雑務で明日も雑務だろうけど朝になったら出かけていくよ」「ぼくも非正規君も非正規秋がきて牛丼屋にて牛丼食べる」「夜明けとはぼくにとっては残酷だ　朝になったら下っ端だから」[*35]。まさに、シンプルでありながら、魂を揺さぶられる短歌です。

歌集　「滑走路」

　萩原さんの短歌と比べるまでもなく、「労契法とは私にとって残酷だ　いくら読んでも意味が分からないから」といいたくもなります[*36]。ローマ時代の法格言に、「法律は、知識をもたないヒトにとっていっそう容易に理解されるように、簡潔であることを要する（Legem brevem esse oportet,quo facilius ab imperitis teneatur.）。」という法格言がありました。立法者には、今後の法改正・法整備においては、難しいことを簡潔に記述するという、姿勢を求めたいと思います。

　さて、つぎに、労契法19条について、見ておきましょう。例えば、ある居酒屋さんで、あるフリーターが2ヵ月の契約期間の約束でアルバイトを始めたとしましょう。働き始めてみたら、案外、いい職場で、このフリーターは、足掛け4年働き続けていた（契約を48回継続的に反復更新した）としましょう。ところが、49回目の更新に際して、この居酒屋の店長が「悪いけど、次の更新はないから」と話をすれば、有期契約

[*35]　萩原真一郎『歌集　滑走路』（角川書店、2017年）14頁・18頁・41頁・58頁・59頁・67頁・117頁。

は期間満了によって、本来、終了するものだから、仕方ないですねという結論になりそうですか。あるいは、同様な事例において、「君は店長候補だけど、とりあえず、6ヵ月の契約期間で契約しときましょう。つぎも、必ず、更新するつもりだから」といわれていたのに、6ヵ月後に、「つぎは、やっぱり更新しないから」といわれてしまったら、あっさりと契約終了となってしまうのでしょうか。労契法19条は、①有期契約が実質的に無期雇用と同視できる場合と②更新の期待に合理的理由がある場合といった二つの場合に、企業の雇止めに対して、法的規制をかけていますから、居酒屋さんにかかわるこの二つのケースでも、店側のわがままな雇止めの効果は否定されるはずです[37]。もともと、このような法的規制は、最高裁裁判例[38]にモチーフがあり、判例法理上の雇止め制限法理を明文化したものです[39]。

4. 非正規労働者の待遇改善―労契法20条・パート法8条および9条―

日本で、一番、非正規労働者が多い「沖縄」では、正規労働者と同様にある

---

[36] 非正規労働者の待遇改善にかかわる、労契法18条・19条・20条は、「失業」「格差」「貧困」と隣り合わせで、必死に働く、非正規労働者のための、キラキラと輝く美しい規定になるはずでした。東京とか大阪といった、非正規労働者の待遇改善に積極的に取り組む、法律実務家や労働組合が活躍する地域ならともかく、沖縄に暮らして、これらの条文の浸透度を推し量ると、難解で意味不明な表現を一読した者には「拒絶」と「絶望」を感じさせるか、そんなものがあったのかくらいにしか認識されない、空文となっているように思います。この問題が最も切実な政策課題であるはずの「沖縄」において、動きが鈍いのは、労働者が地域社会で目立つことを避けたい（事を荒立てたくない）という当事者の属性、「県民」「市民」の労働問題であるはずなのに、国（沖縄労働局）任せにするだけで補助金の絡んだ表層的な雇用政策と統計処理に没頭する地方公共団体、先駆的な取り組みへの高邁な精神を欠いた法律実務家、サポートする労働組合の力量不足といった、重層的な問題があるのではないでしょうか。

いはそれ以上に、仕事や責任を負わされながらも、劣悪な労働条件によって、働かされている方もたくさんいらっしゃることでしょう。職場の不満を居酒屋のお酒でごまかして、つかの間の気休めになったとしても、なんら職場環境はかわらないことでしょう。転職しても、つぎの職場で同様な問題は付きまとってくるはずです。

やはり、本腰を入れて、誰かが立ち上がらなければなりません。本土では、有期労働者やパート労働者等の非正規労働者が「不公正な賃金差別」に対し

---

*37　雇止め（有期契約の更新拒絶）は、法律行為ではなく、「観念の通知」という事実行為になります。

*38　労契法19条1号は、東芝柳町工場事件・最高裁判決（最一小判昭49.7.22民集28巻5号927頁）の実質的に無期化している類型（実質無期契約類型）を、同条2号は、日立メディコ事件・最高裁判決（最一判昭61.12.4労判486号6頁）の労働者に更新への合理的期待が発生している類型（合理的期待類型）」を、それぞれモチーフにしています。

*39　有期契約が反復更新されたことにより、雇止めをすることが正社員の解雇と社会通念上同視できると認められる場合（1号）、または、労働者が有期契約の契約期間満了時にその有期契約が更新されるものと期待する合理的な理由が認められる場合（2号）のいずれに該当した場合に、つぎのような効果を付与しています。すなわち、このような労働者が契約期間満了までに更新の申込みをしたか、または、期間満了後に遅滞なく有期契約締結の申込みをしたときは、使用者によるその申込みの拒絶が客観的に合理的な理由を欠き、社会通念上相当であると認められなければ、これまでの有期契約と同一の条件で使用者の承諾があったものとみなされます。

*40　旧パート法8条は、事業主に対して、フルタイム労働者との間で、①職務が同じで、②その雇用期間を通じて人材活用の範囲が同じで、かつ③労働契約期間が無期であること（有期であっても反復更新されて実質無期である場合も含む）という、3つの要件を満たした、パートタイム労働者に対する差別的取扱いを禁止（「均等待遇」を要求）していました。旧パート法8条は2014年改正パート法9条に引き継がれ、③の要件は削除されています。これに対して、労契法20条およびパート法8条は「有期契約社員」と「無期契約社員」あるいは「通常の労働者」と「短時間労働者」との間の「労働条件の相違」が「不合理と認められるもの」でないこと（「均衡待遇」）を要求するにとどまっています。

て、「同一労働同一賃金の原則」をモチーフにした、労契法20条やパート法8条（この二つは「均衡待遇」を要求している）およびパート9条（これは「均等待遇」を要求している）[40]を活用した、裁判による「世直し運動」が起こっています[41]。「均等待遇」と「均衡待遇」は漢字一文字の違いですが、両者は異なった取り扱いを意味していますが[42]、さしあたり、「同一労働同一賃金原則」にかかわる二つのアプローチがあるという程度の理解にとどめておいてください。「同一労働同一賃金の原則」は、従事する仕事が同一であれば、同一の賃金が保障されるという原則のことです。もともとは、「イギリス」「スウェーデン」「ドイツ」「オランダ」等の欧州での男女間の賃金差別を禁止するための法原則でした[43]。欧州では、企業の枠を超えて産業別に労働組合と経営者団体が話し合い、仕事内容と職務給等級に応じた、産業別の基本給の水準を企業

---

[41] 両法の関係は、現時点では、かなり錯綜しています。今後、労契法20条を削除した上で、一括して、有期労働者・パート労働者の均等処遇等を定めた、法整備がなされます。ユーザー目線で、使い勝手のよい規定になることを期待します。
[42] 菊谷寛之・津留慶幸『同一労働同一賃金速報ガイドブック』（労働調査会、2017年）23頁に基づけば、「均等待遇」は「差別してはいけない」「同じでなければならない」ということを意味し、「均衡待遇」は「バランスのとれた」処遇であればよいということを意味しています。
[43] 欧州では、「同一労働同一賃金の原則」から、さらに、「同一価値労働同一賃金の原則」を推し進めています。なぜなら、前者の原則では、清掃作業員や技師等の男性が多い職種と看護・介護・調理やクリーニングといった女性の多い職種を比較すると、前者が後者の職種に比べて、高い賃金を支払われがちですが、このような差別を射程にいれることができないからです。「同一価値労働」では、仕事の「価値」を評価します。仕事の価値とは、その仕事に必要な「知識・技能」、精神的緊張の持続等の「負担」、仕事の相手や提供するサービスについての「責任の重さ」、暑さ・寒さや危険度等の「労働環境」を客観的に評価して導き出します。つまり、そのヒトの能力の評価ではなく、仕事の「職務評価点」として数値化していくことから、職種や雇用形態が違っていても、比較することが可能になるわけです。後者の原則については、森ます美『日本の性差別—同一価値労働同一賃金原則の可能性』（有斐閣、2005年）。

横断的に決めているので、同じ仕事で同じ等級の労働者は「雇用形態」にかかわらず同じ賃金が保障されます。例えば、ドイツでは、ある会社から他の会社に転職したとしても、正規労働者であろうが、非正規労働者であろうが、同じ仕事で同じ等級の労働者は「雇用形態」にかかわらず同一賃金が保障されます。

上の写真は、ドイツのフランクフルトにある、DGB（Deutscher Gewerkschaftsbund：ドイツ労働組合総同盟）：春田吉備彦・撮影。

このような「同一労働同一賃金の原則」は、法律上は、「客観的な理由のない不利益の禁止」という形で制度化され、賃金だけではなく、例えば、安全衛生・通勤手当・食堂の利用や食事手当等の賃金以外の給付や職務内容と関連のない給付格差までも対象にしています[*44]。

一方、日本の正規労働者の賃金制度の中心は、年齢給や年功的運用による、職務遂行能力に基づく職能資格制のもとで、号棒の昇給・昇格が年功的に行われるという、年功型賃金としての「月給形式」に基づく、

[*44] 水町勇一朗「同一労働同一賃金の論点㊥『熟練』形成との共存はかれ」日本経済新聞2016年10月6日。EUパートタイム労働指令（1997/81/EC）4条1項は、「パートタイム労働者は、雇用条件について、客観的な理由によって正当化されない限り、パートタイム労働者であることを理由に、比較可能なフルタイム労働者より不利益に取り扱われてはならない」と定め、有期労働契約指令（1999/70/EC）4条1項は、「有期契約労働者は、雇用条件について、客観的な理由によって正当化されない限り、有期労働契約または関係であることを理由に、比較可能な常用労働者より不利益に取り扱われてはならない」と定めています。

長期雇用制度となっています。一方、非正規労働者の賃金制度の中心は、特定の職務に限定した職種別に採用されており、その賃金はその職務内容と世間相場による「時給形式」で決定されています。このため、欧州には見られない、日本独自の正規労働者の「日本型雇用システム」に、欧州型の「職務給」を前提とした「同一労働同一賃金の原則」を、どこまで、波及させることができるのかという難問が横たわっているのです。最近、安倍晋三さんが、「同一労働同一賃金を実現し、非正規という言葉を日本国内から一掃します」と盛んにPRしていますが、欧米諸国のグローバル・スタンダートともいうべき「賃金体制」を目指すという壮大な話ではなく、同じ企業の枠内での「正規労働者と有期労働者」あるいは「正規労働者とパート労働者」の間で、基本給・賞与・昇給・各種手当等の待遇について、不合理な待遇格差を是正しようとする、「雇用形態差別」をターゲットにした、こじんまりとした話をしています。労契法20条等の法規制は、これまで、日本で見過ごされてきた、有期労働者やパート労働者に対する、色々な「手当」にかかわる不支給という実態に対して、裁判を通して、法的に違法性を認定していくことで、実務上も、少しづつ、待遇改善を図ろうとしている段階です。いまだ、非正規労働者の待遇改善のための「基本給・賞与・退職金」といった賃金体系の本丸への抜本的な改革について、道のりは遠い段階です[45]。斬新的改革の推進役を担っている、労契法20条は[46]、正規労働者と有期労働者の間で待遇に差をつける場合、「職務内容」[47]「人材活用の仕組み」[48]「その他の事情」という3つの考慮要素によって、「不合理と認められるものであってはならない」として、労働契約内容の「均衡」な取り扱いを要求します。とはいえ、労契法20条は、「その他の事情」に色々な要素を組み入れる解釈が可能であったり、「合理的でなければならない」ではなく、「不合理であってはならない」と表現していたり、法規範としてあいまいです。裁判所が判断する際に、訴訟対象となった企業に根差した経営事情を「その他の事情」としてどう判断するのか、「合理的である」あるいは「不

*45 京都市立浴場運営財団ほか事件・京都地判平 29.9.20 労判 1167 号 34 頁は、退職金支給を認めた点で画期的な判決です。この事件では、Y1 が正規職員の退職後に補充した嘱託社員を正規職員の処遇とほとんど区別をすることなく、漫然と雇用管理を行っていたという事実関係上の特殊性、現行パート法 9 条には労契法 20 条の要求する「その他の事情」という要件が存在してないため、裁判所が「差別」を認定しやすいという事情もありました。この事件では、嘱託職員 X らが、Y1 が正規職員と同一業務に従事し配置の変更の可能性も同一である X らに退職金規程がないために退職金を支給しなかった取り扱いが、旧パート法 8 条（現行パート法 9 条）に違反すると争っています。判決は、「嘱託社員であっても主任になる者もいたこと、嘱託社員には他浴場への異動が予定されていないにもかかわらず正規社員にはそれが予定されていた等といった事情も認められず、正規職員と嘱託職員との間の人材活用の仕組み、運用が異なっていたわけでもない」ことから、X らは全期間において職務の内容及び配置の変更の範囲が正規職員のそれと同一と見込まれるとし、不法行為責任に基づいて正規職員に規定された退職金規程と同様の割合によって計算される退職金相当額の支払いを命じています。

*46 労契法 20 条にかかわる裁判例として、例えば、メトロコマース事件・東京地判平 29.3.23 労判 1154 号 5 頁、ヤマト運輸（賞与）事件・仙台地判平 29.3.30 労判 1158 号 18 頁、日本郵政（時間制契約社員ら）事件・東京地判平 29.9.14 労判 1164 号 5 頁、九週惣菜事件・福岡高判平 29.9.7 労判 1167 号 49 頁、九水運輸商事事件・福岡地小倉支判平 30.2.1 労判 1178 号 5 頁、日本郵便（期間雇用社員ら）事件・大阪地判平 30.2.21 労経速 2338 号 3 頁、井関松山製造所事件・松山地平 30.4.24 労経速 2346 号 3 頁等。

*47 「職務内容」とは、「従事している仕事」と「担っている責任の重さ」です。同じ仕事に従事していても、責任の重さが違うということもありますし、違う仕事に従事していても、責任の重さはほぼ同じということもあります。「職務内容」とは、従事している仕事と担っている責任の重さの組み合わせとなります。例えば、居酒屋チェーン店において正規労働者もアルバイトも同じように店舗で仕事をしていても、正規労働者は商品の仕入れや値引きの決定、クレーム対応等の重要な仕事を担い、アルバイトは客の対応だけしかしない場合は、「職務内容」が違うと評価できます。

*48 「人材活用の仕組み」とは、転勤の範囲や配置転換の範囲・異動の範囲等のことで、会社がその労働者を雇う際に、どのような範囲で一人一人の人材を活用していくのかということです。例えば、一般的には、パート労働者（＝有期労働者）には転勤はなく、特定の店舗や特定のエリア、特定の職種の勤務に限定されているでしょうし、正規労働者には、全国転勤や様々な職種間の異動が義務づけられていることが多いでしょう。この場合のパート労働者と正規労働者の間では、「人材活用の仕組み」が違うと評価できます。

第4講 非正規労働問題をまじめに考えてみると。

合理である」と判断しなかった場合の「合理的ではないが不合理ともいえない」グレーゾーンにも幅があります。

つぎのような新聞記事を見てみましょう。そこでは、大阪等の郵便局で勤務する「契約社員」ら8人が、その職場で、転居を伴う異動がない、一般職の「正社員」と同じ業務内容で手当や休暇制度に格差があるのは違法だとして、日本郵便に「正社員」と同じ待遇や差額分に当たる約3,100万円の支払いを求めた裁判において、大阪地裁が、年末年始勤務手当と住居手当の「契約社員」への全額支給を命じたうえで、扶養手当は「親族の生計を維持し、正社員と同様の負担が生じて」おり、不支給は違法であるとして約300万円の支払いが認められたこと、東京地裁では、扶養手当は認められなかったものの、年末年始勤務手当・住居手当に加えて、夏季冬季休暇・病気休暇が認められたことが報道されています。

琉球新報 2018年2月22日

さらに、つぎのような新聞記事を見てみましょう。

115

琉球新報 2018年6月2日

2018年6月1日にトラックドライバーにかかわる二つの最高裁裁判例が出されたことが紹介されています。ひとつは、浜松市の物流会社「ハマキョウレックス」でトラックドライバーとして勤務していた契約社員が、正社員との待遇格差を労契法20条違反であると訴えたものです。もう一つが、セメント等を運送する、従業員70名程度の会社である「長澤運輸」の正社員だった者が退職金を受領した上で、定年後、嘱託社員の身分で定年後再雇用者として就労したところ、定年後も正社員と仕事内容がかわらないにもかかわらず、賃金が減額されたことが、労契法20条違反であると訴えたものです。

新聞報道では、ハマキョウレックス（差戻審）事件（最二小判平30.6.1 労判

第4講　非正規労働問題をまじめに考えてみると。

琉球新報 2018年6月2日

1179号20頁）には付随的に言及するのみで、最高裁が長澤運輸事件（最二小平30.6.1労判1179号34頁）において「定年後再雇用の格差」を容認したことに焦点をあてています。琉球新報のデスクや記者が、共同通信等の新聞記事を見比べて報道内容や両事件を紹介する際の強弱を選択したということなのでしょう。その問題意識は、定年前の正社員であった者が定年後再雇者になった場合に労契法20条が適用されることは喜ばしいが、最高裁が、定年後再雇用者に年収が下がる可能性があることを認めたという点に困惑を覚えているようです。つまり、かつて「正規」であった者が「非正規」になった瞬間に労働条件が下がるという「差別問題」には敏感でも[*49]、「非正規」が「正規」と比べて正義に反する差別を受け続けているという「差別問題」には鈍感なようです。むしろ、求められていた報道姿勢は、ハマキョウレックス事件最高裁判決の到達

[*49] 長澤運輸事件最高裁判決は、①定年後の長期雇用は予定されていない、②定年までは正社員として賃金が支払われていた、③一定の要件を満たせば、老齢厚生年金を受給できるといった事情を「その他の事情」として考慮して、仕事がかわらなくても給与の格差や「住宅手当」の一部、賞与の不支給を不合理でないとしています。一方、「精勤手当」や「超勤手当」の格差は不合理で違法と判断しています。

点と積み残された課題を沖縄県民に解き明かし、「非正労働者の待遇改善問題」に向けた効果的なメッセージを抽出するという、ポシティブな作業だったはずです。少なくとも、二つの最高裁判決を「均等」あるいは「均衡」に報道すべきでした。「正規」中心に物事を見ていくというアプローチに関連して、訳知り顔で「同一労働同一賃金の原則が社会に浸透すると、正規（自分たち）の処遇が下がることにつながる」と「働く者の分断」をあおりながら軽薄な印象論を拡散させる、中途半端なコメンテーター（専門家？）もいるようです。しかし、労働法の観点からは、正規の労働条件の不利益変更は別の話です。そして、低俗なテレビドラマならともかく、現実社会ではそんなに簡単に不利益変更ができないことは、裁判例等を勉強すればわかるはずです。社会を変えるために法がかわったのですから、まずは、法の精神を素直に学び、その難解さを分かりやすく読み替えて、非正規労働者の労働条件の向上に向けた知恵を絞る真摯な姿勢がほしいものです。

　ハマキョウレックス事件最高裁判決では、無事故手当、作業手当、給食手当、通勤手当、皆勤手当について、安全輸送による顧客らの信頼確保、特定作業への対価、食事補助費、通勤費補填、業務円滑化のための皆勤奨励というそれぞれの趣旨・性質に照らして、有期労働者への不支給または低額支給が不合理だとされています。その一方で、住宅補助費の趣旨で支給される住宅手当については、広域転勤が予定されている正社員にのみ支給することは不合理ではないとしています。簡単にまとめてみましたが、やはり、難しく感じることでしょう。これらの裁判例をシャッフルして読み解くと、そのメッセージは、同じ職場で同じような時間、同じような仕事と責任を負って仕事をしている仲間なんだし、年末年始に勤務してつらいのも、扶養家族がいて単身よりも生活費がかかるのも正規も非正規かわんないよね、転勤がないのに正規だけ住宅手当が出るのはおかしいよね、正規には夏季冬季休暇や病気休暇があるのに非正規にないのはおかしいよね、職場に通勤するのに交通費がかかるのは正規でも非正規

でも同じだよね、難しい仕事に細心の注意を払って事故を起こさなかったら正規でも非正規でも同じ手当を出すべきだよね、昼御飯を食べるのは正規でも非正規でも同じように食べるよね……といった、いわれてみれば、まったく、当たり前の話なのです。

　労契法 20 条は、抽象的で多様な解釈が可能であるため、救済規範としては、やや心もとないものであることも事実です[*50]。とはいえ、現在、「非正規労働者の待遇改善」を図るためには、強力な武器であることは間違いありません。そのメッセージは、これまで、およそ、非正規だとかパートだとかバイトだとかいう理由だけで、理不尽な差別を続けてきた、雇い主に対して、なぜ、そのような差別的取り扱いをしているのかを説明させ、合理性がないなら悔い改めさせようとするものです。沖縄社会の「大人の貧困問題」と「子どもの貧困問題」のど真ん中に「非正規の待遇問題」があります。その周辺には、「年収 300 万の正規の待遇問題」があることも、今一度、思い返してください。おかしいことはおかしいと指摘し、しっかりとかえていかなければなりません。そして、その相手は、同じ働く仲間であるはずの「非正規」ではなく、雇い主であることを忘れないでください。

[*50] 法理論的には、①職場において、有期労働者と「比較可能な正規労働者」が見いだせないときに、どのように考えるのか、②基本給や退職金等の無期労働者の中核的な処遇に切り込むことができるのか、③「その他の事情」を広く解釈してしまうと、「不合理と認められ」にくくなるのではないか、④正規労働者の「配置の変更の範囲」にかかわる就業規則を形式的に解釈するだけなのか、職場の実際の運用にまで踏み込んで、認定していくのかといった点が難問となっています。

| 第 5 講

駐留軍等労働者の働き方、
知っているやっさー？

1. 米軍基地と沖縄

つぎのような新聞記事を見てみましょう。北部訓練場一部返還後も依然として日本国土の0.6％の狭溢な沖縄県に陸軍・海軍・空軍・海兵隊4軍の在日米軍基地（以下「米軍基地」）の約71％が集中しています。米軍基地と米軍施設は、「沖縄」だけではなく、「三沢」「横田」「座間」「厚木」「横須賀」「呉」「岩国」「佐世保」等の「青森」「東京」「埼玉」「神奈川」「静岡」「京都」「広島」「山口」「長崎」といった「日本の10都府県」に点在し

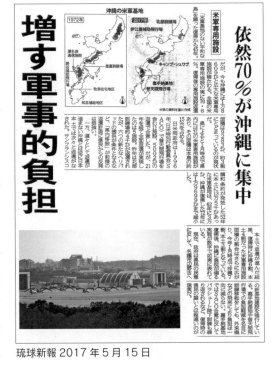

琉球新報 2017年5月15日

ています。「沖縄」には戦闘部隊が常駐していますが、その他の地域の米軍基地は基本的にいわゆる兵站基地で、補給・修理・補給物資の保管がメインな役割となっています。

　2014年5月の沖縄県の若年者（15歳から29歳）の完全失業率は11.2％、本土の6.6％という数値から読み取れるように、若年者の完全失業率は、全国、最下位です[*1]。実際の雇用状況はさらに深刻です。就職しても身分の不安定な非正規社員であったり、正社員であっても求人広告に記載されている内容と給料が異なったり、拘束時間が違っているといった話を沖縄ではよく耳にします。米軍基地は沖縄に沖縄県庁につぐ約9000名の大規模な正規雇用をもたらすことから、県内志向の強い沖縄の若年層にとって基地の外から見た、米軍基地で働く基地労働者（以下、「駐留軍等労働者」）という職業は、民間企業では到底考えられない魅力的な勤務体制から、憧れの職業と映ります[*2]。その職種も1000種ほどの様々なものが存在します[*3]。日本の民間企業のように正社員として採用されても、様々な職種とあらゆる仕事を任されるというのではなく、駐留軍等労働者の専門性によって職務が限定されており、まさにゲートの中の

[*1]　http://www.pref.okinawa.jp/site/shoko/koyo/kikaku/toukei/h24/h25-05.html
[*2]　西銘牧子「基地雇用者のリアルタイム」上野千鶴子ほか天空企画編『沖縄的人生　南の島から日本を見る』（光文社、2001年）237頁、琉球新報社編『ひずみの構造　基地と沖縄経済』（琉球新報社、2012年）56頁。
[*3]　紺谷智弘「安保法制は基地労働をどう変えるか―米軍戦略に左右される基地労働と労働組合の取組み」POSSE 第29巻（2015年）57頁では、「事務職では、アドミニストレーションスペシャリストなどの管理専門職、会計、予算の管理、倉庫管理の事務、技師、設計士などがあります。技術職では、トラック、トレーラー、フォークリフトなどのさまざまな車両の運転手が一番多く、付随して自動車整備などの仕事があります。それから、施設の保守や営繕のための大工、左官屋、ペンキ屋、配管、空調管理等の仕事もありますし、基地にはレストランやカフェテリアや大きなスーパーもあるので、料理、給仕、販売職もあります。さらに、基地のゲート付近の警備や消防の仕事もあります」と述べられています。

仕事はアメリカです。もっとも、米軍基地は沖縄の土地でありながら基地の中はアメリカであるということは、沖縄県民にとっても基地の外から見た、基地内の労働実態やそこで働く、駐留軍等労働者の直面する労働問題はベールに包まれて

Rookie 8 号 2018 年 18 頁から引用

います。もちろん、この問題は本土において十分意識されているわけではありません。かつては、本土でも駐留軍等労働者の労働問題に関心が寄せられたことがありました*4。しかし、昨今では、その記憶もセピア色の記憶の彼方に忘却されたものとなっています。とはいえ、駐留軍等労働者にかかわる労働法上の問題は、終戦後の進駐軍労働者の時代から日本独立後の駐留軍等労働者の今日の時代まで、首尾一貫して、その特殊な労使関係の故に、私企業の労働者が享受する国内労働法規の適用が阻害された働き方を強いられたまま、様々な問題が先送りにされています。国（防衛省）・米軍・駐留軍等労働者の三者間関

---

*4 野村平爾「駐留軍をめぐる労働法上の問題」労働法 3 巻（1953 年）116 頁。林修三「保安解雇と東宝劇場問題―駐留軍関係判決二題」時の法令 108 巻（1953 年）36 頁、武田誠吾「駐留軍労務者の労働訴訟」調査時報 22 巻（1958 年）25 頁、潮見俊隆「日本のなかの外国／基地の法律問題」法律時報 36 巻 1 号（1964 年）8 頁、竹下英男「駐留軍労働者と労働法―保安解雇をめぐる諸問題を中心として―」法律時報 36 巻 1 号（1964 年）19 頁等。

*5 正式名称は、日本国とアメリカ合衆国との間の相互協力及び安全保障条約。同条約 6 条は、「日本国の安全に寄与し、並びに極東における国際の平和及び安全の維持に寄与するため、アメリカ合衆国は、その陸軍、空軍及び海軍が日本国において施設及び区域を使用することを許される」と定めています。

係において、国は米軍の労務管理に対する独善的振る舞いを適切にコントロールすることができないため、駐留軍等労働者はしばしば理不尽な労働問題に直面します。駐留軍等労働者の受難の根源は、これから論じる、①米軍の排他的基地管理権、②労働者派遣法類似の三者間契約、③日米地位協定および基本労務契約（MLC）の解釈といった3つの構造的問題が融合した複合的問題によってもたらされています。

2. 排他的基地管理権によって「閉ざされた空間」である米軍基地

　日本に駐留する米軍は、日米安保条約第6条に基づき[*5]、日本国内の施設および区域を使用することができます。また、日米地位協定3条1項に基づき[*6]、合衆国は「設定、運営、警護及び管理のため必要なすべての措置」（排他的基地管理権）を執ることができることから、米軍基地は米軍の主権下にあります。したがって、雇用主である国は米軍の許可を得ない限り、駐留軍等労働者の職場である「施設・区域」に立ち入ることができません。フェンスの中には防衛省の職員といえども許可なく立ち入ることができないことから、国は労働実態を十分に把握できておらず、米軍基地内はブラックボックスとなっています。その弊害は、国が駐留軍等労働者の労働環境や労働災害の実態把握を困難とし、国が安全配慮義務を十分尽くせないという形で問題が顕在化します。米

[*6]　日米地位協定3条1項は、「合衆国は、施設及び区域内において、それらの設定、運営、警護及び管理のため必要なすべての措置を執ることができる。日本国政府は、施設及び区域の維持、警護及び管理のための合衆国軍隊の施設及び区域への出入の便を図るため、合衆国軍隊の要請があったときは、合同委員会を通ずる両政府間の協議のうえで、それらの施設及び区域に隣接し又はそれらの近傍の土地、領水及び空間において、関係法令の範囲内で必要な措置を執るものとする。合衆国も、また、合同委員会を通ずる両政府間の協議のうえで前記の目的のために必要な措置を執ることができる」と定めています。

123

軍横須賀基地事件・横浜地裁横須賀支判平14.10.7判タ1111号206頁は、基地で働き、じん肺になった元駐留軍等労働者と遺族が損害賠償を求めたものです。判決は、国が「米海軍横須賀基地内における個々の作業内容や粉じん対策をほとんど把握して」おらず、「米軍が対策実施義務を充分に尽くしているかどうかを不断に調査・監視し、必要な措置を講ずる安全配慮義務を充分尽くしていなかった」として、国に安全配慮義務違反の責任を認めています。同様に、国の安全配慮義務違反を認めた裁判例として、米陸軍横浜冷凍倉庫事件・横浜地判昭54.3.30判タ394号118頁、米軍横須賀基地発電所電気工事件・横浜地横須賀支判平6.3.14判時1522号117頁等が存在します。国の尽くすべき安全配慮義務に関連して、米軍の軍人・軍属から駐留軍労働者に向けられた、パワーハラスメント等の行為がなされることもあるはずです。しかし、「閉ざされた空間」でなにが起こっているのかその実態はベールに包まれています[*7]。

さらに、国だけではなく、労働基準監督署の基地内立ち入り調査は実質的に制限されていることから、労働行政が歪められ、駐留軍等労働者の労災認定に際して大きな壁が存在するという問題も存在します[*8]。

[*7] 琉球新報社・地位協定取材班『検証［地位協定］日米不平等の源流』（高文研、2004年）224頁以下では、嘉手納基地の空軍関係の保育所内で米人園長が12人の日本人保母に保育所内での日本語による会話や携帯電話の使用を一切禁じたり、園長が指定する日以外には年休を認めないといった事例、嘉手納基地のハンバーガーショップで働く従業員が米国人支配人から「汚いものをつかむように、ユニホームの肩口をつかまれた」「生理現象を催しても、許可なしにはトイレにも行けない」「年休申請の返事がない」といった事例等が紹介されています。
[*8] 東京新聞2017年3月7日に基づけば、消防隊で就労する基地従業員が「同僚に上司の悪口を言った」という濡れ衣の噂を広められ無期限の停止処分を受けたこと等からうつ病等を発症した事案が発生し労基署は米軍に聴取に応じてもらえませんでした。もっとも、防衛省を通じて基地側から提出された書面から判明した事実と無期限の出勤停止処分の重さを検討して労災認定は行われましたが。

つぎのような新聞記事を見てみても、他国と比べて日本政府の対応が異質であることが読みとれます。

琉球新報 2017 年 11 月 19 日

3. 駐留軍等労働者の法的地位─労働者派遣類似の三者間関係─

　駐留軍等労働者の雇入れ、提供、労務管理、給与および福利厚生に関する業務は、平成 14 年 4 月 1 日に設立された、独立行政法人駐留軍等労働者労務管理機構（エルモ）によって実施され、雇用主である防衛省（国）との業務の役割分担が行われています。防衛省（国）は労務提供契約の締結・勤務条件の決定等、雇用主として行う法律行為を実施します。日米地位協定 12 条 4 項に基づけば[*9]、米軍に必要な労働力を防衛省（国）が雇用し米軍に提供する、労働者派遣法類似の三者間労働契約である「間接雇用方式」がとられており、防衛

[*9] 日米地位協定 12 条 4 項は、「現地の労務に対する合衆国軍隊及び第 15 条に定める諸機関の需要は、日本国の当局の援助を得て充足される」と定めています。

省(国)は米軍および諸機関(日米地位協定15条に定めるもの)が必要とする労務を充足するため、駐留軍等労働者を雇用し、その労務を米軍および諸機関に提供することになっています。防衛省(国)は米軍との間で、米軍のために①基本労務契約(MLC):各軍の司令部や部隊等の事務員、技術要員および警備員等、②船員契約(MC):非戦闘船舶に乗り込む船員、③諸機関労務協約(IHA):日米地位協定15条に定める諸機関で働く者にかかわる3つの労務提供契約を締結しています。防衛省(国)は駐留軍等労働者を私法上の雇用契約によって雇用し、その労務費は防衛省(国)の負担で支出しますが、駐留軍等労働者は防衛省(国)との関係では国家公務員ではありません[10]。

　日米地位協定24条1項は、「日本国に合衆国軍隊を維持することに伴うすべての経費は、……日本国が負担すべきものを除くほか、……日本国に負担をかけないで合衆国が負担する」と定めています[11]。この規定は、本来、米軍基地の地代や地主への補償費を防衛省(国)が負担する以外はすべての米軍基地維持費を米軍が負担するということを意味していました。しかし、1978年以降、防衛省(国)は特別協定の導入を繰り返しながらこの条項を空洞化したため、現在では、駐留軍等労働者の労務費、代替施設建設費、軍人・家族の生活改善施設(その中には、エアロビクス教室、ビリヤード場、映画館などがある)、作戦施設である滑走路や戦闘機格納庫の建設費用まで、防衛省(国)の予算、つまりは、私たちの税金で支出されています。

　繰り返しになりますが、駐留軍等労働者は、「間接雇用方式」によって雇用

---

[10] 日本国との平和条約の効力の発生及び日本国とアメリカ合衆国との間の安全保障条約第3条に基づく行政協定の実施等に伴い国家公務員法等の一部を改正する法律(昭和27年法律第174号)8条1項。
[11] 梅林宏道『在日米軍　変貌する日米安保体制』(岩波書店、2017年)36頁以下。

第5講　駐留軍等労働者の働き方、知っているやっさー？

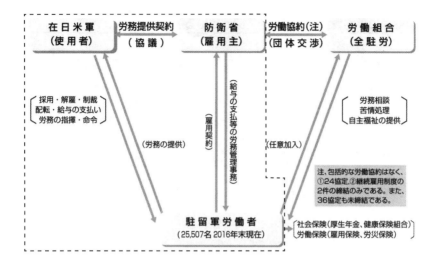

出典：全駐留軍労働組合『駐留軍労働者の雇用と生活を確保するために給与等勤務条件の公正・精確な比較と是正を求めて』（全駐留軍労働組合、2007年）3頁を修正。

されており*12、米軍による「直接雇用方式」*13ではないということは、しっかりと、確認してください。

　ところで、労働者派遣は雇用と使用が分離するため、使用者の権限関係が錯

---

*12 「間接雇用方式」と捉えるのではなく、「（在籍）出向」と捉えることはできないのかという疑問が生じえなくもありません。この点について、紺谷智弘・全駐労中央本部執行委員長にインタビューしたところ、つぎのような証言を得ることができました。「結論的には、『労働者派遣類似の間接雇用』であると捉えることが適切です。なぜなら、駐留軍等労働者は米軍等の労務要求に基づき、国が雇い入れるのであって、防衛省職員として採用されるわけではありません。もし、『（在籍）出向』という考え方が成り立つのであれば、国家公務員共済法の適用を求めることができますし、米軍撤退に伴う人員整理についても、出向元である国に戻して雇用確保を図れといった要求も可能となりますが、そのような雇用保障や身分的位置づけにかかわる、裁判例や国会答弁も存在していません。」

127

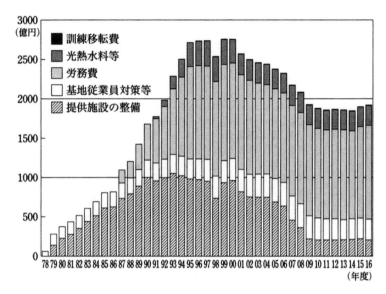

出典：防衛省／梅林宏道『在日米軍　変貌する日米安保体制』(岩波書店、2017 年) 37 頁の図を引用しています。

綜し、労働法規や社会保険関連法の遵守といった使用者責任の履践が不完全になりがちな雇用形態です。このため、労働者派遣法は使用者（派遣先）の使用者責任と雇用者（派遣元）の雇用責任を慎重に制御した法規制を用意していま

---

*13　全駐労沖縄地区本部『全軍労・全駐労沖縄運動史』(全駐労沖縄地区本部、1999 年) 224 頁には、「沖縄の軍関係労働者は、戦後 26 年間、米軍の直接雇用の下で、米軍が一方的に制定した布令 116 号や軍規則によって、基本的権利は剥奪され、米軍の専制的支配下で労働を余儀なくされてき」たとの記述があります。1972 年の本土復帰まで、沖縄においては日本国憲法の適用がありませんでした。このことから、まずは、間接雇用によって、日本国憲法の保障する基本的人権あるいは労働三権の完全な適用を切望したということです。しかしながら、今日に至るまで基地内労働においては日本の労働保護法規の不完全な適用状態が継続しているという歴史的に積み残された課題が先送りになっていることは看過できないことです。

す。例えば、労働者派遣法では、年次有給休暇（以下、「年休」）の付与と労働者の時季指定権行使に対する時季変更権行使は雇用者（派遣元）の義務となっています。

　一方、駐留軍等労働者にかかわる三者間契約においては、雇用者（国）の雇用責任と使用者（米軍）の使用者責任のバランスが歪められ、国の雇用責任の実施が曖昧になっています。例えば、駐留軍等労働者との関係では、規定上、時季変更権の行使は使用者としての米軍に委ねられ[*14]、労働基準法（以下、「労基法」）39条の年休規制が十分機能しないという法的問題が生じています。

　つぎのような新聞記事を見てみましょう。いったい何がおこったのでしょうか。国（全駐留軍労働組合）事件・那覇地判平26.5.21労判1113号90頁は、IHAに基づいて就労する駐留軍等労働者の労働条件の不利益変更に対抗するために行われたストライキについて米軍が適法な時季変更権の行使を懈怠（けたい）し、ストライキ支援者や不参加者の賃金カットを行う等の労務管理上の初歩的なミスを犯し、国も米軍の時季変更権の不行使に何ら積極的な対応をとる等してその是正を図れずに違法な賃金カットが生じた事案です。判決は、国に未払賃金支払と同額の付加金の支払を命じただけでなく、Yと米軍は「雇用主の権利義務を分掌しているものと見ることができるから、両者を併せて制裁の対象ととらえる」として、米軍にも付加金の支払いを命じることで、あえて米軍の悪質性を問題視しています[*15]。

　さらに、つぎのような新聞記事を見てみましょう。MLC・MC・IHAそのものの分量は大変膨大なものとなっており、ちょっとややこしいのですが、かい

[*14] IHAの休暇の変更にかかわる規定では、「監督者は、従業員が指定した日に休暇を使用することが、当該機関の任務遂行の妨げとなるような場合においては、その休暇の日を変更することができるものとする。この場合、監督者は、両者の合意を条件としてかわりの日を提示するものとする」と定めています。

つまんで説明します。「間接雇用方式」に関する国と米軍の間のMLC・MC・IHA(この関係は国と米軍との私法上の契約と捉えられています。そして、問題はあるものの、駐留軍等労働者の就業規則としても取り扱われています)においては、国が能動的に解雇や人事上の不利益措置を駐留軍等労働者に発動するわけではあり

琉球新報 2014 年 5 月 22 日

ません。米軍がこれらの人事処遇を国に要請し、国はこの要請を受動的に判断し、両者が合意すれば国が最終的な法的責任者となって、これらの人事処遇を実施します。わかりやすくいうと、国は米軍が決めたことの法的尻拭いをさせられるということです。その結果、例えば、裁判で敗訴してしまっても、負け

---

*15 この事件については、春田吉備彦「在日米軍基地従業員の法的地位」山田省三・青野覚・鎌田耕一・浜村彰・石井保雄編『労働法理論の変革への模索』(信山社、2015 年) 357 頁。年休にかかわる裁判例として、沖縄米軍基地事件・福岡高那覇支判昭 52.12.19 労判 331 号 126 頁、在日米空軍第一八設営群 (年休) 事件・平 6.11.24 那覇地沖縄支判労判 670 号 41 頁。

たのは国(駐留軍等労働者にしてみれば、米軍から理不尽な人事処遇が発動されたが法的には国に勝てた)ということになります。米軍からすれば、「あなたが勝手に負けたんだからあなたが払ってね。僕ちん悪くないもん。」ということで、さらに国は余分なお金の支払いもさせられるということです。かなりへんですねー。

米、賠償金分担拒む
基地従業員訴訟 「協定違反」指摘も

[東京]一九七〇年代以降、基地内の米軍業務機関に起こした裁判で、国が敗訴し原状回復金を支払った後、米側が賠償金分担に応じていないことが十日の衆院外務委員会の照屋寛徳氏(社民)への政府答弁書で分かった。日米地位協定に詳しい専門家は「解雇、無効請求四件、賃金請求一件、退職金額請求一件」と内訳を示し、九件の賠償訴訟判決の一で国が敗訴したと説明。九八年五月から国が肩代わりしたと賠償額の分担について日本側が米政府に要請しているが、米政府側は一切払っていない」と指摘している。

同委員会理事は「解雇、無効請求四件、賃金請求一件、退職金額請求一件」と内訳を示し、九件の訴訟で国側が支払った総額は千三百六十万円。そのうち七百七十万円が米側による損害賠償相当額とされる。米政府側が応じていない点について、防衛施設庁の河野孝義次長は「現在までに賠償金の分担について理解を得るに至っていない」と、日本政府は米側の分担を要請していないことを事実上認めた。一方、政府側が米側から応分の支払いを得られない理由について、日米地位協定一八条五項について「米軍による公務中の損害賠償は、日本政府が七五%、米国政府が二五%を負担するが、それ以外の賠償については日本側が明確な基準のない、日米双方で誠意をもって折半を原則と規定している」と指摘。公務中以外の日本人被雇用者による民間人への損害賠償は、米側が支払った例もあるという。

琉球新報 2006年3月11日

4. 駐留軍等労働者の法的地位――日米地位協定および MLC の解釈問題――

日米地位協定12条5項は、国とアメリカ合衆国との間で「所得税、地方住民税及び社会保障のための納付金を源泉徴収して納付するための義務並びに、相互で別段の合意をする場合を除くほか、賃金及び諸手当に関する条件その他の雇用及び労働条件、労働者の保護のための条件並びに労働関係に関する労働

者の権利は、日本国の法令で定めるところによらなければならない」と定めています。この規定からは、駐留軍等労働者にも国内労働法規が適用されるように読み取れます。しかし、実際には、米軍側は日米両政府が結んでいる、MLCを日米地位協定と統合して運用しています。このため、MLC主文19条に基づけば[*16]、人事や雇用条件等を規定・変更するためには日米地位協定12条5項の「相互で別段の合意」が必要な事項として、国は米軍の同意が不可欠となるとの解釈をとっており[*17]、駐留軍等労働者に国内労働法規を適用させようとするたびに国が米軍と交渉しなければならないという姿勢を貫いています。MLC主文16条の団体交渉にかかわる規定を参照すると、駐留軍等労働者の労働組合である「全駐留軍労働組合（全駐労）」の団体交渉の相手方は国であり米軍ではないため、労働条件について事実上の最終決定権をもつ米軍と直接交渉することはできないと一般的には解されています。このため、全駐労は、一旦、国と交渉し、国の同意を得た後、国が米軍と協議するという二度手間が必要になっています。労基法、労働組合法（以下「労組法」）等の国内労働法規が適用されるとの解釈は建前で、MLC主文19条により、米軍の同意がな

[*16] MLC主文19条は、「この契約中の関係規定は、就業規則及び雇用条件の基礎となるものとする。B側（防衛省地方協力局次長）は、A側（米国政府＝契約担当官）との協議、交渉及び事前の文書による合意なくしては、この契約に基づき提供される従業員の就業規則若しくは雇用条件を定め、又は変更しないものとする。両当事者が合意した就業規則及び雇用条件はこの契約に基づき提供される従業員が勤務する全職場に、日英両文で公示するものとする」と定めています。なお、MLC主文16条については紙面の都合上、引用を省略します。
[*17] 日本（外務省）側の解釈は、別段の合意とは「保安解雇」に関して特別の手続きを定めている日米地位協定12条6項のみであり、MLCは国と米軍との私法上の契約であるという解釈をしています（『外交機密文書　日米地位協定の考え方・増補版』（琉球新報社、2014年）111頁）。しかし、現実には日本側の解釈は米軍の解釈に押し切られてしまっています。

ければ国内労働法規が適用されないという矛盾した状態が続いていることから[*18]、日米地位協定12条5項の規定は空洞化されているという甚大な法的問題が生じています。この結果、米軍基地内では、国内労働法規が無視され、無法状態といっても過言ではない働かせ方が放置されています。米軍合意が得られず、法違反の状態となっている例としては、労基法違反の状態として、①36協定を締結せずに残業させる、②就業規則の作成・届出がなされていない、労働安全衛生法19条違反の状態として、③設置が義務化されている労働災害防止に向けた、労働安全衛生委員会が未設置であるといった実態があります[*19]。

[*18] 「上位法は下位法に優先するという法原則」から、憲法→日米安保条約→日米地位協定→日米合同委員会・合意文書（密約）→法律という関係において、憲法が機能しない限り、下位法の法律は機能しません。憲法9条と駐留米軍の解釈が争われた、砂川事件（最大判昭34.12.16判タ99号42頁）において、最高裁大法廷は、①憲法9条が禁止する戦力とは日本国が指揮・管理できる戦力であり外国の軍隊は戦力にあたらずアメリカ軍駐留は憲法および前文の趣旨に反しない、②日米安保条約のように高度に政治性をもつ条約については一見して極めて明白に違憲無効と認められない限り違憲かどうかの法的判断を下すことはできないとして、憲法判断を回避しています。憲法が何も語れないから、労働法等の国内法よりも日米地位協定と米軍側の解釈によれば一体となったMLCが優先され、国内労働法規の規制は骨抜きになるだけではなく、昨今の米軍属軍による犯罪事件等の沖縄における重層的な矛盾が生じています。この問題については、吉田敏浩・新原昭治・末浪靖司『検証・法治国家崩壊　砂川裁判と日米密約交渉』（創元社、2014年）、矢部宏治『日本はなぜ、「基地」と「原発」を止められないのか』（集英社、2014年）。
[*19] 就業規則の問題は、昭和39年に第10章29条からなる本則は策定されているものの、その後の労働条件の変化に対応した改定はなされておらず、MLCを事実上の就業規則として取り扱っています。この点は、新井賢治「不透明な国際情勢下の『駐留軍等労働者』等の離職対策」立法と調査284号（2008年）19頁。

5. 駐留軍等労働者の解雇について

　駐留軍等労働者が国に雇用され、米軍に派遣・使用された職業生活がつつがなく続けば、この「一生（涯）派遣」は基地での定年により終了します[20]。一方、解雇という不幸な事態に遭遇する場合もありえます。MLC に基づけば、解雇には、①不適格解雇、②制裁解雇、③特例解雇、④傷病による就労不能、⑤死亡、⑥精神異常、⑦身体障害、⑧保安解雇、⑨人員整理が存在します。以下では、これらのうち、①②⑧⑨を紹介しましょう。

　①不適格解雇は、私企業における能力不足・成績不良・勤務態度不良・適格性の欠如等を理由とする解雇に相当する類型です。横須賀米軍基地事件・横浜地判平 3.8.1 労判 597 号 68 頁は、横須賀米海軍基地艦船修理廠に在籍し MLC に基づいて就労していた X が Y から MLC 第 10 章 3d の規定により不適格解雇されたものです。判決は X が「エンジニアリング専門職（電気、6 等級）として採用されたが、その事務を処理する能力を有しないから、就業規則に当たる MLC 第 10 章 3d に定める不適格者に該当」するとして不適格解雇を有効と判断しています。国（在日米軍司令部・解雇）事件・東京高判平 18.12.21 労判 936 号 39 頁においても、MLC に基づいて就労していたクラークタイピスト職である X への不適格解雇の効力が争われたものです[21]。判決は、不適格性を認定したものの、MLC 第 10 章 4 項 a に基づき米軍が行うべき解雇回避措置の「救済援助プログラム（HAP）」が履行されていないことを捉えて不適格解雇の効力を否定しています。

　②制裁解雇は、私企業でいう懲戒解雇に相当する類型です。沖縄米軍基地従

---

[20]　小嶌典明『メモワール労働者派遣法』（株式会社アドハンスニュース、2016 年）263 頁。
[21]　この事件については、藤原淳美「不適格解雇のための解雇回避手続と履行の適否」志學館法学 9 号（2008 年）175 頁、野崎薫子・ジュリ 1350 号（2008 年）105 頁。

業員解雇事件・福岡高那覇支判平 22.12.7 労旬 1740 号 43 頁は、X が米軍側上司を「殺すと脅迫した」ことを理由に、国が米軍の要請に応じて X を制裁解雇したものです。判決は制裁解雇の効力を否定しています。同事件の背景には、日本語の「懲らしめる」「殴る」を沖縄では「クルセー」「ウチクルス」というが法廷通訳がこれを「殺せ」の意味で "kill them" と訳したため、米軍側上司は「殺すと脅迫された」と理解したことが制裁解雇の理由となっています[22]。このことからも、日米の言葉の壁も基地内では問題となり得ることが窺えます。同様に制裁解雇の効力が問題となった裁判例として、米海軍横須賀基地（制裁解雇）事件・東京高判平 29.2.23 労働判例ジャーナル 68 号 69 頁等が存在します。

⑧保安解雇とは、基地施設・区域内の軍紀の維持の攪乱を含む安全上の理由から行われる解雇で、米軍の排他的基地管理権行使の一環として駐留軍等労働者の基地外排除を意味します。米軍と駐留軍等労働者との意見の不一致等により駐留軍等労働者が裁判に訴え勝訴しても基地内での継続雇用の補償はなく、米軍が希望しないときは裁判所または労働委員会の決定でも就労させないことが可能となり、究極的には、国内法上の解雇規制法理の潜脱だけでなく、裁判所または労働委員会の判断をも遮断するものとなっています[23]。裁判例とし

---

[22] この事件については、金高望「沖縄米軍基地従業員解雇事件」季刊・労働者の権利 290 号（2011）73 頁。この事件の背景については、喜屋武臣市『在日米軍基地の労働と地域―組み込まれた特異な構造』（全駐留軍労働組合、2010 年）21 頁。

[23] 日米地位協定 12 条 6 項（b）は、「合衆国軍隊又は前記の機関が当該労働者を就労させることを希望しないときは、合衆国軍隊又は前記の機関は、日本政府から裁判所又は労働委員会の決定について通報を受けた後 7 日以内に、その旨を日本政府に通告しなければならず、暫定的に労働者を就労させないことができる」と定め、同条第 6 項（d）は、「（c）の規定に基づく協議の開始の日から 30 日の期間内にそのような解決に到達しなかったときは、当該労働者は、就労することができない。このような場合には、合衆国政府は、日本政府に対し、両政府で合意される期間の当該労働者の雇用の費用に等しい額を支払わなければならない」と定めています。

て、フィンカム基地保安解雇事件・東京地判昭 30.12.22 労民集 6 巻 6 号 1177 頁、所沢兵器廠保安解雇事件・東京地判昭 35.12.26 労民集 11 巻 6 号 1468 頁、板付基地整理解雇事件・福岡地判昭 37.11.13 労民集 13 巻 6 号 1111 頁等があり、とりわけ、22 法 7 条の不当労働行為との関係において法理上問題を孕む解雇類型となっています。

⑨人員整理は私企業の整理解雇類型に相当しますが、裁判例としては、駐留軍池子火薬廠整理解雇事件・東京地判昭 30.12.24 労民集 6 巻 6 号 1195 頁、米軍立川基地事件・東京地判昭 53.12.1 労判 309 号 14 頁、米軍座間基地事件・最三小判平 3.7.2 労判 594 号 12 頁等が存在します。

6. 結びにかえて

米軍統治下の沖縄で米軍の圧政と闘った瀬長亀次郎の言葉に「一リットルの水も、一粒の砂も、一坪の土地もアメリカではない」というものがあり、本土の砂川基地拡張反対闘争においては「土地に杭は打たれても、心に杭は打たれない」というスローガンがあり、「沖縄」だけではなく、「日本の 10 都府県の基地・施設」に通底する問題の本質を表しています。そこで働く、25,507 人（2016 年末現在）の駐留軍等労働者は、国家公務員ではなく、さりとて私企業の労働者が享受する国内労働法規の適用が阻害された「鵺(ぬえ)のような働き方」を甘受せ

瀬長亀次郎日記「不屈」

第5講　駐留軍等労働者の働き方、知っているやっさー？

琉球新報
2017年11月29日

琉球新報
2017年11月19日

ざる得ない状況下にあります。この背景には、①米軍の排他的基地管理権の問題、②労働者派遣法類似の三者間契約の問題、③日米地位協定およびMLCの解釈問題といった3つの構造的問題が融合した複合的問題であることが明らかになりました。

①の問題は、日本と同様に米軍基地を抱える「イタリア」では、施設管理権

が「イタリア」に属し、例えば、米軍基地の軍用機の発着数や時刻について、イタリア軍司令官が責任をもつことになっており、日本でも参考とすべきです[*24]。②の問題は、三者間労働契約の基本型である労働者派遣法と比べ、どの場面で使用者（米軍）により雇用者（国）の権限が浸食されているのかを検証し、国の効果的な雇用責任の実施方法を検証すべきです。③の問題は、国が主張するMLCの解釈を実現し、日米地位協定の見直しが図られるべきです。

＊本稿は、科学研究費基盤研究(C)18K01306の成果の一部です。

[*24] 屋良朝博『誤解だらけの沖縄・米軍基地 第2版』（旬報社、2012年）110頁。

第6講

「過労自殺」「過労死」について、法律学から考えてみると。

1.「過労自殺」「過労死」と労働時間規制

「心の病　労災認定最多」という新聞記事を見てみましょう。

2016年度の労災認定件数は498件（県内5件）であり、このうち、過労自殺（未遂を含む）は84件（県内0件）、仕事による脳・心臓疾患にかかわる労災認定は260件（県内1件）、このうち死亡したケースである過労死は107件（県内0件）となっています。精神疾患にかかわる労災申請件数は、過去最多の1586件となっています。あらためて、過労自殺が労災の対象となることを社会に知らしめたのが「第二電通事件」の「高橋まつり」さんの出来事でした*1。「高橋まつり」さんは、2015年4月に電通

琉球新報 2017年7月1日

第6講 「過労自殺」「過労死」について、法律学から考えてみると。

入社後、同年12月25日のクリスマスに24歳で自死に追い込まれました。東京港区の三田労働基準監督署（以下「労基署」）は2016年9月にこの事件について労災認定しました。つぎのような新聞記事を見てみましょう。

それだけではなく、電通本社と全国の電通の3支社は労働基準法（以下「労基法」）違反の疑いで東京労働局によって立入検査と強制捜査がなされ、その後、刑事上も正式起訴され、2017年10月6日、法人としての電通に罰金50万円の有罪判決が下されています。電通は、以前にも、若者の社員の自殺をめぐる民事事件において最高裁まで争ったという「前科」があります。この第一電通事件については、のちほど、検討しましょう。

お母様（高橋幸美さん）の手記が掲載された、新聞記事を見てみ

琉球新報 2017年7月13日

---

*1 第二電通事件については、北健一『電通事件 なぜ死ぬまではたらかなければならないのか』（旬報社、2017年）。

ましょう。母親思いの優しく、頑張り屋さんで優秀な若者が、第一電通事件と同じ会社によって長時間労働とパワー・ハラスメントを理由に再び命を絶たれなければならなかったことに対しては憤りを禁じ得ません[*2]。

「過労死・過労自殺」問題は「健康・命」の問題です[*3]。「健康・命」を守るためには、長時間労働や時間外労働を抑制する「労働時間法制」が実質的に機能することが不可欠です。このため、労基法32条1項および2項に基づけば、労働者に法定労働時間（週40時間、1日8時間）を超えて働かせることを法律違反（違法な残業）とされ、原則として、法定労働時間を超える労働は罰則付きで禁止されています（労基法117条）。もっとも、その例外として、企業

[*2] 「高橋まつり」さんのかけがいのない24年間の生涯については、高橋幸美・川人博『過労死ゼロの社会を—高橋まつりさんはなぜなくなったのか—』（連合出版、2017年）。

　この事件の背景には、長時間労働とともに、「君の残業時間の20時間は会社にとって無駄」「会議中に眠そうな顔をするのは管理ができていない」「髪ボサボサ、目が充血したまま出勤するな」「今の業務量で辛いのはキャパがなさすぎる」「女子力がない」といった上司の悪態や暴言があったようです。徹夜や深夜勤務が続いている新人社員がいるならば、ねぎらいや励ましの言葉をかけるのが上司としての当然の振る舞いです。それとは真逆のパワー・ハラスメント的言動を繰り返し、新人社員を追い込む上司やそれを許す電通の企業体質は、25年前に起こった、第一電通事件の教訓が全く生かされないまま、何ら変わっていなかったということです。

[*3] 平成26年11月1日施行の「過労死等防止対策推進法（過労死防止法）」では、過労自殺や過労死（以下、過労死等）の概念が初めて法的に定義され、国の責務として過労死等の防止対策を効果的に推進することが明記され、地方公共団体と事業主にもかかる対策につき努力義務を課しています。「過労死防止法」は、成果をあげるために長時間労働・過重労働を余儀なくされ過労死等に追い込まれた労働者や遺族の苦しみから生み出されました。国が崇高な理念をもつ「過労死防止法」を制定しながら、長時間労働・過重労働の蔓延する社会実態を放置したままで、新たに、労働時間に関係なく成果に応じて賃金を支払う、無限サービス残業のための「高度プロフェッショナル制度」という残業代ゼロ法案を導入することで、労働時間規制の規制緩和を目論む方向性は倒錯しています。

第6講 「過労自殺」「過労死」について、法律学から考えてみると。

犠牲者出さぬ決意を
電通過労自殺、母が手記

電通の新入社員、高橋まつりさん=当時(24)=が長時間労働の末、自殺したことから1年を迎えた夫、母の命日を迎えた25日、電通の役員や幹部に対して心からの反省をして、まつりの死に対して本当の働く全ての人の意識が変わってほしい」と求める手記を公表した。

まつりさんが命を絶ったのは2015年12月のクリスマスの朝。幸美さんは「あの日から私も未来も希望も全て失いました。最後に息をするのを止めた時の娘が、人生の最後の数か月にどんなに苦しかったか。娘は、地域格差・教育格差・所得格差に時にはくじけそうになりながらも努力を続け、大学を卒業し就職しました。電通に入ってからも、期待に応えようと手を抜くことなく仕事を続けたのだと思います。その結果、正常な判断ができなくなって、自分自身の力からも絶望しすぎあきらめてしまい、ついには死ぬ以外に選択肢がないと思うほどまで追い詰められたのでしょう。もっと強く言えば良かった。母親なのにどうして娘を助けられなかったのか。後悔しかありません。

仕事のために命を落とすことなんてあってはなりません。

私の本当の望みは娘が生きていてくれることです。

まつりの死によって、世の中が大きく動いています。まつりの死が、日本の働き方を変える

仕事のために命落とさないで

ことにつながっていくのであれば、まつりの24年間の生涯が日本のためにしたことだと、それが少しでもまつりの助けになるのであれば、悲しみの中でも、まつりが生きた意味を持てるのかもしれません。

毎晩遅くまで皆が働いている職場の異常さが、東京の夜景を作っているのだと思います。まつりの死は長時間労働が原因であると認定されましたが、夜10時以降は消灯になって、会社は長時間労働がなくなって、改善に向かっているのだと思います。

しかし、制度をつくっても、人間の心が変わらなければ改革は実行されません。

会社の役員や管理職の方々、まつりの死に対して、心から反省をして、二度と犠牲者を出さないように、決意していただきたいと思います。そして社員全ての人が、伝統そしてブランドに囚われることなく、改善に向かって欲しいと思います。

日本の働く人全ての人の意識が変わって欲しいと思います。

訴えで社会変わるか

高橋まつりさん=当時(24)=の母幸美さん(53)が手記を公表した。入社後のネット広告などを担当し、昨年10月に本採用になると業務が激増。月100時間以上の残業も。「死にたい」という言葉をツイッターに書き込み続けた。今となっては「SOSにしか映らない。」

まつりさんは昨年春、電通に入社。東大在学中に就職先として大手を選んだ。

NPO法人「POSSE」の今野晴貴代表は「一流企業に就職し、お母さんを楽にしてあげたい」という思いで、悲痛な思いをつのらせながらこんなストレスフルな毎日を乗り越えた先に、長時間労働の法規制まで踏み込むべきだった」と、今の若者の雇用問題に取り組む政府に注文を付けた。

琉球新報 2016年12月25日

高橋幸美さんの手記全文

高橋幸美さん(53)が公表した手記の全文は次の通り。表記は原文のままです。

あってほしいと、いまも思い続けています。

まつりは、あの日どんなに辛かったか。人生の最後の数か月娘がどんなに苦しかったか。

去年の12月25日クリスマス・イルミネーションできらきらしている東京の街を走っている警察へ向かいながら、嘘であってほしいと思いながら、前日では大好きな東京でしたが、あの日から私の時は、未来も希望も失われてしまいました。息をするのも苦しい毎日でしたが、朝目覚めたら全て夢でないで生きてきたからです。10

歳の時に中学受験をすることを自分で決めたときから、夢に向かって努力し続けてきました。凡才の私には娘を手助けできる努力しかなく、周囲の沢山の人が娘を応援してくれました。

まつりはずっと頑張ってきました。就職活動のエントリーシートの自己PRの欄に、「逆境に対するストレスに強い」と書いていました。自分が困難な環境に置いてあっても絶望すぎあきらめないで生きてきたからです。

琉球新報 2016年12月25日

143

や使用者が労基法 36 条にかかわる「36協定(サブロク)」を締結し、労基署に届出を行うという手続を踏めば、労働者に法定労働時間を超えた残業を適法に命じることは可能です*4。とはいえ、企業や使用者は「特別な労働」を要求するわけですから、そのような労働と引き換えに、一定以上の割増賃金を支払う義務が生じます（労基法 37 条）。このように、労基法は企業や使用者に間接的に経済的圧力をかけることによって、長時間労働や時間外労働の抑制を図ろうとしています*5。いかにも、日本らしい曖昧な規制方法だと思います。今後の課題として、欧州諸国のように長時間労働や時間外労働の上限を、直接的に、法によって規制する必要があります*6。

---

*4　例外として、残業の上限を定めた書面を労基署に届け出れば、上限までの残業は許容されます。36 協定を結ぶには、企業や使用者は本店・支店・工場・店舗ごとに労働組合もしくは従業員の過半数の推薦で選ばれた代表との合意が必要です。例えば、居酒屋チェーン店であれば、店舗ごとに 36 協定を結び、残業の上限を定めることが必要です。
*5　平成 10 年告示第 154 号通達では、「労使当事者は、時間外労働協定において一定期間について延長時間を定めるに当たっては、限度時間を超えないものとしなければならない」として、1 月の限度時間を 45 時間と定めています（「一般条項」）。ただし、さらに労働時間を延長しなければならない「特別の事情」が生じた場合に限り、一定時間まで延長できるとも定めています（「特別条項」）。特別条項には法令で定める限度時間はなく、労使協定で各企業が決めてよいことになっています。特別条項を定める企業も、ひと月の残業時間の上限を 60 時間から 100 時間程度に定める傾向にあります。なぜなら、厚生労働省が過労死の労災認定を判断するに際しての残業時間の基準を設けることで、長時間労働に警鐘を鳴らしているからです。この基準は「業務と死亡との因果関係が強い」として「過労死ライン」と呼ばれ、「発症前 1 ヵ月におおむね月 100 時間か、2～6 ヵ月の平均でおおむね月 80 時間を超える残業を超える残業をしていた場合」とされています。
　政府は、残業時間に罰則付きの上限規制を導入しようとしています。しかし、労使協定を結んでも上回ることができない年間の残業時間が 720 時間、極めて忙しい 1 ヵ月の上限が 100 時間未満となるようです。過労死ラインが上限となっており、長時間労働の実態を法によって追認した、「命の問題」を考慮しない「付け焼刃の立法」にとどまっています。

第6講 「過労自殺」「過労死」について、法律学から考えてみると。

曖昧つながりでいうと、企業や使用者が意図的に肩書をつけるという裏技を使って、長時間労働や時間外労働の上限規制を免れる方法があります。例えば、「飲食店の店長として経営を任されており、社長からは店長は経営者と同じ立場だ」といいくるめられているとか、「入社4、5年で社員全員がチーム責任者やチームリーダーという肩書になって年俸制にきりかわり、残業代がつかなくなった」といった事例は、「名ばかり管理職」や「名ばかり店長」という「管理職とは名ばかりの安く使う方便」が悪用されている可能性があります[*7]。は

[*6] 労災や過労死等の背景には、労働者の長時間労働や過重な業務による労働者への精神的・肉体的負荷が存在します。労災予防のために長時間労働を規制すればいいではないかという疑問が生じます。しかし、日本では労働時間の強行的な上限規制は不十分です。労基法36条は、労働時間の上限規制を厳格に法的に規制するという仕組ではありませんし、サービス残業という社会実態もあります。年休取得率も5割を切っており、実際の取得日数は平均で9日前後です。一方、ドイツでは時間外労働を含む1日の労働時間の上限規制は10時間と規制されています。年休（ウアラウプ）は30日前後でほぼ10割近い取得率となっています。日本でも労災予防のためには、時間外労働や年休の完全消化も含めたトータルな労働時間法制の再構築が不可欠です。

[*7] 労基法41条2号に基づけば、管理監督者（監督若しくは管理の地位にあるもの）・機密事務取扱者については、深夜労働に対する割増賃金および年休に関する規定の適用は除外されませんが、労基法上の労働時間、休憩、休日に関する規定の適用は除外されます。「名ばかり管理職」「名ばかり店長」の問題は、例えば、全国チェーンの大手紳士服販売店や飲食店店舗等で幅広く活用されてきました。もっとも、日本マクドナルド事件（東京地平20.1.28労判953号10頁）において、現役のファースト・フード店店長が同条2号の管理監督者に該当しないとして、残業手当・休日労働手当の請求が一部認容されたことで、「名ばかり管理職」の問題が衆目を集めるようになりました。

「管理監督者」に該当するためには、①事業主の経営に関する決定に参画し、労務に関する指揮監督権限を認められていること、②自己の出退勤をはじめとする労働時間の裁量権を有していること、一般の従業員と比べてその地位と権限にふさわしい賃金（基本給、手当、賞与）上の処遇を与えられていることといった3つの厳格な要件を満たす必要があります。

たまた、「営業職月給22万円（残業代別途支給）」という求人票に書かれてあるため、高給な労働条件だと誤解して入社したところ、「固定残業代」「定額残業代」[*8]として、基本給のうち7万5千円は80時間の残業代として前もって支払われたものだったという方法があります。この方法では、法定労働時間の月170時間の労働時間に労働がとどまると14万5千円しかもらえません。つまり、残業の80時間は余分に働くことが予定された契約を締結してしまったということになります。皆さんの職場でも、このような曖昧な方法を利用した労務管理が悪用されていないかどうかを検証してみてください。

　つぎのような新聞記事を見てみましょう。そもそも、沖縄社会においては「36協定」未締結という初歩的な企業や使用者の義務さえ果たされることなく、「違法な残業」が常態化しています。さらに、つぎのような新聞記事を見てみましょう。それだけではなく、最低賃金すら破るという「労働契約」「雇用契約」の名にも値しない「奴隷契約」の横行ともいうべき違法行為が目につきます。「過労死・過労自殺」問題が「健康・命」の安全の問題であることは前述しました。その防波堤としての過重労働に対する金銭的支払

琉球新報2017年9月1日

いという「銭の問題」すらも、安価にあげようとする浅はかな振る舞いは、沖

第６講 「過労自殺」「過労死」について、法律学から考えてみると。

琉球新報 2017 年 3 月 3 日

縄社会の土台そのものを掘り崩す許し難い行為です。ここでは、詳述しませんが、沖縄における「大人の貧困問題」の背景には正社員ですら世帯年収 300 万未満の世帯が多数あるという社会実態があります。このような非人道的な働かせ方を強要する、企業や使用者は、「親世帯の経済的困窮」をもたらすだけではなく、沖縄の「子どもの貧困問題」をも生み出すという「二重の過ち」を犯していることは指摘しなければなりません。

　もう少し、自殺をめぐる今

---

*8 「固定残業代」「定額残業代」は、法律に明文の規定はありません。時間外労働・休日労働・深夜労働に対する割増賃金をあらかじめ定額の手当等の名目で、あるいは基本給の一部として支給する制度のことです。「固定残業代」「定額残業代」においては、企業や使用者が、労基法所定の計算方法による金額以上の金額を支払っていれば、適法になります。つまり、①何時間分で何円の残業代が含まれているのかが計算すればわかること、②残業代部分や基本給部分が最低賃金を下回らないこと、③前もって支払われた残業代の分よりも長く働いた場合、超過した残業代を支払うことの３要件を満たせば適法となります。

　企業や使用者はこのような仕組みについてとぼけているのか、労働者が法所定の方法で計算した差額請求を行うことには多くの労働者はやっかいに感じて請求しないという実態を悪用しているのでしょう。

目的状況にかかわる、つぎのような新聞記事を見てみましょう。2017年版自殺対策白書によると、日本の自殺率は約90の国と地域との比較においてワースト6位となっています。減少傾向にあるものの、2016年においても、日本の自殺者は、依然として、21,897人となっています。自殺の原因は「健康問題」「経済問題・生活問題」「家庭問題」「勤務問題」が大きな要因となっています。

沖縄県内の自殺者の特徴としては、40代、50代の働き盛りの男性に多いということ、若年層の無職者の自殺が少なくない点にあります*9。その背景には、沖縄の失業率の高さ、非正規雇用層の増大と安定した雇用が少ないことから自営業を志向する者が多く存在するが事業の失敗は自己責任とみなされ社会的救済の制度が限定的であること、中高年になってからのリストラによる失業、高齢者の中での無年金者の増大など、多様な社会的要因が指摘できます。うつ病への罹患と自殺との関係は深いとされています。その背景には失業だけではなく不安定

――――――――――――――――

*9 琉球新報2010年1月31日。

第6講 「過労自殺」「過労死」について、法律学から考えてみると。

雇用や不況などの理由から正社員であっても十分稼げない状態から多重債務者の状態に陥る、中小企業経営者や自営業者が資金繰りに行き詰まる、職業生活の破綻が家庭生活の破綻に波及する、日々の生活に追われて健康状態が重篤な状態に陥るまで医療へのアクセスを抑制するといったような様々な要因が、時には複合的に重なり合っていることが理解できるでしょう。自殺を減らすためには、単にうつ病へのケアといった医療上の対策だけでは不十分です。社会的セーフティネットあるいは法政策的な総合的対策が不可欠です[*10]。2008年3月、沖縄県自殺対策連絡協議会は「自殺対策基本法」に基づいて『沖縄県自殺総合対策行動計画』の策定を義務づけています。今後の動向を注視していきましょう。

2. 過労死や過労自殺は、自己責任や自己管理の問題なのか。

「過労死」とは、日常業務に比較して特に過重な業務に就労し、明らかな過重負荷を発症前に受けたことによる脳・心臓疾患のもたらす死亡のことです[*11]。「過労自殺」とは、客観的に精神障害を発症させるおそれのある業務による強い

[*10] この点、立岩真也・雨宮処凛・岡崎伸郎・浅野弘毅「座談会 自殺をどうとらえるか」『自殺と向き合う』(批評社、2009年) 28頁の雨宮発言が示唆的です。やや冗長になりますが引用しましょう。「精神科救急の特番をテレビで見ていて、驚いたことがあります。すごい錯乱して自殺を図った女の人が運ばれてきたんですけど、その理由というのが、明日、借金の返済期限なのに返せないという理由で錯乱状態になって自殺未遂して来たという、それで精神科で投薬治療を受けますみたいなのを見て、それは意味がないなというのか、錯乱状態になったのを何とかするというのも重要なことですけど、大もとの借金の問題を何とかしなくっちゃ全然意味がないと思って。……例えば、精神医療の現場でのケースワーク的な、この人は返せないような借金があって大変な精神状況であるというなら、それをサポートするために多重債務者問題のプロにつなげていく連携みたいなのが全くできていないように思えます」と。

149

心理的負荷に起因する強いストレスやうつ病などがもたらす自殺のことです[*12]。前者を狭義の「過労死」、後者を含めて広義の「過労死」ということもできます。過労死や過労自殺の問題[*13]において、しばしば登場する言説が、「過労死は自己責任の問題である」「職場で同じようなストレスにさらされた労働者の誰もが自殺するわけではない」というものです。

　率直な物言いをすることで有名な、奥谷禮子という経営者が、2006年10月24日に開催された第66回労働政策審議会労働条件分科会に使用者側委員として参加し、過労死の問題を「自己管理の問題。他人の責任にするのは問題（＝自己責任論）。労働組合が労働者を甘やかしている」と発言し、さらに、週刊東洋経済2007年1月13日号では、「だいたい経営者は、過労死するまで働けなんて言いませんからね。過労死を含めて、これは自己管理だと私は思います」としたうえで、労働者はボクシングの選手と一緒であり、「自分でつらいなら、休みたいと主張すればいいのに、そんなことは言えない、とヘンな自己規制をしてしまって、周囲に促されないと休みも取れない。揚げ句、会社が悪い、上

[*11] 厚生労働省の定義に基づけば、「過労死」とは、典型的には、脳出血、くも膜下出血、脳梗塞、虚血性心疾患としての心筋梗塞、心不全のもたらす死亡のことです。
[*12] 川人博『過労自殺と企業の責任』（旬報社、2006年）93頁に基づけば、今日、それは、①長時間労働等の過重労働や高温、寒冷、密閉等の過酷な労働環境によって精神障害を発症し自殺に至るもの、②ノルマの未達成、技術開発の不成功、不本意な配転等職場で発生する様々なストレスにより惹起されるもの、③職場いじめやパワー・ハラスメントといった労働過程に起因するストレスから惹起されるものにまで多様なものとなっています。
[*13] 過労死や過労自殺の原因は、長時間労働等の過重な労働だけでは説明できないとの見方もあります。大野正和『過労死・過労自殺の心理と職場』（青弓社、2003年）は、①労働者各人の職務境界が曖昧で不明確な「ジョブレス社会」において、②まじめで責任感が強く他者に気を遣う「メランコリー親和型性格」の労働者が、③職場において良好な人と人とのつながりの中で相手の感情に自動的に反応して思いやる心情反射作用による「職場集団性」が崩壊する過程において、ひとり孤独に仕事を抱え込むことによって発生するとしています。

第6講 「過労自殺」「過労死」について、法律学から考えてみると。

司が悪いと他人のせい。ハッキリ言って、何でもお上に決めてもらわないとできないという、今までの風土がおかしい」とそこまで言うのかという発言を繰り返しています。このような言説は、その後も一部の会社経営者から文脈をかえながら、絶えず主張されています[*14]。

このような主張に対して、皆さんは、「いや、それでも、過労死をするほど仕事をさせる会社が悪い」と、自信をもって彼女に反論できるでしょうか。この主張にそう簡単に反論できないのは、「労働＝働く」ということは、企業などの指揮命令権の行使によって他律的に決定される側面だけではなく、労働者の自律的で主体的な関与という側面も不可欠だからです[*15]。しかし、現実の「労働現場」では労働者の主体性は阻害され、社会的構造的な関係の中でぎりぎりの状況で仕事を続けて、ついには過重労働の結果、精神障害に罹患し、自ら命を絶つのです[*16]。本人にしか理解できない苦しみの中で、「強制的」と「自発的」

[*14] 例えば、「365時間24時間死ぬまで働け。」（ワタミ創業者　渡邉美樹）、「土曜休んで日曜も休む奴は要らない。今の日本の悪いところはアメリカ的時間の切り売りが横行している事だ。8時間働けばそれでいいなど通用しない。成果で報酬がでるんだ。」（スズキ代表取締役会長　鈴木修）、「労働基準法なんておかしい。今は24時間働かないといけない時代なのに。」（NOVA元社長　猿橋望）、「（過労死した社員を休ませなかったことについて）休みを挙げるとすぐにパチンコに行ってしまうので、その癖を抜くために毎日仕事をさせている」（サン・チャレンジ代表取締役社長　上田英資）、「泳げない人は沈めばいい。」（ファーストリティリング代表取締役会長兼社長　柳井正）、「休みたいならやめればいい。」（日本電産代表取締役兼社長　永守重信）、「好きでやっている人は仕事と遊びの境目なんてない。」（エイベックス・グループ・ホールディング社長　松浦勝人）、「嫌だと思ったら辞めればいいのでは？ 辞める自由よん。」（ライブドア元代表取締役社長CEO　堀江貴文）等。さらに、ブラック発言を知りたい方は、ブラック企業大賞実行委員会編『ブラック語録大全』（合同出版、2013年）。

[*15] 例えば、西谷敏『労働法』（日本評論社、2008年）17頁は、「労働法が前提とする労働者は、一面では自己決定する自由で自律的な個人であり、他面では使用者に従属せざるえない存在である」と捉えています。

の区別がつかないまま、自殺に追い込まれることもあるということです[17]。「死ぬほど大切な仕事」に自らを投じてしまうのは「仕事への情熱」だけではなく、職場の構造の中で企業の提示するノルマや達成目標に代表される成果主義人事制度などによって抜き差しならない長時間労働等の労働強制に追い込まれてしまうからです[18]。

　ある裁判例[19]において、医薬情報担当者（MR）であった労働者の精神障害発症を理由とする自殺につき、仕事の成果が上がらないことを理由とする、「存在が目障りだ、いるだけでみんなが迷惑している。お願いだから消えてくれ」「車

---

[16] 企業から転職し、自身のサラリーマン生活の狭い経験と大学教員に首尾よく転職できた万能感から、「月当たり残業が100時間を越えたくらいで過労死するのはなさけない。会社の業務をこなすというより、自分が請け負った仕事をプロとして完遂するという強い意識があれば、残業など関係ない。自分で起業した人は、それこそ寝袋を会社に持ち込んで、仕事に打ち込んだ時期があるはず。更にプロ意識があれば、上司を説得してでも良い結果を出せるように人的資源を獲得すべく最大の努力をすべき。それでも、駄目なら、その会社が組織として機能していないので、転職を考えるべき。また、転職できるプロであるべき長期的に自分への投資を続けるべき」といった能天気な発言をブログによって発信した大学教員がいます。「過労死ライン」や企業・会社と労働者の間において現実には労働者の自己決定や意思を貫徹できないという労使間の構造的不均衡の問題をそもそも理解しておらず、勉強がたりません。

[17] 「過労死」や「過労自殺」の社会的実態やその法的分析あるいは社会学的分析については、例えば、斉藤貴男『強いられる死　自殺者三万人超の実相』（角川学芸出版、2009年）、熊沢誠『働きすぎに斃れて　過労死・過労自殺の語る労働史』（岩波書店、2010年）、伊原亮司「職場を取り巻く環境の変化と『うつ病』の広まり」『現代思想39巻2号』（青土社、2011年）228頁等。

[18] 睡眠時間が削れたとしても、自分が好きな仕事をやっていれば多少きつくても納得できます。しかし、本心ではやりたくない仕事を、誰かに強制され、仕事をやらされているという状況での睡眠不足は精神的にきついものです。そこに、追い打ちをかけるように、例えば、上司からのパワハラ・セクハラ等の言動がなされると一挙に追い詰められてしまうということです。

[19] 日研化学事件・東京地判平19.10.15労判950号5頁。

のガソリン代がもったいない」「お前は会社を食い物にしている、給料泥棒」「おまえは対人恐怖症やろ」「誰かがやってくれるだろうとおもっているから、何にも応えていないし、顔色ひとつ変わっていない」「病院の回り方がわからないのか、勘弁してよ。そんなことまで言わなきゃいけないの」「肩にふけがべたーとついている。おまえ病気と違うか」といった上司の叱責が原因であったとして労災認定[20]がなされています。昨今の雇用不安の状況を反映し、正社員、非正規社員を問わず、労働者を追い詰める言動が、さらに先鋭化、洗練化されています。このような状況は、たとえば、上司と部下といった関係だけではなく、部下から上司といった関係にも拡大しています。この問題は労働者個人間の問題ではなく、むしろ、ある職業集団による傷害、暴行、虐待を意味する「モビング」として、それを犯罪として処罰対象とするという方向でヨーロッパ諸国は立法措置を講じています[21]。

　過労死や過労自殺の問題は、自己責任や自己管理の問題ではなく、労働契約に内在する、使用者と労働者の非対等性の問題（労働契約の実質的非対称性）の問題に根ざして把握する視点が不可欠であることはいうまでもありません。

---

[20]　労働者災害補償保険法上、業務災害は「労働者の業務上の負傷、疾病、障害または死亡」と定義されます（同法7条1項1号）。しかし、同法においては業務災害の定義はありません。そのため、行政実務的には、労災認定（業務上外の認定）は①業務遂行性＝業務といえるかどうかと②業務起因性＝業務上といえるかどうかの2つの基準をみたす場合に認定するという方法をとっています。

[21]　モビング、職場いじめ、パワー・ハラスメントについては、原俊之「職場における『いじめ』概念の意義—ドイツ法における議論を素材に」山田省三・石井保雄編『労働者人格権の研究　下巻　角田邦重先生古希記念』（信山社、2011年）293頁、藤原稔弘「ドイツにおける『職場いじめ』と職場保持の法理」山田省三・石井保雄編『労働者人格権の研究　下巻　角田邦重先生古希記念』（信山社、2011年）315頁。

3. 第一電通事件最高裁判決の法理構成―過労自殺と使用者の損害賠償責任―

（１）第一電通事件の事実関係

　過労自殺は、自殺者が自らの命を絶つことであり、同じようなストレスにさらされても、全ての者が自殺するわけではありません。このことから、職場における過労やストレスによってある者が自殺した場合に、会社を道義的に責めることとは別に、法的責任を根拠づけるための説得力のある議論を展開することは、かつては、難問とされていました。この難問を法的に解決したのが、第一電通事件[*22]です。

　第一電通事件の事実関係は、つぎのようなものでした。昭和41年、AはXら（原告、被控訴人＝附帯控訴人、被上告人＝上告人）の長男として生まれました。Aは、健康かつ明朗快活、素直な性格で、責任感が強く、完璧主義的な傾向にありました。平成２年４月１日、Aは大学卒業後、Y社（被告、控訴人＝附帯被控訴人、上告人＝被上告人）

琉球新報 2000 年 3 月 15 日

[*22] 最二小判平 12.3.24 民集 54 巻 3 号 1155 頁。

に採用され、ラジオ局ラジオ推進部に配属されました。Y社では残業時間につき労働者の自己申告制がとられていました。Aは長時間労働により、うつ病に罹患し、異常な言動をするようになりましたが、上司らはAが休息できるような措置を何らとりませんでした。平成3年8月、Aは、八ヶ岳原村でのイベント終了後、自宅で自殺しました。

　Aの両親であるXらは、Aが異常な長時間労働によりうつ病に罹患し、その結果、自殺に追いやられたとして、Y社に対し民法415条または民法709条[*23]に基づき、約2億2,200万円の損害賠償を請求しました。

　第1審判決[*24]は、社会通念上許容される範囲をはるかに超える長時間労働の結果、Aがうつ病に罹患し自殺したものであり、Aの長時間労働とうつ病との間、うつ病とAの自殺との間に相当因果関係が成立するとし、Aの上司らがAの長時間労働および健康状態を知りながら労働時間を軽減する措置をとらなかったことにつき、Y社に安全配慮義務違反[*25]の過失があったとして、約1億2,600万の損害の支払を命じました。第2審判決[*26]は、1審判決を基本的に維持しましたが、①Aのうつ病親和的性格、②A自身も休息をとっていないこと、③業務の裁量労働的性質による適切な時間配分の可能性、④精神

[*23] 使用者に対する労災民事訴訟による損害賠償請求としては、債務不履行責任（民法415条）、不法行為責任（民法709条・715条）、土地工作物の設置または保存の瑕疵による損害についての所有者または占有者の責任（民法717条）の3つの法的構成がありえます。
[*24] 東京地判平8.3.28労判692号13頁。
[*25] 労働契約上、使用者は雇用する労働者に安全で健康に仕事を進めることができるよう配慮する義務を負っています（安全配慮義務・健康配慮義務）。このような義務は、現在では、労働契約法5条に定められていますが、このような義務は、陸上自衛隊八戸車両整備工場事件・最三小判昭50.2.25民集29巻2号143頁をきっかけに裁判例で形成されたものです。
[*26] 東京高判平9.9.26労判724号13頁。

科での受診・休暇取得可能性、⑤家族の対応、を勘案し、損害額の3割の過失相殺を認めました。Y社は安全配慮義務違反を、Xらは過失相殺の成立を、それぞれ否定して、上告しました。

(2) 第一電通事件最高裁判決

これに対して、最高裁判決は、以下のように判断しました。

判決要旨は、Y社の上告が一部棄却され、Xらの敗訴部分について一部破棄差戻しとなりました。その具体的な判示事項は、つぎのようなものです。

「使用者は、その雇用する労働者に従事させる業務を定めてこれを管理するに際し、業務の遂行に伴う疲労や心理的負荷等が過度に蓄積して労働者の心身の健康を損なうことがないように注意する義務」を負い、「使用者に代わって労働者に対し業務上の指揮監督を行う権限を有する者は、右注意義務の内容に従って、その権限を行使すべきである。」

「原審は、……Aの業務の遂行とそのうつ病り患による自殺との間に相当因果関係があるとした上、Aの上司であるB部長及びC班長には、Aが恒常的に著しく長時間にわたり業務に従事していること及びその健康状態が悪化していることを認識しながら、その負担を軽減させるための措置を採らなかったことにつき過失があるとして、Y社の民法715条に基づく損害賠償責任を肯定した」が、その判断は正当として是認できる。

「身体に対する加害行為を原因とする被害者の損害賠償請求において、裁判所は、加害者の賠償すべき額を決定するに当たり、損害を公平に分担させるという損害賠償法の理念に照らして、民法722条2項の規定を類推適用して、損害の発生又は拡大に寄与した被害者の性格等の心因的要因」を一定の限度で斟酌でき（最高裁昭和59年（オ）第33号同63年4月21日第1小法廷判決・民集42巻4号243頁参照）、この趣旨は労働者の業務の負担が過重であることを原因とする損害賠償請求においても基本的に同様に解すべきである。

第6講 「過労自殺」「過労死」について、法律学から考えてみると。

「企業等に雇用される労働者の性格が多様のものである……ところ、ある業務に従事する特定の労働者の性格が同種の業務に従事する労働者の個性の多様さとして通常想定される範囲を外れるものでない限り、その性格及びこれに基づく業務遂行の態様等が業務の過重負担に起因して当該労働者に生じた損害の発生又は拡大に寄与したとしても、そのような事態は使用者として予想」すべきである。「使用者又はこれに代わって労働者に対し業務上の指揮監督を行う者は、各労働者がその従事すべき業務に適するか否かを判断して、その配置先、遂行すべき業務の内容等を定めるのであり、その際に、各労働者の性格をも考慮」できる。「労働者の性格が前記の範囲を外れる者でない場合には、裁判所は、業務の負担が過重であることを原因とする損害賠償請求において使用者の賠償すべき額を決定するに当たり、その性格及びこれに基づく業務遂行の態様等」を心因的要因として斟酌することはできない。

「Aは、……独立の社会人として自らの意思と判断に基づきY社の業務に従事していた……。Xらが両親としてAと同居していたとはいえ、Aの勤務状況を改善する措置を採り得る立場にあった」とはいえない。原審の右判断には、法令の解釈適用を誤った違法がある。

そして、結論的には、差戻審で和解が成立し、Y社がXらに1億6800万円の支払いを行うことで、第一電通事件は終結をしました。

（3）第一電通事件最高裁判決の法的構成

第一電通事件最高裁判決の法的構成の特徴は、安全配慮義務違反による債務不履行責任の構成ではなく、不法行為責任の構成をとっているという点にあります。最高裁判決では直接的には言及されていませんが、第2審判決までは、たとえば、定期に行われていた職場での懇親会で上司の「靴でビールを飲ませる」といった上司の日常的悪質性が問題となっています。しかし、債務不履行責任構成（民法415条）によっては、Y社の安全配慮義務違反を問えたとしても、

上司の責任を追及することはできません。最高裁はこの問題を不法行為責任に基づいて構成することで解決しています。すなわち、Y社に対しては民法709条および民法715条を適用することで、上司に対しては民法715条を適用すること――Y社の履行補助者であるAの直属上司であるB部長および班長CがAの健康状態悪化を知りながら業務の量などを適切に調整するための措置を採らなかった点に過失を認めること――で、Y社と上司のそれぞれの責任追及を肯定しています[*27]。

　ここで、債務不履行責任と不法行為責任の構成上のメリット、デメリットを見ていきます。まず、消滅時効については、債務不履行責任構成は10年となりますが、不法行為責任構成は3年となりますから[*28]、前者の構成の方が、被災者や遺族にとって、メリットがあります。しかし、遺族固有の慰謝料請求は、債務不履行構成では認められませんが、不法行為責任構成では認められます。また、債務不履行構成では損害遅延金の起算点は事故発生時ではなく、請求時が基準になるので、被災者や遺族にとって、不利となります。こうしたこともあって、昨今の労災民事訴訟においては、時効の問題をクリアーできる場合には、被災者や原告の遺族側は、債務不履行構成と不法行為構成の双方を主張することになります。そして、裁判所は両者のうち、原告にとって有利な方を選択しています。

[*27]　上田達子「ストレス関連疾患の法的救済―補償と賠償の課題―」日本労働法学会誌109号（2007年）47頁に基づけば、その後の裁判例においては、最高裁の述べた、心身の健康を損なわないよう注意するという不法行為上の注意義務は、その後の過労自殺をめぐる判例において、健康配慮義務として安全配慮義務の内容として事案ごとに微妙な差異はあるものの形をかえながら援用されているとの指摘がされています。
[*28]　民法167条および民法724条を参照してください。

(4) 相当因果関係（法的因果関係）について

　一般的にいえば、自殺には本人の意思が介在しますから、当然に長時間過重労働と自殺との因果関係が肯定されるわけではありません。電通事件最高裁判決は、過重な労働負担とうつ病罹患と自殺との関連につき「長期の慢性的疲労、睡眠不足、……ストレス等によって、抑うつ状態が生じ、反応性うつ病にり患することがある」とし、うつ病と自殺との関係については「うつ病にり患した者は、健康な者と比較して自殺を図ることが多く、うつ病が悪化し、又は軽快する際や、目的達成により急激に負担が軽減された状態の下で、自殺に及びやすい」という精神医学的知見に基づいて、「Aの過重労働→うつ病→自殺」という因果関係の連鎖を認め、かつ予見可能性に言及することなく相当因果関係（法的因果関係）を肯定しました。

　同様に、労災認定においても、職業性疾患[29]としての、うつ病などの精神障害罹患の結果としてなされる、過労自殺の業務起因性（因果関係）の確定は難問となっていました。なぜなら、自殺は自発的意思でなされるものですし、労働者災害補償保険法12条の2第1項は「労働者が故意に障害や死亡を生じさせたときは政府は保険給付を行わない」と定めていることからも、「業務→死亡との間の因果関係」は切断されるものであると、従来、考えられてきたからです。最近では、電通事件最高裁の裁判例に代表されるような仕事上のストレスによる、うつ病などの精神障害の発症と過労自殺をめぐる、労災民事訴訟の増加を反映し、業務による心理的負荷によって精神障害を発症した者が自殺した場合は、厚生労働省は、原則として、「故意」には該当しないとしており、

---

[29] 労働災害には、災害（や事故）によって発生する災害性の負傷や災害性の疾病と災害（や事故）を媒介としない職業性疾病がある。過労死や過労自殺は、典型的な職業性疾病である。

旧労働省が策定した「心理的負荷による精神障害等に係る業務上外の判断指針」（平19・9.14基発544号）に基づいて、①発症前6ヶ月間に業務による強い心理的負荷が認められること、②業務以外の心理的付負荷および（例えば、既往歴や生活傾向などの）個体側の要因により精神障害が発症したと認められないことが、認められれば、業務起因性と認定されることになりました。

（5）過失相殺の法理について

　第一電通事件高裁判決が、①Aのうつ病親和的性格、②A自身も休息をとっていないこと、③業務の裁量労働的性質による適切な時間配分の可能性、④精神科での受診・休暇取得可能性、⑤家族の対応を勘案し、3割の過失相殺[*30]を行ったことは前述しました。

　これに対して、電通事件最高裁判決は、被害者の性格・心因的要素につき、通常の範囲を超えるものでない限り、その性格や業務遂行の態様などを心因的要因として斟酌できないこと、および独立した社会人たるAについて両親の対応を斟酌できないとし、過失相殺を認めた原審を破棄しました。その後の判例では本判決を引用し、賠償額の減額を認めず全額の支払いを命じる判例法理が集積しています[*31]。

　一方、本人の性格等心因的要因、本人の日常の生活態度や家族の対応等を斟酌し、減額を行う判決も認められます[*32]。このような判例のあり方に、学説上、偶発的かつ一回的に生じた交通事故に起因した被害者の自殺と継続的な雇用関

[*30] 債務不履行の過失相殺については民法418条、不法行為の過失相殺については民法722条2項を参照してください。
[*31] 例えば、エージーフーズ事件・東京地判平17.3.25労判893号18頁、社会保険庁（うつ自殺）事件・甲府地判平17.9.27労判904号41頁、スズキ（うつ病自殺）事件・静岡地浜松支判平18.10.30労判927号5頁、山田製作所（うつ病）事件・福岡高判平19.10.25労判955号59頁等。

係から惹起された過労自殺を同一視すべきでないとの観点から批判がなされています。オールオアナッシングの労災認定に比べると、民事損害賠償はより柔軟な被災者救済を図りうるが、「過失相殺(ないし同類似)の法理」による減額という調整手段は保持するということなのでしょうか。いかなる事由をどの程度、減額割合として反映させることが認められるのか、それともそもそもそれは認められないのか、過失相殺事由に関するより精緻な判断基準が確立される必要があります。

4.「新しいタイプのうつ病」罹患と使用者の安全配慮義務

最近、過労自殺の事案において典型的に認められる、「真面目、几帳面、熱心、責任感が強い、他者への配慮」といった病前性格と親和性のある「典型的なうつ病」とはかけ離れた、労働者の立ち振る舞いに会社側が苦慮するという、「新しいタイプのうつ病」が注目されています。「新しいタイプのうつ病」は、「自分を責めずに、他者を攻める傾向が強い」、あるいは仕事中だけ「うつ病」を発症するというもので、20代から30代の若い世代の労働者において急増しており、現在、こうした患者がうつ病患者の4割前後を占めているとのことです[33]。「新しいタイプのうつ病」には、たとえば、「逃避型うつ病」、「未熟型うつ病」、

---

[32] 例えば、東加古川幼児園事件・最判3小決平12.6.27労働判例795号15頁、みくまの農協(新宮農協)事件・和歌山地判平14.2.19労判826号67頁、三洋電機サービス事件・東京高判平14.7.23労判852号73頁、川崎市水道局(いじめ)自殺事件・東京高判平15.3.25労判849号87頁、積善会(十全総合病院)事件・大阪地判平19.5.28労判942号25頁等。最高裁は、NTT東日本北海道支店事件・最一判平20.3.27労判958号5頁において、Aの急性心筋虚血による死亡にかかわる民事損害賠償請求事案においてAの基礎疾患につき身体的素因として素因斟酌を行ったことからも、労災事故事案と交通事故事案を峻別していないようにも見受けられます。

[33] 朝日新聞2008年5月17日。

「非定型うつ病」、「ディスチミアうつ病」等、多様な病名が存在しています*34。その特徴としては、①過眠・過食、②鉛様疲労感、③不安・抑うつ発作、④フラッシュバック、⑤拒絶過敏性（他人の言動にひどく敏感になり、激しく反応する）、⑥気分反応性（少しでもいやなことには、気分がひどく落ち込む）等、があるそうです*35。

　富士通四国システムズ（FTSE）事件（大阪地判平20.5.26労判973号76頁）は、「新型うつ病」にかかわり、若手SEのXがうつ病を発症したのは、Y社の過重な労働が原因であったとして、Xの病気を理由とする休職期間中の休業補償にかかわる損害賠償を請求した事案です。判決は、Xの一連の勤務状況—例えば、月に5回程度無断欠勤したり、午後11時ないし正午頃に出勤し、その場合には夜遅く時には早朝近くまで勤務したり、上司がそのような場合は休んだ方がいいとの指導に対して、Xは当時同じ事業所に勤務する交際相手の女性のEと昼食をとるのを楽しみにしているだからそのようなことは言わないでほしい旨述べる等—への対応に会社が苦慮する実態を認定しながらも、Xの「一連の行動には、意欲的、積極的な要素が認められ、興味の喪失、活動性の減少等に代表されるうつ病の状況とは必ずしも整合」しないが、Xの資質が主たる原

---

*34　中村正史編『AERA LIFE 新版　職場のうつ　復職のための実践ガイド』（朝日新聞出版、2009年）55頁。
*35　貝谷久宣監修『非定型うつ病のことがよくわかる本』（講談社、2008年）。
*36　1972年に労働安全衛生法は労基法などから独立するかたちで制定されました。労働安全衛生法は、労基法とともに、安全と衛生の最低基準を設定します。その目的は、職場の労働者の「安全と健康」を確保し、快適な職場環境の形成を促進することです（1条）。履行確保手段としては、行政的監督と事業者に向けられた両罰規定を伴う刑罰を用意しています（90条以下、116条以下）。事業主には、①安全衛生管理体制の確立、②労働者の危険または健康障害を防止するための措置、③労働者の就業にあたっての措置、④労働者の健康保持増進のための措置、⑤快適な職場環境の形成のための措置等が義務づけられます。労働者にも労災防止の措置に協力する努力義務（4条）、②の事業主が講じた措置への遵守義務（26条）等を課しています。

第 6 講 「過労自殺」「過労死」について、法律学から考えてみると。

因となって、X の症状が発生したと考えることはできないとし、Y 社の安全配慮義務違反と損害賠償を認めています。

このように、今日の労働の現場においては、精神医学の知見の進化あるいは深化に伴って、従来、想定されなかった、新しい精神障害の類型も出現しています。今後、企業としては、働きすぎや多様なストレス等から惹起される過労死や過労自殺とともに「新しいタイプのうつ病」にも対応した、雇用管理やメンタルヘルス対策への取り組みが、新たに要請されることになるでしょう。そして、労働災害としての過労死や過労自殺の事前予防のための法律である「労働安全衛生法」[*36] が、ますます重要な機能をもつことになるでしょう[*37]。

[*37] 同法の第 7 章（64 条から 71 条）は、事業主に④労働者の健康保持増進のための措置、具体的には、作業環境管理、作業管理、健康管理といった、労働衛生の基本対策の「三管理」と生活習慣病予防のための「健康保持増進措置」を定めています。今日の「働きすぎの時代」では、とりわけ、健康診断の実施とその結果の労働者本人への通知、健康診断結果の医師などの意見聴取、特に必要がある労働者への保健指導といった、健康管理が注目されます。たとえば、事業主には、健康診断実施後、医師等の意見聴取などを行ったうえ、必要がある労働者に対して、就業場所の変更、作業の転換、労働時間の短縮、深夜業の回数の減少などの措置を講ずること（66 条の 5）、一定時間を超えた時間外労働時間等を行った労働者を対象とした医師による面接指導等が、義務づけられています。

| 第 7 講 |

「マタハラ」「パワハラ」「セクハラ」なんかを職場で見てしまうと、「イライラ」するやっさー。

1. 日本でも様々なハラスメントがあるようですが……。

　現在の日本では、例えば、モラハラ（モラルハラスメント：言葉や言動による精神的虐待）、オワハラ（就活終われハラスメント：企業が学生に内定と引き換えに就職活動を終わるように迫ること）、エイハラ（エイジハラスメント：年齢による嫌がらせ）、アルハラ（アルコールハラスメント：お酒の一気呑みの強要）、スモハラ（スモークハラスメント：職場等で自己の意思に反して喫煙者が非喫煙者に喫煙を強要したり、煙草の煙にさらされる等の嫌がらせ行為）等、実に様々なハラスメントが蔓延しています。このほかにも、スメハラ（スメルハラスメント）、ジェンハラ（ジェンダーハラスメント）、シルハラ（シルバーハラスメント）、マリハラ（マリッジハラスメント）、ラブハラ（ラブハラスメント）……なんと全部で32種類[*1]もあるそうです。いやいや、21種類[*2]だとか41種類[*3]だとか主張するものもあり、本当の数は一体いくらあるのでしょ

[*1] http://business-textbooks.com/harasssment32/
[*2] http://raiseafam.com/hrassment-21/
[*3] http://writer-d.com/communication/thinking-10

第7講 「マタハラ」「パワハラ」を職場で見てしまうと

うか。

　つぎのような新聞記事を見てみましょう。この記事のように、社会のあらゆる場で強者が弱者に仕掛けるハラスメントについて論じてみたいのですが、ここでは、労働法の問題を取り扱っていく

琉球新報2018年2月6日

ことにします。職場の3大ハラスメントは、パワハラ（パーワーハラスメント）、セクハラ（セクシャルハラスメント）、マタハラ（マタニティハラスメント）です。パワハラ、セクハラは、ずいぶん浸透してきたように思います。「それって、パワハラですよ！」とか「それって、セクハラですよ！」と被害者が訴えても、その後もこのような行為がやまないようなら、例えば、ICレコーダーでこっそりと録音しておきましょう。その後の問題解決に大きく役立つことになるでしょう。

　「マタハラ」に関しては、それにかかわる法的規制が存在していながらも、長らく関係者の理解も乏しくその実効性がほとんど確保されてきませんでした。しかし、大きく流れが変わりつつあります。このため、ここでは、「マタハラ」問題を中心に取り扱っていきます。「マタハラ」「イクハラ（育児ハラスメント）」「パタハラ（パタニティハラスメント）」「ケアハラ（介護ハラスメント）」の問題は、家庭責任を担う、男女労働者に共通する問題です。このため、単純に法的規制の拡充を図ればよいわけではなく、日本の職場における長時間労働や性

的役割意識の本格的な見直しと根源的問題を解決する必要があります。例えば、男性労働者が4人目の子どもができたとして、育児休暇をとったと仮定します。皆さんが同僚だったら、「男のくせに育休を取るのか。」とか「職場復帰後の出世は望めんな。」とか「お前が休んでいる間、こっちはどんだけ苦労してたと思うんだ。」と、なんとなく・悪気がなく発言してしまうことはありませんか？そして、このような発言をしたことが気まずくなって、継続的にその労働者と会話が途絶えたとします。これが典型的な「パタハラ」です。とはいえ、これに係る裁判例はいまだ存在しているわけではありません。法による解決は、今後、始まっていくことになるでしょう。

2．マタハラとは

（1）マタハラの社会的実態

　少子高齢化時代の日本において労働の担い手として女性労働者の活用や女性活用推進が提唱されています。もっとも、女性労働者において非正規労働者の割合が高く、また、妊娠・出産をきっかけに正規女性労働者も含めてその約半数が退職してしまうという実態があります[*4]。この実態の背景には、法的紛争発生前に女性労働者側から職業生活と家庭生活の両立に困難を感じてしまう等の理由から、民法627条1項に基づいて、自らやめて（退職して）しまうという問題[*5]、有期労働契約を締結しているため、その立場の弱さから声をあげたくてもあげられない多数の女性労働者がいるという問題が存在します[*6]。このような問題に関連して、妊娠・出産にかかわる、マタハラが、近年、注目を集めています[*7]。

　マタハラとは、①働く女性が妊娠・出産をきっかけに職場で精神的・肉体的な嫌がらせを受けたり、②妊娠・出産などを理由にした解雇、雇止め、自主退職の強要で不利益な取扱いを意味する言葉です[*8]。①の精神的・肉体的な嫌がらせとしては、例えば、同僚から無視されたり、職場における大事な情報を共

有してもらえなかったり、妊娠中にわざと重い荷物を持たされたりするなどのいじめのような行為があります。②の不利益を被る取扱いとしては、例えば、解雇や契約更新の拒絶、退職強要、正社員からパート等の非正規への雇用形態

---

*4　国立社会保障・人口問題研究所「第 15 回出生動向基本調査(夫婦調査)」(2015 年)。
*5　三菱 UFG リサーチ＆コンサルティング「平成 27 年仕事と家庭の両立支援に関する実態把握のための調査研究事業報告書」に基づけば、妊娠・出産を契機として退職した理由のうち「自発的に辞めた」が 29％、「両立が難しかったので辞めた」が 25.2％となっています。「両立が難しかったので辞めた」においての具体的理由は、①勤務時間があいそうもなかった (56.6％)、②自分の体力がもたなさそうだった (39.6％)、③職場に両立を支援する雰囲気がなかった (34.0％)、④子どもの病気等で度々休まざるを得なかった (26.4％)、⑤会社に産休や育休の制度がなかった (34.0％)、⑥つわりや産後の不調など妊娠・出産にともなう体調不良のため (20.8％)、⑦保育園に子どもを預けられそうもなかった(預けられなかった) (17.0％)となっています。
*6　中野円佳『育児世代のジレンマ　女性活用はなぜ失敗するのか？』(光文社、2014 年)は、出産後も就労継続を目指し男性と同等の仕事に就いた、正規女性労働者である総合職女性が仕事をする気満々に見えて妊娠・出産・育児にかかわる法制度が整っていたにもかかわらず、出産後に仕事を辞めてしまったり、育児重視にシフトし仕事に熱意を失う諸要因について分析しています。後者の問題は、「マミートラック」といわれ、女性が産休・育休後に復職できても、仕事と育児の両立のために、不本意にも出世から外れた仕事を選択せざるを得ないというキャリアコースの問題です。子育て中の女性は保育園の送迎等で労働時間短縮を選ばざるを得ず、残業がない補助的業務を割り当てられることも多いでしょう。その結果、昇進が遠のいたり、窓際の部署をたらいまわしにされた挙句、望まない処遇に幻滅して辞職の道を選んでしまうことにもつながります。正規女性労働者さえも雇用継続が困難である状況において、非正規女性労働者の雇用継続にはさらなる壁があることはいうまでもありません。
*7　2014 年 12 月「ユーキャン新語流行語大賞」「新語流行語 10」に選ばれ、「マタハラ」という言葉は社会的にも注目を集めました。マタハラ問題を取扱った文献として、例えば、杉浦浩美『働く女性とマタニティ・ハラスメント―「労働する身体」と「産む身体」を生きる』(大月書店、2009 年)、小林美希『ルポ　産ませない社会』(河出書房新社、2013 年)、圷由美子「マタハラ問題が投げかける本質的問題提起～『ダイバーシティ』のあるべき姿と課題～」季労 253 号 64 頁を参照してください。
*8　マタハラの社会学的な定義あるいはその実態については、小酒部さやか『マタハラ問題』(筑摩書房、2016 年) 9 頁以下。

変更を強要される、降格や減給、賞与査定を下げられること、時短勤務の申請を拒否されるなど、就労環境を阻害される一連の行為があります。

　被害者支援団体マタハラNetの分類に基づけば、マタハラには、①昭和の価値観押し付け型(「子どもの事を第一に考えないとダメだろう」「君の体を心配して言ってるんだ」等)、②言葉によるいじめ・無視型(「迷惑なんだけど」「休めていいよね」等)、③パワハラ型(「時短勤務なんて許さない」「夕方帰る正社員なんていらない」等)、④追い出し型(「子どもができたらやめてもらうよ」「妊婦を雇う余裕はうちの会社にはない」等)の4類型があります。

　この分類から、マタハラは使用者の解雇や退職強要といったわかりやすい法的行為だけではなく、その影で行われる、経営層・上司・同僚・部下といった様々な職場関係者からの陰湿で侮辱的・強迫的な言動が伴っているという特徴があります。これまで、日本の企業では、①勤務地、②職務、③労働時間の「無限定」な正社員という働き方が大きなウエートを占めており、配置転換に容易に応じ、多様な部署で長時間労働をいとわず、その存在を企業社会の中に融解させた働き方や非正規社員の中にも生活のため

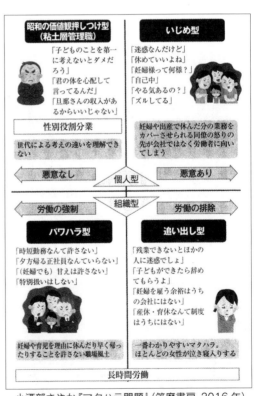

小酒部さやか『マタハラ問題』(筑摩書房、2016年)87頁の図から引用

に長時間労働を通じて企業に没入するという働き方が主流でした。このような働き方をスタンダードとするならば、性役割分担を担うため、妊娠・出産にかかわり業務軽減を求め、育児休業を取得し、復職後も時短勤務を取得することで、フルタイム労働や長時間労働に応じない女性労働者は異質で特異な存在として目立つことになります。「異質で特異な存在を排除する」という同調圧力が職場に蔓延すると、「日常的な職場におけるコミュニケーション」を通じて、職場からのこのような存在を排除しようとする雰囲気が広がることになります。この結果、使用者が女性労働者の妊娠・出産・育児を理由とした解雇を行うまでもなく、経営層・上司だけではなく、同僚・部下からの無自覚な言動と[*9]、さらには醜悪な言動によって[*10]、このような女性労働者を辞職に追い詰められていくことになります。

[*9] 小酒部・前掲注（8）86頁以下では、例えば、「同時に育休を取らないように、女性社員同士で産む順番を決めろ」「妊娠は病気でない」「妊娠しても他の社員と同じように働いてもらう」「家に帰って奥さんと子どもがいないのは、旦那さんが嫌がるだろう。オレだったら嫌だ」「休んで、母親としての仕事をちゃんとしろ」「妊婦はおウチでのんびりしていればいい」「重いものを持ったり、みんなと同じことができないなら、辞めてくれない？ いてもらわなくてもいいわ！」「周りにしわ寄せがきて、みんなが迷惑している！」「短時間勤務をとりたいという人は、うちの職場にはいない。みんな近所に引っ越したりして仕事をしている。短時間勤務をとれる職場ではない」といった発言が紹介されています。

[*10] 小酒部・前掲注（8）170頁以下では、マタハラ被害者にかかわる実態調査において、マタハラの相手方から一番傷つけられた言葉は何であったのかという質問に対する解答例が示されています。例えば、「相談なしに妊娠するな」「堕ろす覚悟で働け」「妊娠するとわかっていたら、君なんか雇わなかった」「妊娠したの？ 迷惑だ」「あなたがどうなろうが私は知らない。妊娠は自己責任だ」「会社に妊婦がいるなんて嫌だから堕ろせば？」「頭をさげろ。謝罪しろ。覚悟しろ」「子どもを堕ろさないなら仕事は続けさせられない」「子供なんか」「だから女性は雇いたくなかった」「産むなら辞めて。堕ろすのは簡単。10 数えたら終わっているから」といった発言が紹介されています。

(2) マタハラ問題の実態

　マタハラ問題は、一見、女性の妊娠・出産に限定されたハラスメントのようにも見えます。しかし、実際には、育児の場面ではイクハラ[*11]あるいはパタハラ、介護の場面ではケアハラ（介護ハラスメント）といった家庭責任を抱える男女労働者に共通する普遍的な政策的課題です[*12]。さらに、マタハラ問題は、女性のライフイベントに着目すると、結婚・妊娠・出産・育児といった一連の連続したライフサイクルにおける「職業生活」と「家庭生活」の両立にかかわる問題のうち、妊娠・出産に関連する局面の問題となります。根本的な問題解決のためには、女性の社会的活躍の機会がこれらの一連のライフサイクルのどの段階で阻害されているかについて、個別的に検証した上で包括的な政策課題として検証する必要があると思います[*13]。ここでは、このうち、産休・育休にかかわるふたつの新聞記事を見ていくことにしましょう。女性労働者が産休・

[*11] イクハラには、マタハラと重複する問題領域が多く認められますが、ここでは考察対象から除外します。イクハラの関連裁判例として、例えば、東朋学園事件（最1小判平15.12.4労判862号14頁）、大阪府板金工業組合事件（大阪地判平22.5.21労判1015号48頁）、コナミデジタルエンタテインメント事件（東京高判平23.12.27労判1042号15頁）、医療法人稲門会事件（大阪高判平26.7.18労判1104号71頁）、出水商事事件（東京地判平27.3.13労判1128号84頁）、国家公務員共済組合連合会ほか（C病院）事件（福岡地小倉支判平27.2.25労判1134号87頁）、社会福祉法人全国重症心身障害児（者）を守る会事件（東京地判平27.10.2労判1138号57頁）等があります。
[*12] 新村響子「マタニティ・ハラスメント～防止と対処に関する実践と課題～」季刊・労働者の権利319号（2017年）29頁。
[*13] 例えば、子どもが小学生に上がれば育児もひと段落すると思われがちですが、さらに「小1の壁」という問題が待ち構えています。中村東吾『誰が「働き方改革」を邪魔するのか』（光文社、2017年）41頁には、「子どもが夏休みに入ると、近隣に面倒を見てくれる親や親戚、保育ママがいなければ、加えて学童保育にも頼ることが出来なければ、子どもは必然的にずっと家で時間を過ごすことになる。すると親は、大切な育児期に子どもをひとり家に残すことに違和感を抱くようになり、『自分が仕事を続けていいのだろうか』と自問自答するようになっていく」「一度、自責の念に駆られると、その社員はほぼ辞めてしまう」という指摘があります。

第7講 「マタハラ」「パワハラ」を職場で見てしまうと

琉球新報 2017年6月30日　　琉球新報 2017年9月1日

育休を取得するに際しての、上司や同僚といった職場の反応を気にかけていることが読み取れます。さらに、2016年の男女雇用機会均等法（以下、均等法）に関する沖縄労働局の雇用環境・均等室の指導件数が過去最高を示し、前年比2倍の208件となっていること、その指導内容は、妊娠中の労働者が勤務中に健康診断を受ける時間を確保する措置である「母性健康管理措置」が85件、「セクハラ」が82件、「妊娠・出産等ハラスメント」が35件となっていることが読み取れます。

(3) マタハラ問題と法的定義と最高裁判決の登場

　近年、マタハラにかかわる注目すべき最高裁判決が出現し、それに連動した

171

一連の法政策の展開が認められます。しかし、実は、明確なマタハラの法的定義が確定しているわけではありません。このため、弁護士の立場から、マタハラの法的定義について、「職場における女性に対する、妊娠・出産等を理由とする解雇・雇止め等の不利益取扱い」（Aタイプ）と「職場における女性の妊娠・出産等にあたり、精神的・身体的苦痛を与えること又は職場環境を害する言動」（Bタイプ）の二つのタイプに整理してその法的救済の実効性を模索する主張がなされています[*14]。このような整理に基づけば、Aタイプは「事業主の処分マタハラ」として、均等法9条3項とパラレルな関係にあり、Bタイプは「同僚らの言動マタハラ」とパラレルな関係になります。均等法9条3項は、事業主が女性労働者につき、妊娠、出産、産前休業の請求、産前産後の休業その他の妊娠又は出産に関する事由であって厚生労働省令で定めるものを理由として解雇その他の不利益な取扱いをしてはならない旨を定めています。その射程は、解雇といった労働契約の終了事由だけではなく[*15]、人事処遇上の様々な不利益取扱を幅広く含んでいます。さらに、女性労働者を企業外に放逐する解雇が「マタハラ問題の本丸」である点を考慮して、同条3項と重畳的に、特に妊娠・出産については、同条4項が「妊娠中の女性労働者及び出産後一年を経過しな

[*14] 圷由美子「マタハラ最高裁判決の意義と今後の課題」季刊・労働者の権利309号27頁（2015年）。
[*15] 解雇や退職合意の存否といった労働契約の終了事由にかかわる、TRUST事件（東京地立川支判平29.1.31労判1156号11頁）において、判決は、退職は一般的に、労働者に不利な影響をもたらすところ、「均等法1条、2条、9条3項の趣旨に照らすと、女性労働者につき、妊娠中の退職合意があったか否かについては、特に当該労働者に自由な意思に基づいてこれを合意したものと認めるに足りる合理的な理由が客観的に存在するか慎重に判断する必要がある」と判断し、労働者の退職を否定しています。同様に、正光会宇和島病院事件（松山地宇和島支判平13.12.18労判839号68頁）においても、判決は妊娠を理由とする雇止めが、妊娠・出産を理由とする解雇等を禁止した旧均等法8条3項および4項に違反し、無効と判断しています。

い女性労働者に対してなされた解雇は、無効する。ただし、事業主が当該解雇が前項に規定する事由を理由とする解雇でないことを証明したときは、この限りではない」との規定を用意しています[*16]。

広島中央保健生協（C生協病院）事件[*17]は、理学療法士である女性労働者が労働基準法（以下、労基法）65条3項[*18]に基づく、①妊娠中の女性の請求による軽易業務への転換を契機として副主任への降格が行われたこと、②その後、産後休業・育児休業を経て職場復帰したが復帰後も降格前の職位に任ぜられなかったことが、妊娠・出産等を理由とする不利益取扱いの禁止を定めた均等法9条3項に違反するか否かが争点となった事案です。この事件は、均等法9条3項にかかわる人事処遇上の不利益取扱についての最高裁判決であり、マタハラを含めた、「妊産婦保護法制」ともいうべき法秩序形成に多大な影響を与えています[*19]。

最高裁判決は、均等法9条3項の規定が強行規定であることを確認し、「妊娠、出産、産前休業の請求、産前産後の休業又は軽易業務への転換等を理由として解雇その他不利益な取扱いをすることは、同項に違反するものとして、違法であり、無効である」と述べ、降格処分等を否定しています。さらに、判決

[*16] 均等法9条4項にかかわる初めての裁判例である、ネギシ事件（東京高判平28.11.24労旬1888号66頁）は、妊娠中の外国人労働者が使用者に妊娠を告げてからわずか2か月後に、それまで指摘されたこともなかった協調性・適格性の欠如を理由に解雇された事案です。地裁判決は解雇無効、高裁判決は解雇有効と判断していますが、結論はともかく、地裁・高裁判決ともに、均等法9条4項にかかわる実質的判断を回避しており、法理論的に問題を孕んでいると思います。この事件の判例研究として、滝原啓充「妊娠中の労働者に対する解雇の有効性」労働法学研究会報2649号20頁があります。
[*17] 最一小判平26.10.23労判1100号12頁。
[*18] 労基法65条3項は、「使用者は、妊娠中の女性が請求した場合においては、他の軽易な業務に転換させなければならない」と規定しています。

は「女性労働者につき妊娠中の軽易業務への転換を契機とて降格させる事業主の措置は、原則として同項の禁止する取扱いに当たると解される」との原則を示して、その例外として、①「当該労働者が軽易業務への転換及び上記措置により受ける有利な影響並びに上記措置により受ける不利な影響の内容や程度、上記措置に係る事業主による説明の内容その他の経過や当該労働者の意向等に照らして、当該労働者につき自由な意思に基づいて降格を承諾したものと認めるに足りうる合理的な理由が客観的に存在するとき」、または、②「事業主において当該労働者につき降格の措置を執ることなく軽易業務への転換をさせる

---

*19　この最高裁判決を受けて、行政解釈（平成27年1月23日雇児発0123第1号）が策定されており、今後、理論的・実務的に大きな影響を与えることになるでしょう。あわせて、平成29年1月1日施行の法改正により、均等法11条の2に、新たに、マタハラに対する事業主の措置義務を定めた条文が新設されています。事業主の措置義務に係る条文とあわせて、現在、以下に図に示すように、均等法9条3項を中心として一連の「妊産婦保護法制」ともいうべき法秩序が拡充されています。3．マタハラと妊婦への健康配慮義務でのべる事件は、この図のうち、「⑧妊娠中の簡易業務転換、請求、取得（労基法65条3項）を理由とする」「ヘ　就業環境を害すること」に該当する事案と評価されることになるでしょう。

圴由美子「マタハラ最高裁判決の意義と今後の課題」季刊・労働者の権利309号29頁（2015年）から引用。

ことに円滑な業務運営や人員の適正配置の確保などの業務上の必要性から支障がある場合であって、その業務上の必要性の程度及び上記の有利又は不利な影響の程度に照らして、上記措置につき同項の趣旨及び目的に実質的に反しないものと認められる特段の事情が存在するときは、同項の禁止する取扱いに当たらないものと解するのが相当である」として、妊娠中の女性の請求による軽易業務への転換を契機としてなされた副主任への降格処分が違法になる場合の違法の線引きを行っています。

この判決の意義は、均等法9条3項が「理由として」という文言を用いていることについて、妊娠・出産等を「契機として」なされた不利益取扱いは原則として同条同項で禁止される不利益取扱いにあたり、違法・無効であるとした点にあります。「契機として」とは、「きっかけ」であると理解されることから、例外である①あるいは②の存在を使用者が立証しなければ均等法9条3項違反は覆せないということになり、事実上、使用者側に立証責任が課されたことになります[20]。

3. マタハラと妊婦への健康配慮義務

ここでは、妊娠中の介護労働者に対するマタハラと妊婦への健康配慮義務が

---

[20] 山田省三「男女雇用機会均等法九条四項の解釈について」労旬1888号12頁（2017年）は、均等法9条3項と同法9条4項の解釈について詳細に論じています。
[21] ツクイほか事件・福岡地小倉支判平28.4.19労判1140号39頁。この事件では、業務別に賃金が異なることについて合意していないという、④業務別の賃金合意の有無および効力および⑤未払賃金も争点となっています。判決はXの合意の存在を認め、Xの請求を棄却して、Xの未払賃金の請求には理由がないと判断していますが、これらの点は主要な論点ではないので検討は行いません。なお、同様な類型として位置づけられる・シュプリンガー・ジャパン事件・東地判平29.7.3労経速2332号3項も登場しています。

問題となった興味深い事件[21]を見ていくことで、労働契約上、使用者は妊産婦にどのような法的義務が課されているのかを確認していきましょう。

(1) 事実の概要

　Y社は介護サービス等を業とする会社です。Y1はY社の従業員であり、平成24年6月1日以降、送迎付きの通所介護（デイサービス）を行うA営業所の所長でした。A営業所では、1日に25名から30名ほどの利用者が通所し、介護職員3名から4名が対応し、相談員や看護師も就労していました。平成21年4月頃、XはY社に有期契約で雇用され、その後も雇用継続され、A営業所で介護職員として就労していました。妊娠前、XはY1に、1日の勤務時間を減らさないでほしいと希望し、1日に10時間を超えて勤務することもありました。平成25年8月1日、Y1はXから妊娠した（当時妊娠4ヵ月）との報告を受け、上司からXと話をして担当業務のうち何ができて何ができないか確認するようにとの指示を受けました。9月13日、Y1はXと面談し、業務を一つずつ挙げて出来る業務と出来ない業務を確認しました。XはY1に、医師から重たいものを持てない、長距離を歩かない、高いところから物を下ろさない、手を上に上げない等の指導を受けていること、介護業務の中で体操やレクレーションは手を高く上げない範囲で可能であること、入浴や衣服の脱着は控えたいこと、歩行介助は可能であるとして業務軽減を求めました（以下「本件9月面談」）。

　Xができない業務が多いという感想を漏らしたところ、Y1は歩行介助も危険があるのではないかということを指摘した後、「何よりも何ができません、何ができますちゅうのも不満なんやけど、まず第一に仕事として一生懸命していない人は働かなくてもいいと思ってるんですよね」「仕事は仕事やけえ、ほかの人だって、病気であろうと何であろうと、仕事っちなったら、年齢も関係ないし、資格がもちろんあるけど、もう、この空間、この時間を費やすちゅう

ことに対しての対価をもらいよるんやけえ、やっぱり、うん、特別扱いは特にするつもりはないんですよ」「万が一何かあっても自分は働きますちゅう覚悟があるのか、最悪ね。だって働く以上、そのリスクが伴うんやけえ」「妊娠がどうのとか、本当に関係なく、最近の自分の行動、言動、いつも、ずっとずっと注意されよったことを、もう一回思い出してもらって、取り組んでもらって、それが改善が見えない限りは、本当にもう、全スタッフ一緒ですよね。更新はありませんちゅうのは、そういうことですよね。」「本当にこんな状態で、制服も入らんような状態で、どうやって働く？」「きついとか、そんなものもあるかもしれんけど、体調が悪いときは体調が悪い時で言ってくれて結構やし。やけど、もう、べつに私、妊婦として扱うつもりないですよ。こういうところはもちろんね、そうやけど、人として、仕事しよう人としてちゃんとしてない人に仕事はないですから」等と述べました（以下「本件発言」）。面談終了時に、Y1はXにできる業務とできない業務を再度医師に確認して申告するように指示しました。本件9月面談後、Y1は上司に何ができるかできないかを明確に聞くことができなかった旨報告し、Xや他の職員に対し、Xの業務内容の具体的な変更を指示することはありませんでした。本件9月面談後も、Xは機械を使用した入浴介助や車いすを抱えて階段昇降を行う送迎等の業務を行い、体調が悪い時には他の職員に依頼して代わってもらっていました。

12月3日、XはY社B圏本部長C（以下「C本部長」）および同Dエリア統括E（以下C本部長と併せて「C本部長ら」）に、1日10時間の労働はきつい、送迎業務は近場にして欲しい等述べて、再度、業務軽減を要望しました（本件12月面談）。同日以後、C本部長らはXの業務の送迎について車いす等を運ばない近場に限るとの変更をしました。同月4日、Xは受診していた産婦人科医院の医師から、切迫早産のため、安静・加療が必要との診断を受けました。本件12月面談後、Xは自動車で片道15Kmの場所に送迎に行った際、腹痛で動けなくなったり、入浴介助を行うこともあったため、同月9日、夫とともにC

本部長と面談し、その後、遠方への送迎や入浴介助の担当を免除され、12月以降は、Xの出勤日はXとC本部長との話し合いにより定められることとなりました。Y1はXの各勤務日の勤務時間について、平成25年8月から12月までの間は1日8時間から10時間としていたが、平成26年1月（Xが産休に入る同月19日までの間）は、4時間程度としました。1月20日から、Xは有給休暇を取得し2月17日に第一子を出産し、8月まで、出産および育児休暇を取得しました。

その後、XはY1がXの業務軽減を行わずに、Xにハラスメントを行い、一方的に勤務時間を短縮して不利益に扱うなどして、妊婦の健康に配慮する義務や良好な職場環境を整備する義務に違反したなどと主張して、訴訟を提起しました。事件の争点は、①Y1の配慮義務違反等の有無について、②Y社の配慮義務違反等の有無について、③損害についてです。

（2）裁判所の判断―判決要旨―
①Y1の配慮義務違反等の有無について

Y1の本件発言は、Xの仕事ぶりに対するY1の不満や苛立ちなどが随所に表れているものの、「専ら、Xの言葉遣いや仕草等のXの従前の勤務態度を指摘し、改善を求めるもので、一般的な心構えなどを含めた業務指導の一環ということができ、Xが妊婦であることを理由としてXを排除するもの」ではない。その趣旨は「Xの勤務態度につき、真摯な姿勢とはいえず、妊娠によりできない業務があることはやむを得ないにしても、できる範囲で創意工夫する必要があるのではないのかという指導をすることにあった」のであるから、従前のXの勤務態度から見てその必要性が認められ、その目的に違法があるということはできない。とはいえ、「やや感情的な態度と相まって、妊娠をした者（X）に対する業務軽減の内容を定めようとする機会において、業務態度等における問題点を指摘し、これを改める意識があるかを問う姿勢に終始しており、受け

手（X）に対し、妊娠していることを理由にすることなく、従前以上に勤務に精励するよう求めているとの印象」や「妊娠していることについての業務軽減等の要望をすることは許されないとの認識を与えかねないもので、相当性を欠き」「業務の軽減を図るという目的からしても、配慮不足の点を否定することはできず、全体として社会通念上許容される範囲を超えているものであって、使用者側の立場にある者として妊産婦労働者（X）の人格権を害する」。

「Y1は、平成25年8月1日にXから妊娠した旨の報告を受け」「1ヵ月以上経過した同年9月13日になって初めてXの話を聞いた（本件9月面談）」。しかし、「これを受けて具体的な業務内容の変更を決定してXや他の職員に指示することはなく」「同年12月になるまで、Xや他の職員の自主的な配慮に委ねるのみで、Xと再度の面談を行うことも含めて具体的な措置を講じることはなかった」。本件9月面談におけるXの「言動には違法なものがあり、これによりXが委縮していたことも勘案すると、指示をしてから1ヵ月を経過してもXから何も申告がないような場合には、Y1においてXに状況を再度確認したり、医師に確認したりしてXの職場環境を整える義務を負っていた」。しかし、「Y1は、同年10月13日以降も拱手傍観し、何らの対応もしていない」から、Y1は「Xに対して負う職場の環境を整え、妊婦であったXの健康に配慮する義務に違反した」。

② Y社の配慮義務違反等の有無について

「Y1の言動は、Y1がY社の事業の執行として行ったものであるから、これによりXに生じた損害につきY社は賠償する責任（使用者責任）を負う」。

「Y社は、Xの使用者として、雇用契約に付随する義務として妊娠したXの健康に配慮する義務を負っていたが、Y1から本件営業所の従業員が妊娠したとの報告を受けながら、その後、Y1から具体的な措置を講じたか否かについて報告を受けるなどして、さらにY1を指導することや他の者をして具体的な業務の軽減を指示すること」がなかった。「Xから妊娠したとの申し出があっ

た平成25年8月以降適切な対応をすることのないまま、再度Xからの申し出を受けた同年12月になってようやく業務軽減等の措置を執ったことからすれば、それ以降、Y社において、関係部署に事情を周知させて対応を求め、あるいは1日の勤務時間及び配置を決定するなど、Xの状況に配慮した対応をしたことを考慮しても」、その従前の対応は、就業環境整備義務に違反する。

③損害について

「XのY1（不法行為）及びY社（使用者責任）に対する損害賠償請求」は理由があるから、Y1による不法行為によりXが受けた精神的苦痛を慰謝するには35万円が相当である。

(3) この事件についての私なりの評価

これまでのマタハラに関連する裁判例は、前述した弁護士の分類に基づけば、「職場における女性に対する、妊娠・出産等を理由とする解雇・雇止め等の不利益取扱い」（Aタイプ）のマタハラ類型を中心に展開してきました。この事件の特徴は、醜悪で強迫的かつ屈辱的な女性上司のY1の発言が際立っており、この発言が「職場における女性の妊娠・出産等にあたり、精神的・身体的苦痛を与えること又は職場環境を害する言動」（Bタイプ）のマタハラ類型に該当し、Bタイプにかかわる最初の本格的な裁判例であるという点にあります[22]。

私は「口も荒いが気も荒い」と歌われた「無法松の一生」[23]で有名なこの事件の舞台の福岡県北九州市の小倉で大学生の時は生活していました。最近では、「修羅の国」ともいわれる派手な成人式が有名で、ガラの悪いことでも有

---

[22] 本件発言は、前述した被害者支援団体Netの分類に基づけば、②言葉によるいじめ・無視型と③パワハラ型の両類型に該当する。

[23] 『無法松の一生』は、岩下俊作によって書かれた、福岡県小倉を舞台に、荒くれ者の人力車夫・富島松五郎（無法松）と、良き友人となった矢先に急病死した陸軍大尉・吉岡の遺族（未亡人・良子と幼い息子・敏雄）との交流を描いた小説です。

第 7 講 「マタハラ」「パワハラ」を職場で見てしまうと

北九州市小倉！辰本道彦さん提供

名な北九州弁が懐かしく感じてしまいます。しかし、さすがに、この事件のY1の言動を見ると、「こん職場は無法地帯やね。こりゃ怖いやろ。こんなん、ガラが悪かったら、小倉の評判が悪くなるけん困るっちゃね。」と思わず小倉弁が出てきます。

　この事件では、Xは有期契約および時間給で就労しており、妊娠・出産、その後の出産休業および育児休業後も労働契約が存続しており、このような就労形態においては、より多くの時間給を稼ぐため、出来得る限り、出産まで長く働くことを希望するインセンティブが働きます。このため、Xは労働時間の削減ではなく、労基法65条3項に基づく妊娠を理由とした軽易業務への転換をY1に要望しました。しかし、Xの業務軽減への要望は活かされないまま、Y1あるいはY社による消極的な一連の人事処遇によってXの就業環境が害されています。なぜなら、Xは出産前にXが妊娠したことを理由に本件9月面談において労基法65条3項に基づく軽易業務への転換を求めていますが、Y1に

181

よる発言とともに、本件12月面談まで本件9月面談以降もXの業務内容の具体的な変更を指示することもなく、漫然とXに従前の業務に従事させており、その後、本件12月面談において、再度、XがC本部長らに業務軽減を要望したため若干の業務変更がなされたものの、業務軽減がなされたのは、Xの受診した産婦人科医院医師の安静・加療を必要とするとの診断をきっかけに、ようやく実施されているからです。

前述した、最高裁判決は、妊娠中の労基法65条3項に基づく軽易業務への転換を契機としてなされた降格について、使用者の発意による受動的な女性労働者の承諾（同意）が自由な意思に基づいてなされておらず、女性労働者が降格を承諾していなかったという点を捉えて、均等法9条3項の妊娠・出産等を理由とする不利益取扱の禁止に違反すると判断しました。一方、この事件では、Xの能動的な発意による軽易業務への転換の実現がY1の発言によって遮断され、さらに、12月面談以降になってようやく具体的な業務軽減がなされるまでは、Xの就業環境が害されたまま継続しており、このことを人事上の「不利益な取扱い」とみるならば、Aタイプのマタハラ類型にも該当し、均等法9条3項の「不利益な取扱い」の禁止に違反するという争い方も可能であったと推論されます。これに対して、判決は、そもそも「マタハラ」という表現には抑制的な姿勢を示し、均等法違反の問題として取扱わず、Y1およびY社の不法行為責任および債務不履行責任を根拠にして、Xによる損害賠償を認める結論を導いています[24]。

（4）関連する裁判例

今川学園木の実幼稚園事件[25]では、未入籍での妊娠を契機とした、Y学園による退職勧告に基づく労働契約の合意解約の成否とともに幼稚園理事長Y1の退職を迫る過程での言動と均等法の関係が争点となっています。主要な争点は労働契約の合意解約というAタイプの不利益取扱の可否となっています。

判決は、理事長Y1の責任について、Xは「7月6日にY1から、暗に中絶を勧められ、7月26日に中絶ができない旨返答したのに対して、園児のことやクラス運営について問い質されるとともに、教師としても社会人としても無責任であると非難され、産前休暇等の取得が困難であることを告げられた上で退職を勧められたのであって、このようなY1による一連の発言は、Xに退職を一方的に迫っていると評価」し、さらに、「妊娠したことが無責任である旨非難され、責任を果たすよう強く求められ、やむなく夏季保育のために出勤したXは、以上の経緯で肉体的・精神的苦痛を受けている状況下で流産という女性としてたえがたい事態に陥ったにもかかわらず、Y1は退職届の提出を執拗に求め、退職を強要とした上、結局、解雇」したことを認めています。そして、Y1による一連の行為は、Xの妊娠を理由とする中絶の勧告、退職の強要及び解雇であり、旧均等法8条の趣旨に反する違法な行為であり、Y1は不法行為責任（民法709条）を免れないとしています。また、Y学園の責任についても「Y1は、Y学園の理事としての職務を行うに際し、上記の不法行為に及んだのであ

---

*24　判決の法的構成についてみていくと、判決は、Y1の発言につき、妊産婦労働者の人格権を侵害すると評価し、さらに、この発言に委縮して再び本件12月面談においてXが業務軽減を求めるまで、その業務軽減に取り組まなかったY1の人事処遇について「Xに対して負う職場の環境を整え、妊婦であったXの健康に配慮する義務に違反した」と評価しています。判決の法理構成では、妊産婦労働者への人格権侵害、就業環境整備義務、妊婦への健康配慮義務といった法的概念が混然一体となって述べられており、理論的に十分整理されていないという印象を受けます。Y1に対してはY1の発言につき不法行為法上の人格権侵害（民法715条2項違反）に基づく不法行為責任と本件9月面談以後もXから業務軽減を講じない投げ遣りな人事処遇上の不作為につき妊婦への就業環境整備義務に違反するとして債務不履行責任（民法415条違反）を、Y社に対してはY1からの報告にもかかわらず具体的な業務削減等の措置をとらなかったことがY社の使用者責任（民法709条違反）およびXに対する就業環境整備義務に違反するとして債務不履行責任（民法415条違反）を責任原因としてXに対する損害賠償請求を認めたということでしょう。
*25　大阪地堺支部判平14.3.13労判828号59頁。

るから、Y学園は、Y1と連帯して不法行為責任を負担する（民法44条1項）」としています。

医療法人恵和会事件[*26]は、老人保健施設や病院を経営するY法人のY1ら理事の介護職員であったXに対する言動等が職場環境配慮義務違反にあたるか否かが争点となった事案です。この事件でも、均等法9条3項違反は争点になっていません。判決は、Xが妊娠を報告した際、祝福の言葉もなく、かえって、Y1らが想像妊娠だとか中絶を示唆するような言動をしたことは、著しく不適切であり、その後、Y1が肉体労働である特浴の入浴介助をX1人で行うことを命じたのは配慮に欠けるとして、職場環境配慮義務違反を認めて従前の嫌がらせと合わせて慰謝料70万円を認容しています。

2つの裁判例と「小倉」の事件に共通することは、使用者側の「職場における女性の妊娠・出産等にあたり、精神的・身体的苦痛を与えること又は職場環境を害する言動」（Bタイプ）が一方的に妊産婦に浴びせられていることです。妊産婦の要望はなかったものとされているといってもよいでしょう。行政通達を参照しますと、妊娠中の女性が請求した場合に使用者が負う「軽易な業務」への転換とは、原則として当該労働者が請求した業務に転換させる趣旨となります（昭22.9.13基発17号）。もっとも業務を新設するまでの必要はなく、また業務の転換のほか、労働時間帯の変更（早番を遅番に変更する等）等も含むとされています（昭61.3.20基発151号、婦発69号）。つまり、使用者には、労働契約上、業務を新設するという義務まではないということです。そうすると、人事処遇上の限られた選択肢と妊娠・出産に至るプロセスにおいて日々刻々と妊産婦の体調等が変化するであろうことを考慮して、その職場において適合的でかつ現実に実施可能性があり、妊産婦の納得が得られる「労基法65条3

[*26] 札幌地判平27.4.17労判1134号82頁。

項に基づく妊娠時の軽易業務への転換」の実現を、使用者および妊婦労働者の双方向的な対話の積み重ねによって実現していく必要がありそうです。この事件の人事処遇上の最大の弱点は、Y1が激烈な発言によってXの自由意思を遮断するだけで、Xの気持ちに真摯に向き合わず対話を重ねていこうとする姿勢がそもそも最初から欠落していたこととそれを追認してしまう弛緩したY社の人事対策にあったと評価できます。

とはいえ、前述の最高裁判決も含めた3裁判例と比較した場合、「小倉」の事件では、「労基法65条3項に基づく妊娠時の軽易業務への転換」を実行するための具体的方策が、裁判上、本格的に争われており、今後、「介護労働の職場」において介護事業者のとるべき行為規範を考えていく上でのモデルを提示しています。なぜなら、Y社らは裁判において被告側の主張として、12月面談以降に「Xから、車いすと顧客の送迎、遠方への送迎、入浴介助が負担であるとの具体的な希望が出されたため、以後、①送迎業務について、大型車、中型車及び軽自動車の運転によるものから軽自動車のみの運転によるものに変更し、②入浴介助について、脱着介助に限り、③トイレ介助について、利用者を抱えるものからトイレに付き添うだけとし、④ベット移乗をなくし、⑤レクリエーションについて、準備、実施及び誘導等から盛り上げる声かけのみにし、⑥体操について、座って行う手遊び程度の運動のみ」として、妊娠中の介護労働者にかかわってなされた具体的な6つの業務軽減モデルの実施を主張しているからです。

「介護労働の職場」で妥当する「労基法65条3項に基づく妊娠時の軽易業務への転換」の方策が、例えば、医療関係での労働、学校関係での労働、小売業での労働といった場面で、必ずしも、流用できるとは限りません。なぜなら、それぞれの職場にはそれぞれの事業形態にまつわる固有の制約要因があるからである。マタハラという考え方が社会的にも浸透していく時代において、それぞれの職場に最も適合的にアレンジされた「労基法65条3項に基づく妊娠時

の軽易業務への転換」のための方策が、使用者と妊産婦との間（場合によっては、労働組合も交えた）双方向的な「調整」によって模索され、実現されていくことが社会的にも要請されています[*27]。本件はその先駆けとなる裁判例と考えられます。

[*27] 2017年7月31日の報道に基づけば航空会社であるJALの客室乗員（CA）が妊娠を契機として地上職勤務で働き続けたいと希望したにもかかわらず、地上職でのポストがないとしてJALから一方的に無給休職させられたという事案において、CA側勝利の和解が成立したことが報じられています（https://news.yahoo.co.jp/byline/osakabesayaka/20170731-00073891/）。和解は、①今年度から原則として希望者全員を産前地上勤務に就ける運用を行う、②今年度内に原則として普通勤務（8時間勤務）と短時間勤務（5時間勤務）の選択ができる運用とする、③労働組合に対して、産前地上勤務の配置先、配置人数等を開示し、産前地上勤務制度の問題点や円満な運用等については団体交渉の協議事項とする等の内容となっており、今後の航空業界におけるCAの「労基法65条3項に基づく妊娠時の軽易業務への転換」のための可能性のあるケースを示唆しています。なお、この事件については、野田進「妊娠中の客室乗務員に対する軽易業務転換―産前地上勤務と産前休職」労旬1894号6頁が詳細な検討を行っています。

| 第8講 |

見ちゃいけないものを「職場」で見ちゃったら、どうしますか?

1. バイト先で「唐揚げ」を落としちゃったら、どうしますか?

　「ビジネス・エシックス(企業倫理学)」[*1]という授業で、「あなたがお弁当屋さんでアルバイトをしていて、たまたま、唐揚げ弁当を作るときにその唐揚げを床に落としてしまいました。その時、どうしますか?」と学生に質問したことがあります。「そのまま、黙って、何事もなかったように、お弁当にいれる。」という意見を述べる学生がいました。「その理由は?」と尋ねると、「格安の値段で弁当を出しており、コストがかかるから。」「ほかの弁当屋も同じよ

[*1] アメリカで生まれた「ビジネス・エシックス(企業倫理学)」は、哲学的な「ビジネス倫理学」と経営学的な「経営倫理学」という二つのアプローチがあります。教科書としては、例えば、リチャード・T・ディジョージ著/永安幸正・山田經三監訳『ビジネス・エシックス―グローバル経済の倫理的要請―』(明石書店、1995年)、T.L.ビーチャム・N.E.ボウイ編著/加藤尚武監訳『企業倫理学1―倫理的原理と企業の社会的責任―』(晃洋書房、2005年)、T.L.ビーチャム・N.E.ボウイ編著/梅津光弘監訳『企業倫理学2―リスクと職場における権利・義務―』(晃洋書房、2001年)、T.L.ビーチャム・N.E.ボウイ編著/中村瑞穂監訳『企業倫理学3―雇用と差別/競争と情報―』(晃洋書房、2003年)、T.L.ビーチャム・N.E.ボウイ編著/小林俊治監訳『企業倫理学4―国際ビジネスの倫理的課題/社会的正義と経済的正義―』(晃洋書房、2003年)、田中朋弘・柘植尚則『ビジネス倫理学　哲学的アプローチ』(ナカニシ出版、2004年)等。

第8講　見ちゃいけないものを「職場」で見ちゃったら、どうしますか？

うなことをやっているはず。」「大量の弁当を作っているのだから、一定のミスは仕方ない。職場に3秒ルールというのがあって、落ちても3秒以内に迅速に対応できるように日頃から訓練しているから。」という消極的な対応をしてしまう理由を述べていました。一方、「それじゃ、ダメでしょ。店長にやめた方がいいんじゃないですかくらいはいうべきじゃないですか？」という意見も出ました。それでは、店長が「お前には関係のないことだ。黙って持ち場に戻ったら？　さもないと、クビにするぞ。今まで何度か同じことをやってみたが、まだ消費者に健康被害が発生したという報告はない。食材のロスはのちの商売にも影響する。わかってんのか？」と逆ギレされたらどうしますかと尋ねてみると、「店長に相談して無視されるようなら、会社の上司に相談します。それでもダメなら、琉球新報やマスコミに投書か電話をします。」「大切なお客様にはやはり出せないのでそれでも破棄します。」とさらに答える学生もいました。その理由は、「その時にちょっとだけ得するかもしれませんが、噂社会・沖縄では悪いことはすぐばれて、お客さんがこなくなってかえって損するから」（功利主義）*2、「人として当然」（カント的義務論）*3、「僕が嫌なことは家族や沖縄の人でも嫌だと思うから。でも、内地の観光客とか外国人観光客とかには別の対応をします。」（コミュニタリズム）*4　という概ね3つの方向性があるようです。

　さらに、「それでは、その唐揚げが秋田県特産の『比内地鶏（ひないじどり）』で作った『比

---

*2　功利主義は、損得勘定を計算する立場です。創始者である、イギリスの「ジェレミー・ベンサム」は、幸福（快楽・喜び）の存在と苦痛（苦しみ）の欠如が良いことであり、「正しい行い」とは社会を構成する一人ひとりの幸福を増し、苦しみを少なくして、効用（コスト・費用便益）を考慮することが望ましいと考えました（「最大多数の最大幸福」「最大幸福原理」）。功利主義は、道徳性や正しさを結果から判断するため、帰結主義（結果主義）という特徴を持っています。このため、少数者の基本的人権の犠牲・侵害を肯定するという難点があります。功利主義について、小林正弥『サンデルの政治哲学〈正義〉とは何か』（平凡社、2010年）45頁。

内地鶏の高級唐揚げ弁当』でも、同じ意見ですか？」と尋ねてみると、「いゃー、その場合は、コストもかかるし、大損するから、お客様に出してしまうかもしれません。」「美味しそうなので、お金を出して自分で食べます。」とやや混乱した様子。たしかに、お弁当の製造工程で唐揚げが床に落ちたかどうかは、食中毒がおこらない限り、一般の消費者にはわかりません。比内地鶏であるかどうかも、GACKT（神威楽斗）のようなよっぽどの食通でなければ、その味の違いすらわからないはずです。

―――――――――――

*3　ドイツの「イマヌエル・カント」は、人間の「自由」「自律」「理性」「尊厳」を重視し、人間を手段として捉え、個人の権利を重視しないとして、「功利主義」を批判します。マイケル J. サンデル著／金原恭子・小林正弥監訳『民主制の不備　公共哲学を求めるアメリカ（上）』（勁草書房、2010 年）9 頁は、「功利主義は全体の満足の総和に影響しない限り、人々の間の満足の偏在に無頓着である。しかしこれは、社会を構成する複数の人々の固有性を尊重しそこなっている。功利主義は、或るものを全体の幸福の手段として利用するので、各個人が、それ自身目的として尊重されることがなくなってしまう。」と説明しています。カントは、功利主義のように「帰結」から考えずに、「義務の動機」「道徳法則（道徳律）の義務」のためになされた行為のみが道徳的に正しいと考えます。カントは「ばれたら損するから正しい行為を行う」ということは、「不純な動機」に基づいた行為であり、「それではダメだ」と考えます。カントの「仮言命法」「定言命法」という言葉に興味のある方は調べてください。

*4　アメリカの「マイケル・サンデル」は、コミュニタリズム（共同体）の立場から、週刊東洋経済 2010 年 8 月 14 日 -21 日合併号 50 頁以下で、「『フラタニティ（＝友愛）』や『コミュニティ』、『ソリダリティ（＝団結）』、『コモングッズ（＝共通善）』といった概念に共感を覚える。私は行きすぎた自由市場と個人主義に批判的だ。個人主義はコミュニティや友愛、団結、そして共通善との間でバランスを取るべきだ。……コミュニティや社会的団結、共通善を『正義』の不可欠な構成要素とみるのが、私の持論だ。」と述べています。つまり、家族の中の自分・コミュニティの共同生活への参加者である自分というものをイメージすることなしには、自分自身を思い描くことすらできないし、「正しいこと＝正義」は語れるはずがない、共有すべき市民道徳の養成が大事であると考えます。コミュニタリズムに対しては、コミュニティが正義を規定するとみなすことは、全体主義や権威主義につながりかねないのではないかという批判があります。

第8講　見ちゃいけないものを「職場」で見ちゃったら、どうしますか？

　「赤福」という三重県伊勢市の老舗和菓子で、お伊勢参りの全国ブランドのお土産があります。2007 年 8 月中旬に名古屋にある東海農政局の「食品表示 110 番」に、会社関係者による「内部告発」*5 とみられる匿名の通報によって、「赤福」の製造日の改竄(かいざん)等の内部情報が通報されました。この事件の顛末(てんまつ)を、桐山佳一さんはつぎのように紹介していらっしゃいます*6。

〈　「当日生産　当日販売」こんな謳い文句で、人気を得てきたのが、「赤福」ですから、売れ残りを回収して、賞味期限を延長して再出荷するのは、消費者への裏切り行為でしょう。「先付け」といって、製造日以降の日付を印字する手口。「まき直し」といって、回収した菓子を再包装して出荷する手口……。三重県が公表した調査結果によれば、2005 年 10 月から 07 年 8 月までに、約 41 万 2000 箱の偽装が行われていました。

　「赤福」は三重県から食品衛生法に反したとして、営業停止処分を受けました。JAS 法に基づいても、すでに改善報告書を東海農政局に出しています。

　「先付け」も「まき直し」も、消費者という「外部」からはまったく見ることのできない工場内の世界です。これも、たった 1 本の電話で、老舗のみにくい「内部」を暴きだした典型例といえます。〉

　その後、「赤福」は、企業不祥事や行政処分を乗り越えて、事業を再開し、販売実績も好調に推移しているようです。

---

*5 「内部告発」とは、会社や行政といった勤務先で生じている組織の不正行為や違法行為等の問題について事情をよく知る関係者がマスコミ・行政組織・取締機関等の内外に向けた非を鳴らし、不正を明らかにするこちらと定義しておきます。「内部告発」の概要については、奥山俊宏『内部告発の力　公益通報者保護法は何を守るのか』（現代人文社、2005 年）、櫻井稔『内部告発と公益通報　会社のためか、社会のためか』（中央公論新社、2006 年）、奥山俊宏・村上治・横山蔵利『ルポ　内部告発　なぜ組織は間違うのか』（朝日新聞出版、2008 年）、深町隆・山口義正『内部告発の時代』（平凡社、2016 年）といった良書があります。
*6 桐山佳一『内部告発が社会を変える』（岩波書店、2008 年）18 頁以下。

2. 続発する企業不祥事

とりわけ、2000年以降、企業不祥事が多発[*7]し、さらには地方公共団体等の行政でも不祥事が発生しています。例えば、牛肉産地偽装・自動車メーカーのリコール隠し・スーパー等の流通業での食料品等の賞味期限切れ販売・家電メーカーによる製品の誤作動による死亡事故・建設業界の官製談合・警察の公金不正流用[*8]……といった官民を問わない不祥事が続発しています。2008年は、沖縄県内の企業不祥事が続発した年でした。琉球新報もさすがにあきれてしまったのでしょうか。ついには、琉球大学農学部とともに「賞味期限切れ　問われる企業倫理」というシンポジウムを開催しています。

琉球新報2008年10月11日

[*7] 企業不祥事の定義については、稲葉陽二『企業不祥事はなぜ起きるのか　ソーシャル・キャピタルから読み解く企業風土』（中央公論新社、2017年）42頁の「企業不祥事とは、会社の役職員による、不正行為または法令もしくは定款に違反する重大な事実、その他公共の利害ないしは社会の規範に反する行為で、会社に対する社会の信頼を損なわせるような不名誉で好ましくない事象」という定義に従っておきます。

[*8] この点については、原田宏二『警察内部告発者』（講談社、2005年）、東玲治『ドキュメント・仙波敏郎―告発警官1000日の記録―』（創風社出版、2006年）。

第 8 講　見ちゃいけないものを「職場」で見ちゃったら、どうしますか？

2017年は、日本の大企業、とりわけ、日本経済をけん引してきた製造業の企業不祥事が続発した年でした。前年の2016年には、三菱自動車が燃費試験で不正行為を行っていたことが発覚しました。

きっかけは、三菱自動車から2車種の供給を受けていた、日産自動車の指摘でした。ところが、次年度の2017年に

琉球新報 2016 年 4 月 21 日

は、日産自動車が法令を無視した検査偽装という不祥事を起こしてしまいました。他社の問題を指摘した日産自ら問題を起こしてしまうとは……。まさに、「やっちゃえ。日産。」ではなく、「やっちゃった。日産。」になってしまいました。さらには、SUBARU（スバル）も同様な問題を起こしてしまいます。それだけではなく、神戸製鋼所と三菱マテリアル子会社が不適合製品の品質改竄の問題を引き起こしてしまいました。当時の経団連・榊原定征会長は、「メイド・イン・ジャパンへの信頼を毀損（きそん）しかねない」「日本の製造業に対する信頼に影響を及ぼしかねない深刻な事態だ」と言及していたそうです[*9]。しかし、今度は、東レの子会社でも同様な問題を起こしてしまいました。東レ子会社で発覚した不正は、東レの相談役でもある経団連・榊原定征会長が、同社の社長・会長在任中に行われました。まさに、他社のことは「いっ東（とう）しない」です。さらには、東芝・富士ゼロックスの不適切会計、タカタのエアバッグ・リコール問題に起因する経営破綻……といった問題が続発しました。後か

[*9] 朝日新聞 2017 年 11 月 29 日。

ら振り返ると、2017年はこれまで世界から賞賛されてきた「日本のモノづくりの信頼と信用」が失墜した、分岐点の年だったと振り返られることになるのかもしれません。

琉球新報も、「大企業の不正続発」について、「顧客の信頼を裏切るな」という主張をしています。

なぜ、「企業不祥事」や「大企業の不正」が続発するのでしょうか。取材の第一線でその現場を見つめてこられた、金田信一郎さんは、その理由をつぎのように解き明かしていらっしゃいます*10。

〈多くの巨大企業は、20世紀の幻想から抜けきれずにいる。だが、市場の拡大が見込めない中で、認識と実態のギャップが大企業を追い詰めている。経営トップは、対前年比で業績を上げるように各部門に命じる。特に、株式上場していれば、収益拡大を市場(株主)から強く求められる。無理な利益拡大を割り振られた現場は、人員やコストの削減が吹き荒れることになる。そうして疲労した現場は、事件や事故が起きやすくなり、不正に手を染めることすら厭(いと)わなくなる。……社内はトップから現場までに、幾層にも組織が重なっているが、実態に合わない命令の連続で、上司部下の関係に「不信」

琉球新報 2017年11月27日

---

*10 金田信一郎『失敗の研究 巨大企業が壊れるとき』(日本経済新聞出版、2016年)13頁以下。

が広がっている。命令はそのまま部下に落とすだけで、現場の情報はなかなか上に入らない。そうした、負の連鎖が、組織を複雑に積み重ねている大企業ほど起きやすくなっている。……本来、企業は成長するに従って、経験や実績を組織にシステムとして埋め込んでいくはずだ。より高度な経営体制として「問題」を未然に防ぐはずではないのか。消費者が大企業の商品・サービスに対して信頼や安心感を抱いていたのは、そうした智恵と仕組みが積み重なっていると考えるからだ。……しかし、大企業ほど不正が多いという経営者の「肌感覚」は、こうした従来の発想を転換すべき時代の到来を物語っている。〉

　かつて、日本の製造業の競争力の源泉には「現場と直結した経営に強さがあるといわれてきました。しかし、続発する製造業の不祥事や不正においては、経営陣と現場の意思疎通がうまくいっていないという「バラバラ感」が原因となり、販売製品の「品質管理システム」や「品質保証体制」の信頼性が揺らいでいます。あるいは、「粉飾決算」「不正会計」事例においては、（独立）社外取締役[*11]を取り入れたり、企業の自浄作用を期待した「内部通報制度」[*12]等の法整備を行う等して、外形的には立派で最先端の制度が社内で導入されています。とはいえ、経営者や経営陣が、率先して、「偽装」「隠蔽」を主導してしまうと、もはや手の付けようがありません。例えば、オリンパス[*13]や東芝の

[*11]　脚注17）で述べる、コーポレート・ガバナンスコードの導入によって、大企業には（独立）社外取締役の導入が、事実上、義務づけられています。社外取締役には取締役から情報を得、不祥事の兆候があれば監査役に報告するといった役割等があります。外部の目で社内を監視することが期待されているのですが……。
[*12]　阿部・井窪・片山法律事務所／石嵜・山中総合法律事務所編『内部通報・内部告発対応実務マニュアル』（民事研究会、2017年）2頁に基づけば、「内部通報」とは、勤務先で生じている問題について、役職者等が勤務先に設けられた社内窓口や勤務先が委託した相談窓口等に対して通報できるよう、「相談窓口」「ヘルプライン」「ホットライン」等の名称で各企業に設けられる通報制度のことです。これらの窓口を利用して行われる通報を「内部通報」といいます。

ように、取り返しのつかない泥沼状態に陥ってしまいます。企業不祥事を防止するための制度構築が、経営者や経営陣の暴走に対する防波堤となっておらず、単なる対外的なアピールのための「飾り物」だったのではないのかという脱力感を覚えてしまいます。経営陣と現場の一体感を取り戻し、経営者や経営陣の暴走を真の意味で防止するためには、どのような手立てが考えられるのでしょうか。

3. 企業不祥事を防ぐためには？

（1）経営陣への縛りを厳しくすれば効果的ですか？

　企業不祥事は、企業がこれまで築き上げてきた「ブランド・イメージ」を毀損し、顧客取引先の信頼を喪失して、企業そのものが消滅し、従業員の失業をもたらすこともありえます[*14]。さらに、その企業の関係業界・日本経済・沖縄経済への悪影響をもたらします。とはいえ、企業不祥事を起こした企業は、

[*13] 企業や経営陣が内部通報に寄せられた情報を握りつぶすといった、自浄機能がない場合や内部通報制度が濫用される場合には、内部通報に過度な期待は望めません。オリンパス事件・東京高判平 23.8.31 労判 1035 号 42 頁では、従業員が上司の不正行為を「コンプライアンス室」に通報したところ、三回にわたる報復的な配置転換を命じられ、退職に追い込むための様々なパワー・ハラスメント等の行為が行われています。高裁判決は、三回の配転命令をいずれも無効と判断し、パワー・ハラスメント等の行為について、オリンパスと上司に不法行為責任を認めています。理不尽な上司の行為の発端は、内部通報した従業員のメールと実名を上司に伝えるという「コンプライアンス室」の杜撰な対応にありました。この事件については、角田邦重「自ら設定した企業行動憲章規定に違反して行われた報復的配置転換の効力」労判 1042 号 5 頁。

[*14] 潰れた会社には、どんな会社があるのかなぁ？　と思った方は、藤森徹『あの会社はこうして潰れた　帝国データバンク情報部』（日本経済新聞、2017 年）を参照してください。

[*15] 田中周紀『会社はいつ道を踏み外すのか　経済事件の深層』（新潮社、2016 年）には、多くの企業不祥事事例が紹介されています。

ビックリする位たくさんあります*15。ダメージが大きくなり、大炎上する前に、消火活動を行わなければなりません。そもそも、不祥事や不正が起こらないように防火活動を行うことです。このためには、二つの方向性があります。ひとつは、商法とりわけ会社法等の様々な法律*16を見直したり、「企業統治（コーポレート・ガバナンス）改革」*17によって経営陣への縛りを厳しくするという方向性です。例えば、新たな企業経営上の問題に対応して法律を見直す*18とか、社内に「内部監査室」を設置する*19ということで、新たな法律に従って経営陣を中心に、企業内の制度設計をより精緻に再構築することで、不祥事や不正の再発防止と企業への信頼回復を目指していくという方向性です。ところで、法律というものは世の中の変化に対してよりよく対応するために、その領域を

---

*16 企業不祥事や企業の不正を防止するためには、例えば、刑法・民法・商法・独占禁止法・金融商品取引法・公益通報者保護法・労働法上の判例法理等の多様な法規制がありえます。

*17 「企業統治（コーポレート・ガバナンス）」とは、どうやって企業や企業経営者に規律を持たせるのかという問題のことです。①2014年6月の会社法改正、②2014年2月の投資信託や年金基金等の機関投資家向けの規範である「スチュアードシップ・コード」制定、③2015年6月の上場企業向けの企業統治における「コーポレート・ガバナンスコード」の導入という、「三本の矢」によって、世界市場における日本企業の信頼を再構築することが期待されました。しかし、その矢先である、2017年の企業不祥事の続発……、お察しください。

*18 例えば、日経新聞2017年12月27日では、製造業の品質データ改ざんが続いたことを受けて、不正防止強化のための工業標準化法（JIS法）見直し作業が進んでおり経済産業省は違反企業に科す罰金を今の100倍にあたる最大1億円に引き上げる予定であるという報道がされています。

*19 「内部監査」とは企業の業務効率化や不正の早期発見・防止のために会社内に設けた監査部門がチェックすることです。会社内に設置された、例えば、「内部監査室」と財務諸表の適正性を調べる外部の「監査法人」と取締役会に出席して経営全体を監視する「監査役」あるいは「監査委員会」という三つの監査機関が有機的に機能することで、経営陣の不正を監視することを目的としています。「内部監査部門」は、会社法に基づく大企業への「内部統制システム構築義務」の運用・検証を担う役割があります。

拡大し、進化と深化を続けていく傾向があります。複雑な問題に対する法律からの解答も複雑になり、企業にとっても法律の要求する解答はより難解なものになっていきます。新しい法律についていくのが精一杯で、「仏作って魂入れず」という状態になっているのではないでしょうか。そうであれば、今後も、不祥事や不正は続発することになり、ただ、経営陣の謝罪方法が洗練化されるだけかもしれません。先ほど、引用した、金田信一郎さんは、つぎのような象徴的な場面を描いておられます。

〈……不祥事の会見に出ていて、気になったことがある。本気で問題の根源を取り除こうとしている姿に見えない。……少なくとも、一昔前の会見よりも手段が洗練化され、狡猾に「正体」を眩(くら)ませる術を学んでいる。かつては、記者の不躾(ぶしつけ)な質問に経営者が怒りを露わにし、時には号泣し、そして逃げきれずに報道陣やカメラに囲まれて暴言を吐くこともあった。組織のトップとして、世間から沸き上がる非難の声に、生身の体でぶつかり、激痛を伴いながら通り抜ける気概があった。そこで、世間とのギャップ、改革の必要性を痛感したに違いない。

たが、最近の会見は整然と、訓練された形で進行していく。最初に謝罪の言葉とともに、経営陣が一糸乱れず頭を下げてフラッシュを浴びる。だが、質問の部分は「調査中」として答えず、経営責任を問われても「まずは再発防止が私に課された責任」とかわす。そして再び頭を下げると、社員が壁となって「逃げ道」を作り、そこを足早に通り抜けて去っていく。〉[*20]

つぎのような新聞記事を見てみましょう。

三菱マテリアルグループでは、1970年代から製品データ改竄がなされたまま、今日に至るまで実に何十年にもわたって出荷継続が続いたという最終報告

[*20] 金田信一郎『失敗の研究 巨大企業が壊れるとき』(日本経済新聞出版、2016年) 15頁以下。

書を発表したそうです。社長は経営責任を明確にするため、潔く役員報酬を返上するものの……、潔くやめないんですか？？？

今日、偉いヒトたちの謝罪する場面は、日常的なありふれた光景になっています。その光景に、大人たちはウンザリし、子どもたちは「どうせ、勉強して偉くなっても、突然、大人は謝って話を一方的におわらせるだけじゃん。結局、大人の言動はあてにならんなー。」と冷めた視線と乾いた感情を抱いています。いくらなんでも、これじゃあ、まずいんじゃないでしょうか。

（2）いっそう、職場の従業員に手伝ってもらった方がいいんじゃない？

それでは、「会社とか職場の偉いヒトたちがあてにならないんだったら、職場の不祥事や不正を目の当たりにした従業員に手伝ってもらった方がいいんじゃない？」とツッコミをいれたくなったのではないでしょうか。皆さんも職場で働いたり、これから働こうとなさっていることでしょう。あるいは、かつて働いていたかもしれません。職場では仕事の始業前のあいさつがあり、「大事なことは仕事ありきでは

琉球新報 2018年3月29日

なく、お客様の笑顔をつくることです。おたがいに力を出し合いましょう。」「夢を語れる職場にしていきましょう。」「私たちの使命は、つくりだす一つひとつのモノにどれだけたくさんの夢をつめこむかということです。」といった社訓を復唱しているかもしれません。この社訓がそこで働く従業員にも額面通りに取り扱われているようならば、心の底から笑顔で楽しく働くことができることでしょう。しかし、このようなお花畑のようなキャッチフレーズが単なる美辞麗句で、実際には「ブラック労働」が蔓延する職場[*21]だったら、どうしましょうか。職場の現実から目をそらし、やはり、「見ざる」「聞かざる」「いわざる」の「3ザル状態」でしょうか。そして、いつかは職場環境がかわることをひたすら神に祈り、ただ時間が通り過ぎていくのを待つだけでしょうか。「いやいや、それはおかしい」とお考えになられた方には、つぎの法律が従業員の告発をサポートする規定を用意しています。労働基準法104条1項は「事業場に、この法律又はこの法律に基づいて発する命令に違反する事実がある場合においては、労働者は、その事実を行政官庁又は労働基準監督官に申告することができる」と定め、同法2項が「使用者は、前項の申告をしたことを理由として、労働者に対する解雇その他不利益な取扱をしてはならない」と定めています[*22]。さらに、もう少し詳しく、職場のトラブル解決の方法について知りたい方は、この本の「職場のトラブルをどう解決しますか？」のところを見てください。

[*21] ブラック企業として有名になった、全国チェーンの居酒屋等を経営し、現在、参議院議員にとなった、元経営者の言葉に、「『夢指数』を高める」「希望とは、人間の中にある」「夢のない大人になるな」「君の心の中に『ありがとう』はあるのか」「何度倒れてもイイじゃないか。全力でぶつかっていくのがシゴトなんだから。」というものがあります。例えば、「感動」「笑顔」「仲間」「感謝」というポジティブなキーワードで偽装された、カルト的社訓によって、心を縛り、従業員のやりがいを搾取する自己啓発的な働かせ方が横行しています。

[*22] 同様な規定が、労働安全衛生法97条、船員法112条、港湾労働法44条、じん肺法43条の2、鉱山保安法38条等にもあります。

第8講　見ちゃいけないものを「職場」で見ちゃったら、どうしますか？

　それでは、皆さんの職場で、例えば、「健康に有害な食品が製造販売されている」「医療事故を隠蔽している」「介護施設・障害者施設・児童養護施設等で利用者に日常的な暴行がなされている」「汚水・排水の垂れ流しが放置されている」「マンションの免震構法を偽装したマンション販売が行われている」「会計監査が全くデタラメに行われている」「脱税や補助金のごまかしが横行している」といった場面を見ちゃったら、どうしましょうか。このような場面では、直接、皆さんが被害にあっているわけではありません。それでも、そのような場面が継続して、職場で取り扱った商品が原因で死亡者が相次いでいるとか、医療事故・介護事故等によって死亡者が発生しているとか、欠陥マンションを購入してしまったために買い手が予期せぬお金の支払いを余儀なくされて苦しんでいるといった、出来事が起こっていたら、どうしましょうか。

　四つの選択肢がありそうです。一つ目が、職場に嫌気がさしてやめてしまう。二つ目が、厄介ごとには巻き込まれたくないので、「やっぱり、知らんぷり」。三つ目は、職場の上司や同僚と相談しながら、職場の「不祥事や不正」の是正努力をする。四つ目が、社会のルールから逸脱してしまった職場と対峙して、「琉神マブヤー」[*23]のように沖縄(うちなー)の民衆の平和と、ついでにヤマトの民衆の平和のために闘う。この四つ目の選択肢の中には、①労働者が職場をやめて、「あのー、実はうちの職場では……という悪いことをしているようです」といったふうに闘うパターン、②職場から懲戒解雇などによって理不尽にも追い出されてしまってから闘うパターン、③職場に残ったまま潜水艦のように潜伏して闘うパターンがありそうです。

　たしかに、四つ目の選択肢の「内部告発」は、職場の「不祥事や不正」を社会的に暴露することで抑止効果や、新たな職場の「不正や不祥事」の拡大を抑制する効果が期待できます。三つ目の選択肢の「内部通報」も組織内部で是正

[*23]　沖縄の生んだ魂のヒーロー（いわゆる、ご当地ヒーロー）。

を行うわけですから、四つ目の選択肢と同様に評価してもよさそうですが、組織に握りつぶされる可能性も高そうです。一方、内部告発者*24には多大な犠牲と多くの困難な道のりが待ち構えています。それでも、内部告発者は、私益(その従業員の個人的問題)のためではなく、公益(社会正義や市民社会の基本的秩序)のために、社益(会社の利益)と闘うことを決意する瞬間にいなざわれるのです。人としての正しい道を自覚した内部告発者には「世界が滅びるとも正義はなされよ(Fiat justitia,pereat mundus.)」といった正義感を支える生真面目さと粘り強さが必要でしょうし、家族もその正義感を十分理解し、サポートできるような家族関係も必要なことでしょう。一方、上司や同僚にとっては、「社会のための正義」よりも、「自分の生活保障」が大切で、寄らば大樹の陰と様子見を決め込みがちです。「会社が潰れるくらいなら、みんなで我慢しよう」とか「うちの会社が嫌ならやめたらいいじゃないか」と反論するかもしれません。内部告発者には職場の逆風を乗り切る強固な意志と周到な準備なくして、闘いの継続は困難でしょう。このような受難の道を歩まれ、「内部告発」や「ホ

---

*24 以下では、判例法理による内部告発を行った者を「内部告発者」、公益通報者保護法に基づいて内部告発を行った者を「公益通報者」と使い分けて用いることにします。

*25 内部告発(whistle-blower)とは、内部の者が口笛を吹いて社会に警告を発することによって、不正の摘発や被害の拡大防止を図るという意味です。良心に基づく内部告発は「密告」ではなく、社会のために認められ、かつ必要な行為です。現在、内部告発者に対しては、職場の「裏切り者」から「勇気を持ったヒト」というように社会の印象は大きく変わっています。

第8講　見ちゃいけないものを「職場」で見ちゃったら、どうしますか？

イッスルブロアー（内部告発者）」という概念*25 を社会的にも定着することに寄与した、象徴的な人物が、トナミ運輸事件（富山地判平17.2.2労判891号12頁）*26 の串岡弘昭さんです。

　トナミ運輸の従業員であった串岡さんは、運送業界全体で行われていた、ヤミカルテルを、1973年に公正取引委員会や読売新聞等のマスコミに告発したことに対して、トナミ運輸は、その後、延々と32年間もの長い間、孤立無援の状況のもと、串岡さんを見せしめのように個室に隔離して、草むしり・ストーブへの給油・雪下ろし・布団の整理といった雑務に従事させ続け、昇格も行わないといった人事上の不利益取り扱いを継続します。これに対して、串岡さんは、会社の理不尽な仕打ちにひたすら耐え続け、二人の子供の大学卒業を持ち、会社人生が5年を切った時点で、ついに、四半世紀を超える串岡さんの「正義」とトナミ運輸の「不正義」を裁判に問いました*27。もちろん、結果は、会社側に1,356万円の支払いを求めるという、串岡さんの完全勝利という劇的なものでした*28。

　この事件は、会社の「社益」や「不正義」に取り込まれて、会社に寄り添って融解してしまうだけではなく、従業員の倫理観や職業意識と自立した判断によって「公益」や「正義」を実践しようとする従業員が出現したということを

---

*26　この事件の判例評釈として、野川忍「内部告発をした労働者に対する不利益措置の適法性」NBL807号10頁、盛誠吾「労働者が雇用された会社にヤミカルテルがある旨を新聞社に告発したことが正当であるとされ、右内部告発を理由とする雇用上の不利益取扱いが不法行為、債務不履行に当たるとされた事例―トナミ運輸事件」判例評論569号182頁、長谷川聡「内部告発と人事上の不利益取扱い」労判896号5頁、柳澤武「内部告発―トナミ運輸事件」村中孝史・荒木尚志編『労働判例百選[第9版]』（有斐閣、2016年）116頁。
*27　山田博「ホイッスル訴訟の争点―トナミ運輸・串岡事件について」労旬1526号26頁。
*28　2006年2月、名古屋高裁金沢支部において和解金を含めて総額3,000万円を超える和解金の支払いによって和解が成立しています。

感じさせるインパクトのある出来事でした。この事件が一つのきっかけとなって、公益通報者保護法が制定され、2006年4月から施行されるようになりました。しかし、同法はかえって、内部告発を阻害する副作用をもたらしているのではないかという指摘もあるところです。この点は、あとで述べることにいたしましょう。

（3）沖縄大学の国場555番地の近くで起こったある出来事[*29]

さて、話題が横道にそれてしまいました。最後に、冒頭の弁当屋の話をネタにした、内部告発にかかわる裁判例を見ていくことにいたしましょう。

パラダイス物産は沖縄県那覇市国場000番地に本社を置く、高齢者等に弁当を配食する配車サービス業者で、那覇市内に直営店を数店舗展開しています。

平平平平（ひらたいらへいべい）君は、パラダイス物産との間で、パラダイス物産の国場000番地店で、20×3年11月24日から、厨房スタッフ（フリーター）として労働契約を結び、月・火・木・金の週4日、午前7時から12時までの5時間、時給900円で働いています。その業務としては1日30食から40食の「要介護高齢者食」の調理に従事していました。

20×4年12月12日、平平君は国場000番地店に関して、那覇市保健所に、「通報事項①グリストラップが汚れていて異臭を放つ、通報事項②さびて切れない包丁を使って作業をしている、通報事項③換気扇から虫が侵入してくる、通報事項④配達時に使用する保冷剤を社員に買わせて対応している、通報事項⑤配達中に弁当が破損した時、弁当屋で違う弁当を買って届けているという通報を電話で行いました。この通報について那覇市保健所の職員から電話があったので、平平君は「うちの従業員には食品衛生の知識がないので保健所で指導して欲しい。この通報を公益通報者保護法の扱いでお願いしたい。」と述べました。

[*29] 東京地判平27.1.14労経速2242号3頁を、沖縄を舞台に若干アレンジしました。

第8講　見ちゃいけないものを「職場」で見ちゃったら、どうしますか？

これに対して、この職員は「どの様な理由で衛生知識がないというのか、勤務期間中に見聞きしたことを教えてください。」と述べました。平平君は、「①マッシュポテトに金属タワシの針が入っていた、②スパゲッティに菜ばしの折れた先が入っていた、③鮭西京焼きを床に落とし、さっと水洗いし、簡単に加熱し元に戻した、④味噌汁など、汁物用のポットが細い管式のもので管の中が洗えないためカビ臭がしている、⑤まな板にへこみがあり、不衛生である、⑥夏場、調理台に昆虫が落ちている、⑦調理場に滑り止めのマットがあり、取り換えることもなく不衛生である、⑧弁当箱に除菌剤をスプレーし、料理を盛り付けて、また、スプレーをしてから蓋をしている、⑨トイレ内の除菌剤はなくなっても補充していないのでカラである」という見聞事項①から⑨までの内容を伝えました。

12月17日と12月25日、那覇市保健所の職員は、平平君の通報に基づいて、国場000番地店に抜き打ちで立入検査を行いました。12月25日、立入検査に入った職員が帰った直後、その場にいたパラダイス物産の本土復帰子（ほんどふきこ）社長から「通報者はやったーだとわかったさー」とつげられて、平平君はその場で懲戒解雇されました。

20×5年1月10日、那覇市保健所の職員は、調査結果を踏まえ、パラダイス物産に、調理設備、従業員に対する衛生教育、原材料の取扱い、検食の保管方法等について15項目にわたる衛生指導注意票を交付しました。これに対して、1月11日、パラダイス物産は、回答書を提出しました。その後、平平君（以下、「X」）は、パラダイス物産（以下、「Y社」）に対して、懲戒解雇は無効であり、労働契約上の地位にあることの確認等を求めて訴訟を提起しました。

（4）裁判所の判断

解雇理由は、Xが那覇市保健所に虚偽の通報を行ったことを理由とするものであり、いわゆる内部告発を理由とするものである。労働者の内部告発は、み

だりに労働者の負っている使用者の利益を害さないようにするいわゆる誠実義務に違反するものとして懲戒解雇の対象となる。しかし、他方で、労働者による内部告発が使用者による法令違反行為の是正・抑止を促進することにもつながるものであり、正当な内部告発であれば、これを保護する必要がある。したがって、内部告発の有効性については、①労働者の行った通報対象事実の根幹部分が真実であるか、労働者が真実であると信ずるにつき相当の理由があるか否か（告発内容の真実性）、②その目的が公益性を有しているか否か（告発行為の目的）、③通報を行った手段、態様が必要かつ相当なものであるのか否か（手段または態様の相当性）を総合的に考慮して、労働者の行った通報が正当と認められる場合には、これを理由とする懲戒解雇は無効になる。

①告発内容の真実性

「Xは、那覇市保健所に対し、Y社において不衛生な状況が見られる、食中毒の危険性があるとして、具体的には、見聞事項④ないし⑧、通報事項③、⑤等を告げたことが認められる。また、通報事項①、②、④についても、12月25日の立ち入り検査の際、Y社に事情を聞かれていることからすれば、Xが那覇市保健所に通報したと認めるのが相当である。」「通報事項①ないし⑤について立入検査の結果でも事実であることの確認がされておらず、見聞事項④ないし⑧についても直ちにかかる事実が存在したとは認められていない」。「しかしながら、見聞事項④についてポットに味噌汁を入れたときの衛生管理について検討すること、見聞事項⑧についてスプレー式の除菌剤の使用方法について社内で話し合うことについて指導注意がなされ、また、それ以外について指導注意がなされ、また、それ以外にも大量調理を行う町の弁当屋ではよく見られることではあるものの、厚生労働省が策定した大量調理マニュアルからするといくつかの不備があるとして15項目にわたる衛生指導がなされている。」

「Xが那覇市保健所に通報した、見聞事項④ないし⑧、通報事項①ないし⑤は、

Y社の従業員の食品衛生に対する意識が低いということの具体的な指摘であるとも評価しうるところ、20×5年2月7日、那覇市保健所において、Y社の従業員に対して食品衛生講習会が開かれている」「こうしたことからすれば、Xの行った通報の根幹部分である国場000番地店に不衛生な状況が見られ、食中毒の危険性がある、又は、Yの従業員の食品衛生に対する意識が低いということについて、全くの虚偽であると言い切れるかについては疑問があるし、少なくともXがそのように信じたことについてはそれ相応の理由がある」。

②告発行為の目的

「Xは、かかる通報を行った目的として、当時、全国各地の高齢者施設において食中毒が発生している報道がなされており」、「食中毒のおそれがあるからと考えていたからであると述べる。」これに対して、「Y社は、Xが那覇市保健所に通報を行ったのは、当時Y社が他店舗の余剰人員を国場000番地店に受け入れたことに伴い、Xの勤務時間を短縮したため、XがY社を恨んでおり、その恨みを晴らす目的でなされたものであると主張」している。「しかしながら、Xは、Y社に対し、勤務時間の短縮について不満は持っていたものの、最終的には6割の休業補償をしてもらうことで納得をし、特に不満を持っていなかったと述べている。また、Y社が閉鎖に追い込まれれば、Xも自らの職を失うことになる以上、XがY社を閉鎖に追い込む目的で那覇市保健所に通報を行ったとも認められない。」

③手段または態様の相当性

「Xは、通報対象事実について処分又は勧告等をする権限を有する行政機関である那覇市保健所に対して行っている。確かに、通報先としては、Y社における上司等に話して対応を求めるという方法もあり得たところであるが、Xがフリーターであったことからすれば、通報先として那覇市保健所を選んだこと

について、不相当であるとまでは言い難い」。「Xの行った具体的な通報内容には、その存在が認められなかった部分も多くあるものの、その根幹部分であるY社の衛生状態について問題がある、あるいはY社の従業員の食品衛生に対する意識が低いという点については、少なくともXがそのように信じるについて相当な理由がなかったとまではいえない。また、通報の目的についても、私怨を晴らす目的であったとまでは認めることはできず、食中毒を発生させないという公益をはかる目的があった」。

（5）内部告発の正当性[*30]

　国場000番地店の事件において、平平君は公益通報者保護法に言及したもの、裁判所は「内部告発の正当性」について論じています。以下では、この点を検証していきましょう。企業や会社に雇われている従業員は、その契約上、企業や会社の正当な利益を不当に侵害しないように配慮するという「誠実義務」と企業秘密や会社の秘密を守るという「守秘義務」を負っています。労働契約法3条4項は「労働者及び使用者は、労働契約を遵守するとともに、信義に従い誠実に、権利を行使し、及び義務を履行しなければならない」と定めています。就業規則上も「従業員は、職務上の責任を自覚し、誠実に職務を遂行するとともに、会社の指示に従い、職場の秩序維持に努めなければならない。」とか「許可なく職務以外の目的で会社の施設、物品等を使用しないこと」とか「会社、取引先等の機密を漏らさないこと」といった職場のルールが定められてい

[*30] 内部告発や公益通報者保護法について考察する文献として、角田邦重・小西啓文編『内部告発と公益通報者保護法』（法律文化社、2008年）、水谷英夫「『内部告発』と労働法」日本労働研究雑誌530号11頁、山川隆一・諏訪康雄・島田陽一「新春鼎談　企業秘密と内部告発」労判858号6頁、土田道夫・安間早紀「内部告発・内部通報・公益通報と労働法」季労249号135頁、日野勝吾「公益通報者保護法制定の役割と活用に向けた課題」日本労働法学会誌130号127頁等。

第8講　見ちゃいけないものを「職場」で見ちゃったら、どうしますか？

るはずです。そうすると、例えば、あるスーパーの店員が店先で「うちの商品は、全部、腐ってます。購入しないでください。」といったように、ありもしない悪質な誹謗中傷や噂話を意図的に顧客に訴えるとか、職場の上司に個人的な恨みを抱いた従業員が職場の会議資料等を執拗に収集して上司のあら探しを行い、一方的に根拠もないパワハラや不正経理をでっちあげて、警察やマスコミ等に告発するといった行為は、このような「誠実義務」や「守秘義務」に違反します。いわれのない噂もそれが流布すると、組織や告発対象とされた関係者の社会的評価の失墜をもたらします。場合によっては、不当な告発を行った従業員には名誉棄損を根拠にして損害賠償が行われることもあります[31]。そこまでしなくても、企業や会社は、このような従業員には、就業規則上の「素行不良で会社内の秩序又は風紀を乱したとき」といった規定に基づいて、懲戒（解雇）処分を行うことがあります。

　とはいえ、いつも企業や会社が正しいとは限らないことは、これまで見てきた通りです。現在、日本社会では、様々な職場において不祥事や不正が埋蔵されており、このため、「公衆（多くの国民や住民や消費者）」が被害にあったり、「公益」を侵害されたりしています。このような「公益」を守るために、勇気をもって内部告発を行う者たちは、相応な「社会的尊敬」が示されてしかるべきです。

---

[31]　さらに、悪質な行為は、刑法230条の「名誉棄損罪」や刑法233条の「信用毀損及び業務妨害罪」に該当する可能性もあります。刑法233条は「虚偽の風説を流布し、又は偽計を用いて、人の信用を毀損し、又はその業務を妨害した者は、3年以下の懲役又は50万以下の罰金に処する。」と定めます。名誉棄損を理由とした民事上の損害賠償や内部告発の正当性判断は、刑法上の名誉棄損罪に係る判断枠組みを流用したものとなっています。刑法230条1項は、「公然と事実を適示し、人の名誉を毀損した者は、その事実の有無にかかわらず、3年以下の懲役若しくは禁錮又は50万以下の罰金に処する」と定める一方、刑法230条の2の1項は「前条第1項の行為が公共の利害に関する事実に係り、かつ、その目的が専ら公益を図ることにあったと認める場合には、事実の真否を判断し、真実であることの証明があったときは、これを罰しない。」と定めています。

このため、裁判所は、形式的に、内部告発者のふるまいが企業や会社の利益あるいはその就業規則に反しているように見えたとしても、その違法性を否定して正当であると判断することで、懲戒（解雇）処分を無効と取り扱う、多くの裁判例を蓄積しています。その際に、裁判所は、①告発内容の真実性、②告発行為の目的、③告発の手段または相当性等を総合評価することで、内部告発の正当性を判断しています。

　まず、①告発内容の真実性について、皆さんは、完全に証拠が揃っていなければ、内部告発は認められないとお考えかもしれません。たしかに、内部告発者が告発内容について真実であることを客観的証拠によって証明できればベストな状態です。しかし、仮に、客観的な証拠が十分には存在しなかったり、その告発内容に多少の虚偽や誇張があったとしても告発内容の主要部分が真実である場合、一部事実と異なる部分があっても大筋では真実である場合、従業員がそのように信じることに相当な理由があると評価できる場合には、裁判所は難しいことをいわずに[*32]、真実性を認める傾向にあります。なぜなら、裁判所は、企業や会社と内部告発者との間には情報収集力の格差があること、内部告発者が正確な証拠資料を適法な手段で取得することが難しいということを十分理解しているからです。国場000番地店の事件でも、裁判所は平平君の通報事実のうち①ないし⑤および見聞事実④ないし⑧についてその事実はなかったと認定し、その一方で、国場000番地店の不衛生な状況と食中毒の危険性があ

[*32] 例えば、聖路加国際病院事件・東京高判昭54.1.30労判313号34頁、三和銀行事件・大阪地判平12.4.17労判790号44頁、大阪いずみ市民生協事件・大阪地堺支判平15.6.18労判855号22頁等。なお、この点について、もう少し具体例をあげてみますと、医療法人思誠会（宮里病院）・東京地判平7.11.27労判683号17頁において、抗生物質の過剰投与が病院内のMRSA（メチシリン耐性黄色ブドウ菌）保有者数の増加に結びついていることが客観的に真実であると証明されているわけではありませんが、裁判所はこれらが関連する蓋然性や可能性が高いことを認めることで真実性を認めています

ること、従業員の食品衛生に対する意識が低いという平平君の公益通報の根幹部分は存在したと認定することで、ゆるやかな判断をしています。まあ、だいたい、他の裁判例もこんな感じです。その一方で、事実を捏造したり、事実を著しく誇張することは、内部告発として保護される正当性の範囲を超えてしまいますので、ご留意ください。このことは、先ほどのスーパーの事例を思い出すと容易に理解できるのではないでしょうか。

つぎに、②告発の目的については、もっぱら組織に打撃を与えることが主たる目的であったり、社内の権力闘争絡みで、社長・上司等を落とし入れるといった個人的・感情的動機が主たる目的であったり、所属組織に対する恨みや不満が主たる目的であったりしながら、告発が行われている場合には、告発目的の公益性が否定される可能性が高まります[33]。なぜなら、この場合には、表面上の「公益」という「錦の御旗」にもかかわらず、その主たる動機は従業員の私怨を晴らすことが中心になっているからです。もちろん、全く、私怨が絡まない内部告発は、通常は、あまり考えられないことからも、裁判例は、かりに私怨がきっかけとなっていたとしても、企業や会社の「法令違反」[34]の状況があれば、その「公益性」を認め、私怨を過大評価しないという傾向にあるといえます。この点、国場000番地店の事件でも、裁判所は、「いゃー、平平はバイトシフトを減らされて会社を恨んでました。」とのパラダイス物産の主張を一蹴しています。

---

[33] 北里研究所事件・平24.4.26労経速2151号3頁では、学校法人のX事務長によるA理事長に対する誹謗中傷が、学校法人の社会的信用、評価に負の影響を及ぼす宣伝流布行為であるとして、X事務長が降格処分を受けたというものです。裁判所は、このような行為の主たる目的が学長選においてG教授を支援し、A理事長を当選させないことにあったと認めて、X事務長に対する懲戒処分を有効と判断しています。
[34] 「法令」とは、法律と命令を略したものです。「法令違反」を「コンプライアンス違反」ということもあります。

さらに、③告発の手段または相当性ですが、裁判所は、原則として、裁判例は組織内部で是正努力を従業員に要求する傾向にあります。従業員の是正努力が功を奏しない状況で、やむなく、監督官庁やマスコミ等に内部告発を行っていると理解できるような場合には、正当な行為と判断する傾向があります。とはいえ、組織内の通報や是正努力によっても不祥事や不正行為の証拠隠滅のおそれや組織から不利益を課されるリスクがあり、是正努力が期待できない場合には、組織内での通報あるいは是正努力はもはや必要ないと考えてよいでしょう。

くわえて、内部告発の証拠を確保し、客観的な正確性を高めるためには、組織内部の情報・資料を持ち出す行為が必要になりそうです。この点について、宮崎信用金庫事件・福岡高宮崎支平14.7.2労判833号48頁は、Y（宮崎信用金庫）に勤務していたX1らが、Yの管理していた顧客の信用情報等が記載された文書を不法に入手し、これらの文書やYの人事等を批判する文書を外部の者に交付して機密を漏洩し、Yの信用を失墜させたとして懲戒解雇されたというものです。裁判所は、X1らが顧客の信用情報に不正にアクセスし、これらの情報を印刷して取得したこと、「印刷した文書及び写しは、いずれもYの所有物であるから、これを業務外の目的に使用するために、Yの許可なく業務外で取得する行為は、形式的には、窃盗に当たるといえなくはない」が、その一方で、「X1らの取得した文書等は、その財産的価値はさしたるものでなく、その記載内容を外部に漏らさない限りはYに実害を与えるものではない、これら文書を取得する行為そのものは直ちに窃盗罪として処罰する程度に悪質なものとは解され」ないとして、X1らの懲戒解雇を無効と判断しています。内部告発には、根拠資料となる内部資料の収集や持出しは、不可欠な行為といえそうです。であるなら、立法論的には、このような行為を行っても免責されるような立法措置も考えていく必要がありそうです。

さて、平平君は、公益通報者保護法に従って、公益通報を行おうと努力して

います。もっとも、裁判所は同法にほとんど関心を払わずに、従来の判例法理を用いて、平平君を救済しています。同法のスタンスは、公益通報や内部告発が濫発されることで、企業や会社が倒産等の経営リスクを抱えることを回避するために、組織と従業員の非対称な関係にはあえて目を閉ざそうというものです。同法の救済は、正当な内部告発を行った従業員について、解雇の無効（同法3条）と不利益取り扱いの禁止（同法5条）といった私法上の救済を与えるだけであり、企業や会社に対する制裁—例えば、公益通報者に対する報復行為に対する私法上の損害賠償・公法上の「刑罰」あるいは「行政処分」—には無視を決め込んでいます。中途半端な法規制にとどまっている同法の制定は、かえって公益通報者や内部告発者を委縮させる効果を秘めています[35]。なるほど、公益通報者や内部告発者は、組織の不正を追及するのだから、まず、自分がしっかりと法律を守ったうえで、正当な告発を行おうと考えがちですから、実に巧みな「公益通報（内部告発）抑制法」を作ったものだと感心します。さらに、同法2条は、通報先を、1号の労務提供先（事業者内部）、2号の行政機関、3号の第三者（事業者外部の第三者）に区分して、後者にいくほど、より厳格に通報の正当性の要件を縛ることで、1号の内部通報への誘導を図ろうとしています。そうすると、組織が不祥事や不正を本気で握りつぶそうと決意しているときには、同法は機能せず、公益通報者は、社内でたらいまわしにされ、白い目で見られ、やめさせられたり、やめざるをえない状況に追い込まれてしまいます。これじゃあ、公益通報や内部告発は割りが合わなくて、やる気がしないと従業員が考えるのは当然です。

　それでは、内部通報を経由しない内部告発事例に、裁判所はどのように対応をしているのでしょうか。生駒市衛生社事件（奈良地判平16.1.21労判872号

---

[35] 國武英生「公益通報者保護法の法的問題」労旬1599号10頁。

20頁）は、奈良県生駒市の家庭用ごみを収集するYの従業員3名が記者会見等を行ってその業者のごみ不正混入行為を告発し、それが新聞報道されたため、会社の信用が毀損されたとして、懲戒解雇されたものです。同事件の事実関係からは、「労務提供先」に対し何ら改善の要求を行わず、突然マスコミに通報していることがうかがえます。判決要旨は省略しますが、結論的には懲戒解雇は無効と判断して、従業員を救済しています。学説においては、公益通報者保護法の通報対象事実に該当しない外部通報が問題となった裁判例においても、外部通報を理由とする解雇・懲戒処分が無効とされた例が少なくないことからすれば、同法制定は、これまでの裁判例が認めてきた外部通報の正当性を狭めるものではない[*36]との評価があります。つまり、同法の保護法益の外側には、判例法理によって正当化される内部告発事案が存在すると考えていくべきでしょう。

　あらためて、皆さんの「職場」で見ちゃいけないものを見ちゃったら、どうしましょうか。たしかに、公益通報や内部告発は引き合わない行為です。それでも、見ちゃいけないものだからこそ、見ていいものに直していくという取り組みも「ヒトとして正しい道」というお気持ちになってこられたでしょうか。そんな時に、沖縄県民はどの場所にどのようなサポートをお願いすることができるでしょうか。まず、公益通報者保護法を所轄する消費者庁は、同法の要件に合致した「公益通報」を推奨する方向でアドバイスをすることになるでしょう。試しに、沖縄総合事務局のホームページにアクセスし、「公益通報受付窓口」に電話してみました。電話先は専門窓口の電話ではなく、総合案内にかかり、待たされること5分で、職員さんとお話をすることができました。さらに、内部告発や公益通報の具体的な相談のためには、例えば、運輸業界とか金融業界

[*36] 島田陽一「内部通報制度（ヘルプライン）の設置と参考裁判例」『「公益通報関係裁判集—公益通報関係裁判例集作成検討委員会報告書—』（商事法務、2006年）5頁。

とか農林業界とかの各業界を管轄する部署担当者と、あらためて、電話をかわるか、あるいは東京の消費者庁とやり取りしなければならないとのことでした。沖縄県民の「公益通報先」の有力な候補であるはずなのに、正直、なんだかなーと思ってしまいました。といっても、沖縄総合事務局を責めたいわけではありません。人員不足で、「公益通報受付窓口」専門の人員配置の充実が難しいということでしょうから、ぜひ、この文章をきっかけに東京の消費者庁に人員増を要求していただくなり、直通電話は難しいとしても、せめて、メールアドレスを設置して、専用相談ルートへのアクセスがしやすいようにしてくだ

琉球新報 2018年4月27日

されば、沖縄県民も助かるのではないでしょうか。さらに、沖縄県の自治体の内部告発窓口は、職員向けが23.7％の全国ワースト2位、外部（住民）向けが10.5％の全国ワースト3位という惨憺たる数値となっていますから[*37]、こちらも沖縄県民にとってあまり期待できないようです。つぎのような新聞記事をみてみましょう。最も私が問題と思っていることは、行政が公益通報や内部告発に対して行政が不慣れな対応をしがちだということです。行政は公益通報や内部告発に基づいて事業主に対して行政指導や行政処分等を行わなればなりませんから、逆に、精度の低い公益通報や内部告発に基づいた行動はとりかねます。

[*37] 沖縄タイムス 2017年8月1日。

思わず、事業主にはその情報の精度を高めるために公益通報者や内部告発者の特定につながるような話を思わずしてしまうということなんでしょうが、これじゃあ、アキマヘン。

　内部告発や公益通報を本気で行おうと決意した従業員にとっては、弁護士等の法律専門職のアドバイスは不可欠です。なぜなら、行政窓口は公益通報や内部告発を受けて、事業主にどのような行政指導を行うか、場合によっては行政処分を行うか否かについて主たる問題関心があるからです。公益通報者や内部告発者の救済は、行政上のサポートとは別に、むしろ、法的サポート機関の手助けが不可欠です。その窓口は、沖縄県弁護士会となるはずです。ところが、ここには「公益通報相談窓口」が設置されていません。企業や会社の「内部通報制度」や「内部統制システム」の構築の方が商売になると「アキンド（商人）」のようなことばかりやっているのは「アキマヘン」。公益通報者保護法施行に伴って、かなり昔、日弁連は各都道府県弁護士会に「公益通報支援窓口を設置されたい」という依頼文書を出していませんでしたっけ？　せめて、弁護士法1条の「社会正義の実現」に向かって[*38]、メール相談窓口くらいは設けてくださればと。一方、いまのところ、沖縄県民に役に立ちそうなのが、「労働トラブルねっと！」のホームページです[*39]。職場の不正や不祥事を目の当たりにして、イライラなさっている県民の皆さん、「内部告発」や「公益通報」を行うかどうかは別にして、丁寧な説明や具体的に必要な書類や書式等が簡単にダウンロードできるようになっており、心が少しだけ安らぐかもしれません。

[*38]　弁護士法1条1項は「弁護士は、基本的人権を擁護し、社会正義を実現することを使命とする。」と定め、同条2項は「弁護士は、前項の使命に基き、誠実にその職務を行い、社会秩序の維持及び法律制度の改善に努力しなければならない。」と定めています。沖縄でも「プロボノ精神」にあふれた、公益を追及する法律家の登場に期待したいと思います。

[*39]　https://roudoutrouble.net/naibukokuhatsu_houhou/

第8講　見ちゃいけないものを「職場」で見ちゃったら、どうしますか？

　不正を告発する仕組みは、社会をかえる「公共財」のはずです。そして、「公益通報」や「内部告発」を行うかどうかは、沖縄県民の各自が決めればよいことです。そのための最低限の環境整備はなされる必要がありますが、沖縄にはその「公共財」が欠落しています。

　「プロボノ」という言葉があります。これは、アメリカの弁護士の社会的活動に由来して、最近、日本でも流行中の社会的動きです。例えば、金機機関に勤める会社員が休みの日に「子ども食堂」のボランティアを手伝うとか、弁護士がボランティアで難民申請をサポートするといった、本業とは別に、社会貢献や社会正義の実現についてその一翼を担うという動きです。「プロボノ」は「プロ・ボノ・ププリコ（pro bono public）」＝「公共善のために」という言葉（ラテン語）はローマ時代からある古くからある考え方です。私たち一人一人が職場で、必死に稼ぎ、自分の生活を成り立たせことだけに汲々としていしている社会では、なかなか見えてこない視点です。今後の沖縄社会における「プロボノ」の活動の見通しは…………。

　おっと誰ですか（・・?「そもそも、沖縄の職場には見ちゃいけないものなんてないから、これまでの春田先生の長い説教じみた話はそもそも必要ないのでは（・・?」と突っ込んで、私がようやくたどり着きそうになった結論をお釈迦にしようとしていらっしゃるのは……（・・?

217

| 第9講

結構、地味なテーマですが……。

1. 結構、地味なテーマですが……。

　つぎの二つの新聞記事は地方公務員の懲戒免職処分[*1]にかかわるものです。一つは警察官のもので、一つは市町村の職員のものです。

　注意深く琉球新報に目を通してみると、公務員の懲戒免職・会社員の懲戒解雇といった処分の話はコンスタントに報道されています。懲戒免職・懲戒解雇といった処分は、法的にはそのヒトにとっては退職金の不支給・減額という経済的不利益を伴った、職場との勤務関係の終了を意味します。それだけではなく、懲戒処分を受けて、その処分が有効に確定すると、そのヒトは、同じ業界では、二度と働く可能性が低くなってしまいます。例えば、セクシャル・ハラスメントや飲酒運転が原因で、職場をクビになった労働者を、他の会社が喜んで

琉球新報 2017年7月19日

第9講　結構、地味なテーマですが……。

久米島町職員横領

伝票偽造 1年で10回

町長謝罪　懲戒免職し告訴

久米島町の大田治雄町長は18日、町役場で会見し、産業振興課の20代男性職員が約3千万円の公金を横領したと発表した。男性は同日付で懲戒免職。町は那覇署に告訴する方針。記者会見した大田町長は「月例監査をしなかったのが盲点だった。心よりおわび申し上げる」と謝罪した。

町の調査によると、男性職員は2016年5月〜17年5月の約1年で10回ほど横領し、今年7月18日、監査が終了し横領を認めた。

月例監査なく発覚遅れ

町は16年度決算資料を確認したところ資料の不備が発覚し、産業振興課は同日、男性を問いただすとオートバイ購入で約70万円の横領を認めた。

町は7月26日以降、男性を自宅待機させ調査を進めたところ、約3千万円の被害額が判明した。個人的な趣味に金をつぎ込んでいる。男性は横領を認めている。男性は15年度から同課に配属され、成したりして公金を横領したり、課や班員の印鑑を無断で伝票から伝票を抜き取ったり、課や班員の印鑑を無断で偽造伝票を作成したりして公金を横領した疑いがある。

町ではサトウキビの振興に用いる国庫補助金に関しては年1度の決算監査を実施しているものの、一般会計については「二重三重のチェックが掛かっていないのが大きな要因だ」として、今後は毎月監査する考えを示した。

町は今後、男性に対し損害賠償請求も行う。町は産業振興課長と同課班長を3カ月の減給処分とし、町長と副町長を議会の承認を得て同様の処分とする予定。

琉球新報 2017年8月18日

採用することはありません。そのヒトは社会的な制裁も受けることになります*²。会社の一方的な意思表示である懲戒解雇が、そのヒトの人格的屈辱や名誉

---

*1　国家公務員法82条1項は、懲戒処分の種類について、免職・停職・減給・戒告を定め、懲戒処分の事由として、「この法律若しくは国家公務員倫理法又はこれらの法律に基づく命令（……）に違反した場合（1号）」「職務上の義務に違反し、又は職務を怠つた場合（2号）」「国民全体の奉仕者たるにふさわしくない非行のあった場合（3号）」を定めています。地方公務員法29条1項は、懲戒処分の種類について、戒告・減給・停職・減給・免職と国家公務員とは逆の順番で定めていますが、懲戒処分の事由として、「この法律若しくは第57条に規定する特例を定めた又はこれに基く条例、地方公共団体の規則若しくは地方公共団体の機関の定める規程に違反した場合（1号）」「職務上の義務に違反し、又は職務を怠つた場合（2号）」「全体の奉仕者たるにふさわしくない非行のあった場合（3号）」を定めています。

を侵害するだけでなく、職業生活や私生活に甚大な被害をもたらす危険性をもたらしうる行為であることも指摘されなければなりません[*3]。

さて、ここからは、公務員の話ではなく、民間企業の労働者を中心に話を進めていきます[*4]。その前に、「懲戒」とは「懲らしめる」という意味で、この言葉は、例えば、民法822条の「親権を行う者は、……監護及び教育に必要な範囲内でその子を懲戒することができる。」という規定で用いられています。皆さんも小さい頃に、「いやだ。お風呂にはいりたくない。シャワーもいやだ。」とか「いやだ。ママの作ったカレー、給食のカレーより、まずいから食べたくない。」と頑張って主張してみたところ、「あんた。何いってるの？ ちゃんとやんなきゃいかんだろ？ 」と親にキレられた経験があるかもしれません。その頃は、まだ子どもで、「ちょっと、ママ、待って。サービスにはクライアン

[*2] このため、懲戒解雇より、若干、軽い懲戒処分によって、労働者に退職願を提出させて解雇する（諭旨解雇）、または退職願を出させて退職扱いとする（諭旨退職）という方法が懲戒解雇の代わりに代用されることもあります。この場合、退職金の全部支給または一部支給が行われることが多いようです。とはいえ、労働者が退職願を提出しなかったり、退職に応じない場合は、懲戒解雇が行われことになります。
[*3] 豊川義明「懲戒と法─『懲戒』再考」労旬1867号28頁では、「懲戒解雇の現実においては、労働者は自己責任の『極み』として、この処分を背負い、企業は非違行為の背景、原因となる組織における問題、課題を組織内に閉じ込め、問題をあいまいにすることも多く、不始末を起こした労働者を企業外に放逐し、企業の名誉を守るのである。……そして、懲戒解雇を受けた労働者は人間の尊厳を否定された苦痛を回復されぬまま、流動化する労働市場のなかで負のスパイラルに落ちこんでいく」と書かれています。労働側として多数の事件を担当された、豊川弁護士の言葉は、あらためて懲戒解雇の破壊力を痛感させます。
[*4] 公務員の勤務は公法上の勤務関係と捉えられ、労働契約とは捉えられていません。労働契約法22条1項も「この法律は、国家公務員及び地方公務員について、適用しない」と定めています。公務員の問題は、労働法の守備範囲ではなく、行政法の守備範囲です。公務員の勤務条件は、国家公務員については法律・人事院規則に基づいて、地方公務員については法律・条例に基づいて、決定されています（「勤務条件法定主義」）。

トの自己決定が必要でしょ。それ以上、強制すると児童虐待に該当すると思います……」といった反論をするための「説明能力が足りていなかった」とか「法的知識がなかった」という話ではありません。そうではなく、民法820条が「親権を行う者は、子の利益のために子の監護及び教育をする権利を有し、義務を負う」と定め、親権者（保護者）から子（被保護）に対する、一方的な関係において、「監護・教育」をする権利と義務のための制裁を認めているということです。このような親権、つまり、親としての子への権利・義務を「身上監護権」*5といいます。

　さらに、つぎのような新聞記事を見てみましょう。このような教員の不祥事も、しばしば、報道されます。しばしば、起こる出来事であるならば、その防止策として、児童等にも「懲戒権」を認めた方が効果があるとも思うかもしれません。しかし、学校教育法11条は、児童生徒等の懲戒について、「校長及び教員は、教育上必要があると認められるときは、文部科学大臣の定めるところにより、児童、生徒及び学生に懲戒を加えることができる。ただし、体罰を加えることはできない。」と定めていることから、教育者から教育を受ける児童等へ

琉球新報 2008年11月20日

---

*5　民法820条が「身上監護権」の総則的規定です。懲戒権のほかには、居所指定権（民法821条）、職業許可権（民法823条）が定められています。

の一方的な制裁としての懲戒を認めていることが読み取れます。

　労働法の世界でも、使用者は労働者に対して「懲戒権」があると考えています。もっとも、法律上の根拠はありません。理論上、そう考えられているというわけです。本来、労使間の労働契約は対等（平等）であることが理想です[*6]。このような理想論[*7]からすると、なんで使用者だけが労働者を「懲らしめ」て、制裁する権利があるのかという、懲戒権の法的性質と根拠をめぐる論争は、根源的な問題となります[*8]。最高裁は、この論争に終止符を打つのはあきらめて、「企業の経営や企業の運営のためには、企業秩序を定めることと企業秩序を維

[*6] 労働基準法2条1項は「労働条件は、労働者と使用者が、対等の立場において決定すべきものである。」と定め、労働契約法3条1項は「労働契約は、労働者及び使用者が対等の立場における合意に基づいて締結し、又は変更すべきものとする。」と定めています。理想論としてはともかく、現実社会では、「労使は対等ではない＝労使対等は虚構（フィクション）でしかない」ということは、例えば、生活に困窮し、不安にかられて自らブラック企業やブラックバイトに飛び込んでしまい、いつの間にか、精神的・肉体的にブラック労働から抜け出せず、袋小路に追い込まれた多くの労働者がいることを想像すれば、容易に理解できるでしょう。

[*7] 労使が対等であるという理想論の枠内でも、使用者は労働者の債務不履行に伴う損害賠償請求と労働契約の解除（普通解雇）を行うことで、契約法上の対抗手段をとることができます。懲戒権の法的性質と根拠をめぐる論争は、契約法を超えて、なぜ、使用者のみが労働者に特別な不利益を与えることができるのかを解明しようとしています。

[*8] 懲戒権の根拠については、いまだ、一致した見解はありません。角田邦重・山田省三『現代雇用法』（信山社、2007年）127頁では、その根拠は、①組織体としての企業に固有のものとみる「固有権説」、②労使間の合意で根拠づける以外にはないとする「契約説」、③合意で説明するのは実態から遊離しており、労働基準法によって、就業規則による客観的な作業秩序定立の法的承認がなされているとする見解（就業規則の「保護法授権説」）、④労使間の共同決定が必要とする説、⑤労働基準法91条による減給の規定における承認を除けば、懲戒権を否定する「懲戒権否認説」、⑥懲戒権とは使用者によって行使される職場規律保持のための制裁を総称するものであり、包括的な特別の権利として論じるよりも、そのような機能をもった手段ごとにその性質と限界を論ずれば足りると捉える説があると整理しています。もう少し、

持することは不可欠です。だから、企業には、企業秩序定立権があります。一方、労働者は労働契約を結ぶことで企業秩序遵守義務を労働契約上も負うことになります。」*9 という、実の無い話でまとめてしまいます。よく考えると、なぜ、使用者だけが懲戒権をもつのかが問われているのに、「いやいや。とにかく、使用者はもっています。」と頓珍漢(とんちんかん)な説明をされても、問答無用といってるだけだという気もしますが、この点は、これ以上、詰めていくのはやめておきましょう。

さて、現実の企業や会社等の労務管理において、懲戒処分は、地味ではあるものの、労使ともに興味津々のテーマです。実務上は、多くの職場において職場のルール（労働契約のひな型）として就業規則が定められていることでしょう。参考までに「沖縄大学職員就業規則」の一部を掲載いたしましょう。なお、引用に際しては、沖縄大学の理事会・理事長・学長等の許可をいただいておりません。とはいえ、リベラルな大学なのでお許しいただけるのではないで

> （懲戒）
> 第33条　理事長は、職員が次の各号の一に該当するときは、職務規律の向上を図るため、懲戒を行うことができる。
> （1）職務上の義務に違反し、又は職務を怠り、若しくは業務の遂行又は運営を阻害するような行為があったとき。
> （2）重要な履歴を偽り、又は不正な手段によって採用されたことが判明したとき。
> （3）正当な理由なく、又は必要な手続をとらずに無断欠勤したとき。
> （4）職務上の届出を怠り、又は勤務上の諸規則に違反したとき。
> （5）職務上の秘密を漏らしたとき。
> （6）故意又は重大な過失により、本学に損害を与えたとき。
> （7）本学の名誉又は信用を著しく傷つけたとき。
> （8）理事長の許可なく、在籍のまま本学以外の業務に従事し、及び本学の業務に重大な支障をきたし、その廃止又は停止の勧告に応じないとき。
> （9）セクシャル・ハラスメント及びアカデミック・ハラスメント等人権侵害に該当する行為があったとき。
> （10）刑法犯に該当する行為があったとき。
> （11）素行不良で、本学の秩序又は風紀を乱したとき。
> （12）この規則その他本学の規程に違反したとき。
> （懲戒の種類及び内容）
> 第34条　懲戒の種類及び内容は、次の各号に掲げる懲戒の種類に応じて、当該各号に定めるとおりとする。この場合において、第1号から第3号までの懲戒をするときは、始末書を提出させるものとする。
> （1）戒告　将来を戒める。
> （2）減給　1回について平均賃金の1日分の半額以内の給与を減ずる。この場合において、減額する給与の総額が当該支給期の総額の10分の1を超えてはならない。
> （3）停職　6か月以内の期間を定めて出勤を停止する。この場合において、その期間の給与は支給しない。
> （4）諭旨解雇　予告期間を設けないで解雇する。第42条の規定に基づき算出した退職手当の3分の1を減額する。
> （5）懲戒解雇　予告期間を設けないで解雇する。

理論的にも勉強したい方は、籾井常喜「懲戒権論」籾井常喜編『戦後労働法学説史』（旬報社、1996年）808頁。
*9　関西電力事件・最一小判昭58.9.8労判415号29頁。

しょうか？

　使用者は労働者の懲戒処分に際しては、就業規則に定められた事由と種類に基いて、行わなければなりませんし、その内容が労働者に周知されていなければなりません。さもないと、裁判所は懲戒処分を無効と判断します[*10]。さて、ここで、皆さんに質問です。ある職員が飲酒運転で交通事故を起こして、罰金刑が確定したとしましょう。はたして、沖縄大学はこの就業規則に基づいて懲戒処分を行ことはできるのでしょうか？沖縄国際大学や琉球大学の関係者も、うちの大学のことじゃないから、知らねーよとおっしゃらずに、一緒に考えてみましょう。

　まず、形式的には、就業規則33条7項に該当しそうです。とはいえ、いくら何でも、就業規則34条5項の懲戒解雇は「行き過ぎ」でしょう。そもそも、この問題は学外のプライベートの時間に起こった出来事に起因した罰金刑から始まっていますから、職場での非違行為を理由としたものではありません。それでは、一体どのように判断したらよいのでしょうか。実は、この類型は「私生活上の非行（企業外非行）」といわれるもので、懲戒処分は可能ですが、労働者の行為の悪質性の程度と懲戒処分の相当性が釣り合っていないと、裁判所は懲戒処分を無効と判断します[*11]。

　モデルケース[*12]は、ある労働者が米軍基地に立ち入って、逮捕・起訴されたことを理由に懲戒解雇された事案です。裁判所は、「営利を目的とする会社

[*10] フジ興産事件・最二小判平15.10.10労判861号5頁。
[*11] 労働契約法15条は、懲戒について、「使用者が労働者を懲戒することができる場合において、当該懲戒が、当該懲戒に係る労働者の行為の性質及び態様その他の事情に照らして、客観的に合理的な理由を欠き、社会通念上相当であると認められない場合は、その権利を濫用したものとして、当該懲戒は無効とする。」と定めています。この規定の解釈に適合した、懲戒処分を選択する必要があります。
[*12] 日本鋼管事件・最二小判昭49.3.15労判198号23頁。

第9講　結構、地味なテーマですが……。

がその名誉、信用その他相当の社会的評価を維持することは、会社の存立ないしは事業運営にとって不可欠であるから、会社の社会的評価に重大な悪影響を与えるような従業員の行為については、それが職務遂行と直接関係のない私生活上で行われたものであっても、これに対して会社の規制を及ぼしうることは当然認められ」ると判断しました。その一方で、「従業員の不名誉な行為が会社の体面を著しく汚したというためには、必ずしも、具体的な業務阻害の結果や取引上の不利益の発生を必要とするものではないが、当該行為の性質、情状のほか、会社の事業の種類、態様、規模、会社の経済界に占める地位、経営方針及びその従業員の会社における地位、職種等諸般の事情から総合的に判断して、右行為により会社の社会的評価に及ぼす悪影響が相当重大であると客観的に評価される場合でなければならない」として、懲戒処分の有効性の限界を示しています。結論的には、懲戒解雇は会社の行き過ぎであり、無効であると判断しています。

２．え、そんなことで懲戒解雇ですか？

（１）あるマッサージ屋さんで起こった出来事

　パラダイス物産は、観光ホテルとタイマッサージ店「祖例成理似」を経営する株式会社です。貴餅伊井子さんは、パラダイス物産との契約に基づいて、「祖例成理似」の国際通り店でマッサージ業務に従事していました。20×5年8月31日、貴餅さんはパラダイス物産の本土復帰子社長に翌日からの2日間の年次有給休暇（以下、「年休」）を請求しました。本土社長は貴餅さんに「勝手に休まれたのでは、仕事にならない。お前みたいな者はもう必要がないのでやめてくれ。明日から来なくてよい」とのべ、懲戒解雇の意思表示をしました（以下「第1回目の懲戒解雇」）。貴餅さんはこの解雇の有効性について、那覇地方裁判所に地位保全の仮処分を申し立てました。20×6年4月21日、パラダイス物産は仮処分の答弁書で本件解雇が無効な場合は、貴餅さんが採用時に提出

した履歴書の虚偽事実記載（契約締結時57歳であったが45歳と記載した履歴書を提出し年齢詐称）*13 を理由に、ふたたび、懲戒解雇の意思表示をしました（以下「第2回目の懲戒解雇」）。

　貴餅さんは第1回目の懲戒解雇後の無効確認と未払賃金の支払いを求めて、正式に訴訟を提起しました。一方、パラダイス物産は貴餅さんの出勤拒否（業務命令違反）*14 に加え、仮処分で初めて主張した、第2回目の懲戒解雇理由である年齢詐称を第1回目の懲戒解雇の理由として追加主張しました。第一審の地方裁判所*15 は、①20×5年8月31日は休日で、本土社長が貴餅さんに出勤を命じた事実はないから、「業務上の指揮命令に違反したとき」という懲戒事由にはあたらない、②貴餅さんの年齢詐称は本件解雇後に判明し、懲戒の理由とされていなかったから第1回目の懲戒解雇の解雇理由とはできないし、普通解雇*16 の意思表示とみても解雇権の濫用であるとして第1回目の懲戒解

---

*13 「年齢詐称」「学歴詐称」「職歴詐称」等の「経歴詐称」は、懲戒処分の対象となります。なぜなら、「経歴詐称」は、労働者の真実告知義務に違反し、使用者の採用に際して、使用者の労働者に対する労働力としての評価やその職場配置において誤解や混乱を生じさせて、企業秩序を乱すおそれがあるからです。例えば、大学中退なのに大卒と学歴を実際より高く詐称した場合だけでなく、大卒なのに高卒と学歴を低く詐称した場合も「学歴詐称」に該当します。裁判例としては、炭研精密工業事件・最一小平3.9.19労判615号16頁。
*14 労働契約上、使用者は労働者に職場で具体的にどのような仕事を行うのかを、業務命令権（指揮命令権）として命じることができます。労働者が使用者から指示された通りの仕事をしなかった場合、業務命令（指揮命令）違反として、懲戒処分の対象になります。使用者の配置転換命令権・出向命令権・転籍命令権も同様に理解されています。
*15 実際の第一審は、大阪地判平7.6.28労判686号71頁。
*16 実務上は、使用者が労働者の懲戒解雇後に新しく普通解雇を行うとか普通解雇後に追加的に懲戒解雇を行うということがありえます。この場合、懲戒解雇と普通解雇の関係が問題となりますが、この点は、このような問題があるという指摘にとどめておきます。

雇は無効であると判断しましたが、年齢詐称を理由とした第２回目の懲戒解雇は有効と判断して、その期間までの貴餅さんの賃金請求を一部認容しました。

実はこのストーリーは、大阪府豊中市にある新大阪空港（伊丹国際空港）から２キロ位のところにある「豊中リゾートプラザ」*17 という「健康ランドー（スーパー銭湯）」で、実際に、起こった出来事を、沖縄を舞台してアレンジし直しました。

豊中リゾートプラザ　今も、やっているのでしょうか？

このような話は、日本全国のワンマン社長のいる会社では、いかにもありそうな出来事です。貴餅さんが、法律上、正当な年休権を行使したことに、「お前、休んでばっかじゃねーか。だいいち、休む時は、旦那じゃなくて、自分で電話しろ。だいたい、マッサージの従業員がそんなに休んだら、お客さんも困るだろ。こっちも仕事になんないよ。シフトを組むのも大変なんだ。業務命令だ。とにかく、来い。来ないんだったら、業務命令違反でクビだ！」と切れてしまう本土社長もどうかと思います。一方、年齢をごまかして働こうとする貴餅さんも何だかなあと思ってしまいます。

地方裁判所は極めてまともな判断をしています。貴餅さんも「年齢詐称がばれちゃったんだから、ばれるまでの給料がもらえて、仕方がないかなぁ」と思ったはずで、本来は、話はこれで終わり、誰も気に留めない平凡な裁判例となるはずでした。

---

*17 　写真は、Kofy の『「倍行く」人生』ブログから引用。ホームページは、以下の通り。
http://blog.goo.ne.jp/toyokozy/e/9c237070b589d9e0951x9d3997dc4d5d

しかし、本土社長とその弁護士が意固地になってしまいました。貴餅が「マッサージの仕事は手が疲れて私もマッサージに行きたい」とか「病院に行かなければならないので休みます」とかいってたことや、お客さんから「貴餅さんのマッサージは力が弱くて気持ちよくない」という苦情が多かったのは、「彼女が年寄りだったからだ。裁判を真面目にやってみて、初めて、わかった事実だ。真面目ついでに、どうして、20×5年8月31日から20×6年4月21日までの給料も払わないといけなんだ。貴餅が年寄りで疲れるから休みたいといえば許してやったのに、私をだました上に、年休は権利だと開き直るなんて、腹立たしい。」と、何と高等裁判所に控訴してしまいました。当然、第二審[18]も第一審を支持します。貴餅さんに、たかだか約8か月分の給料を払えば済むことですから、本土社長も普通はこれであきらめるものですが……。商売そっちのけの（？）社長とこだわりのある（？）会社側の弁護士に、「正義は事業より大なるものなり。否な正義は大事業にして正義を守るに勝る大事業のあるなし、人生の目的は事業にあらざるなり、事業は正義に達する途にして正義は事業の待女（Handmaid）にあらざるなり」[19]という神の啓示でもあったのでしょうか。何と、パラダイス物産は、最高裁判所に上告してしまいます。その理由は、企業秩序違反行為が客観的に存在する限り、解雇時に企業秩序違反を理由として、主張していなかったとしても企業秩序の維持のためには懲戒解雇の効力が認められるべきである等というものでした。

（２）哲学的な問題に対する最高裁の深淵な解答

最高裁判所[20]はパラダイス物産の上告を棄却します。つまり、パラダイス

---

[18] 実際の第二審は、大阪高判平7.12.13 労判708号38頁。
[19] 内村鑑三『基督信徒のなぐさめ』（岩波新書、1976年）61頁。
[20] 山口観光事件・最一小平成8.9.26 労判708号31頁。

物産の訴えは判断するまでもなく、全くお話になりませんという結論です。そりゃ。そうでしょう。

ところが、社長とその弁護士の無謀な決断は、予想しなかった波及効果をもたらします。それは、これまで、学者や法律家も、明確には気づいていなかった「懲戒権をめぐる哲学的な問題」に、深淵な答えを用意したからです。最高裁判所は、本土社長とその弁護士の「無茶ぶり」に哲学的な問題として真面目に向き合わざる得なくなります。なぜなら、そもそも、懲戒処分を真面目に論じようとすると、どうしても「哲学ぽい話」になってしまうからです。その最大の理由は、「罪刑法定主義」「類推解釈の禁止」「一事不再理」「不遡及の原則」等[21]の懲戒権にかかわる本質的な法律や条文が欠落しているからです。

最高裁は、まず、「使用者が労働者に対して行う懲戒は、労働者の企業秩序違反行為を理由として、一種の秩序罰を課するものであるから、具体的な懲戒の適否は、その理由とされた非違行為との関係において判断されるべきものである。したがって、懲戒当時に使用者が認識していなかった非違行為は、特段の事情のない限り、当該懲戒の理由とされたものでないことが明らかであるから、その存在をもって当該懲戒の有効性を根拠付けることはできない」といっ

---

[21] いずれも、刑事法に由来する法理論です。「罪刑法定主義」とは、「犯罪なければ刑罰なし」という考え方で、労働法でも懲戒処分の根拠である処分事由と処分の種類は、就業規則において、明確に定めておく必要があると考えます（明確性の原則）。「類推解釈の禁止」とは、類推解釈とは、法文の規定がない事項に、それと同類の事項について適用を許すことをいいます。このことは刑事法では禁じられています。例えば、就業規則の中に、「その他前各号に準ずる非違行為があったとき」等の包括条項が置かれる場合に、労働法でも合理的限定解釈という方法で、この考え方を応用する場合があります。「一事不再理」とは、過去に懲戒処分を受けたのと同一の行為について、再度、懲戒処分は禁止されるということです。「不遡及の原則」とは、新たに処罰規定を設けて、過去の事由に適用処罰することは許されないという原則です。

た深淵な呪文を唱えます。この呪文をあてはめると、第1回目の懲戒解雇は貴餅さんが休暇を請求したことやその際の応接態度等を理由としてされたものであり、第1回目の懲戒解雇当時、パラダイス物産は貴餅さんの年齢詐称の事実を認識していなかったことから、年齢詐称を理由として第1回目の懲戒解雇の有効性を根拠づけることはできないと結論づけます。

　本土社長（以下では、「使用者」）が貴餅さん（以下では、「労働者」）に懲戒解雇を行う場合に、使用者の労働契約上の義務として、どのような手続きをどこまで果たせばいいのかも、労働基準法（以下、「労基法」）22条2項[22]、労基法89条9号[23]、労基法91条[24]、労働契約法15条等の条文を見てもよくわかりません[25]。このため、いざ、裁判となったら、使用者は懲戒理由の主張・立証に関して、懲戒解雇時に通知した懲戒理由だけでなく、新しい非違行為事実の主張を行うことは許されるかという問題が生じます。いいかえると、裁判

---

[22] 労基法22条2項は、退職時等の証明について、「労働者が……解雇の予告がされた日から退職の日までの間において、当該解雇の理由について証明書を請求した場合においては、使用者は、遅滞なくこれを交付しなければならない。ただし、解雇の予告がされた日以後に労働者が当該解雇以外の事由により退職した場合においては、使用者は、当該退職の日以後、これを交付することを要しない」と定めます。
[23] 労基法89条9号は、就業規則の必要記載事項として、「表彰および制裁の定めをする場合においては、その種類及び程度に関する事項」という定めを置いています。
[24] 労基法91条は、制裁規定の制限として、「就業規則で、労働者に対して減給の制裁を定める場合においては、その減給は、1回の額が平均賃金の1日分の半額を超え、総額が一賃金支払期における賃金の総額の10分の1を超えてはならない。」と定めており、この規定が、懲戒処分にかかわる唯一の明文規定です。懲戒解雇・諭旨退職・降格・出勤停止・譴責・戒告といった懲戒処分は、使用者が労働契約や就業規則等によって定めなければ、根拠そのものが存在しないことになります。
[25] この点をもう少し、厳密に述べますと、労基法22条2項等の労基法にかかわる条文上の手続きを使用者がサボっても、公法上（行政法上）の義務違反として、使用者が労基法120条の罰則の適用を受けるというだけであり、使用者の労働者に対する私法上（労働契約上）の義務違反を直ちにもたらすわけではありません。小宮文人『雇用終了の法理』（信山社、2010年）36頁は、この点を指摘しています。

所は、懲戒解雇時に判明していた非違行為の処分理由だけではなく、新しく追加された非違行為事実を根拠に、懲戒解雇を有効と判断していいのかという問題が生じるということです。人間、誰しも、潔くよく一発勝負で負けるより、ズルをしてでも勝ちたいものです。使用者は、懲戒解雇時点で判明した、懲戒理由に加えて、労働者が職場に在籍した期間のあらゆる非違行為を精査します。裁判に勝つために、例えば、「会社の鉛筆や消しゴムを持ち出し、子どもに文房具として与えた」ことが「許可なく会社の物品を持ち出し、私用に供した。」との就業規則条項にあてはまるとか、「遅刻・欠勤が多かった」ことが「正当な理由なく遅刻又は欠勤が重なるとき。」との就業規則条項にあてはまるとか、「上司・同僚・部下との人間関係が悪かった」ことが「他人に対し暴行、脅迫を加え又は教唆扇動し業務を阻害したとき。」との就業規則条項にあてはまるとか……、とにかく、あらゆる懲戒理由を追加したいという願望を抱きます。使用者が裁判プロセスで頑張って主張してみたところ、たまには裁判所が非違行為として認定してくれることもあります。一方、労働者側からすれば、懲戒解雇時にいわなかった話を、「どうして裁判で新しく追加できるのか。」「裁判所は使用者に一方的に加担するのか。こっちが被害者だ。」と考えるに決まっています。したがって、裁判所がどのように判断するのが最も合理的かということは、かなり難問です。この難問は、下級審裁判例と学説によって、非違行為事実や懲戒解雇事由の追加・差し替えの主張を認めるか否かの観点から論じられてきました[26]。下級審裁判例は、①それを完全に肯定する裁判例[27]、②

---

[26] なお、公務員の懲戒処分については、処分理由説明書の交付が要求されています（国家公務員法89条、地方公務員法49条。理由付記制度）。処分理由説明書に記載がなかった事由の追加もしくは差替えの可否という問題について、山口県教委（停職処分）事件（最三小判昭59.12.18労判443号16頁）では、説明書記載の事由と処分事由とが密接に関連し同一性が認められる事実の追加主張は可能であると考えられています。

それを原則的に肯定する裁判例*28、③それを原則的に否定する裁判例*29 が「カオス」のように併存し、問題の本質的な解決というよりは、場渡的な解決にとどまっていたという印象を受けます。

　これに対して、最高裁判決は、③の下級審裁判例に類似する結論を導きながら、懲戒当時に使用者が認識していなかった非違行為は、特段の事情のない限り、当該懲戒解雇の私法上の有効性を根拠づけないという判断枠組みを提示します*30。その理由づけは、懲戒が「労働者の企業秩序違反行為を理由として、

---

*27　旭化成延岡支社諭旨解雇事件・宮崎地判延岡支部昭 38.4.10 労民集 14 巻 2 号 514 頁、東京通信機工業事件・山形地判米沢支部昭 52.2.18 労民集 28 巻 1・2 号 30 頁、済生会中央病院事件・東京地判昭 61.1.27 労判 467 号 32 頁、炭研精工事件・東京地判平 2.2.27 労判 558 号 14 頁。
*28　七十七銀行事件・仙台地判昭 45.5.29 労民集 21 巻 3 号 689 頁、京福タクシー事件・福井地判昭 58.12.23 労判 424 号 35 頁、大阪相互タクシー事件・大阪地決昭 61.12.10 判時 1231 号 157 頁。
*29　札幌中央交通事件・札幌地判昭 39.2.24 労民集 15 巻 1 号 84 頁、北群馬信用金庫事件・前橋地判昭 57.12.16 労判 407 号 61 頁。
*30　この判断枠組を理論的により明確化するため、学説はつぎのような検討を行います。以下の文章はマニアックな考察です。興味のない方は読み飛ばしてください。(1) 水町勇一郎『労働法 [第 6 版]』(有斐閣、2016 年) 162 頁では、「罪刑法定主義」「一時不再理」「不遡及の原則」等の諸原則の類推適用することが主張されています。(2) 土田道夫「懲戒当時に使用者が認識していなかった非違行為をもって当該懲戒の有効性を根拠づけることの可否」ジュリスト 1139 号 208 頁は、解雇の実体要件として①使用者が具体的な懲戒理由 (非違行為) を認識し、かつ、②解雇理由として懲戒権行使の意思をもって懲戒解雇の意思表示をしたことを要すると主張しています。(3) 下井隆史「処分時に示されなかった事実を懲戒解雇の理由とすることの可否」判例時報 1597 号 234 頁は、労働者への懲戒事由明示を要求することを前提にこれにより弁明の機会を与えるべきであったのに与えなかった以上は当該事由を持って解雇することは許されないと主張しています。(4) 仙谷啓孝「懲戒解雇事由の該当性」林豊・山川隆一編『新・裁判実務体系 (16) 労働関係訴訟法 (1)』(青林書院、2001 年) 158 頁は、①懲戒解雇の意思表示、②懲戒事由、③として①が②を対象としてなされたこと＝①と②の結びつきの 3 要件を求め、③は使用者側の立証責任であると主張しています。(5) 山川隆一＝荒木尚志「ディアローグ　労働判例この 1 年の争点」

一種の秩序罰を課するものである」という刑法においての「刑罰」との類似性から、処分当時に認識していなかった非違行為に基づいて、あとから秩序罰を課すことは論理的に矛盾することを根拠にしています。秩序罰とは、「企業秩序や会社秩序に障害を与える危険性がある事柄に対して行われる制裁」といった意味に理解すればよろしいかと。そして、最高裁判決が懲戒一般の問題として論じられていることから、この法理構成からは、「譴責・戒告・出勤停止といった、懲戒解雇よりも軽い懲戒処分においても、あとから、理由をつけ足すのは原則的にはダメです」と判断していると読み解くことができます。一方、最高裁判決の簡潔な判示内容については、とりわけ、例外的な「特段の事情」のある場合の具体的な解明作業を含めて、理論的課題が積み残されてしまいました。とはいえ、この最高裁判決以後は、この判決に従って下級審裁判例が積み重ねられました[*31]。

日本労働研究雑誌450号8頁は、解雇権濫用法理の再抗弁レベルの問題として解雇権濫用の判断において使用者の主観が問題となりうると主張しています。(1)から(3)の学説が、刑事法で用いられる法理論を下敷きにし、(4)と(5)の学説が、民事訴訟法を意識していることが伺えます。本稿のテーマは、事案は単純ですが、多様な法理論を参照しなければ解明できないという難解さがあります。

[*31] 下級審裁判例においては、この最高裁判決を参照するもの（中央スポーツクラブ事件・福岡地判平9.2.12労判714号56頁、丸林運輸事件・東京地決平18.5.17労判916号12頁、乙山株式会社事件・大阪地判平25.11.19労判1088号51頁）あるいは類似の判断枠組みを採用するものが集積しています。このうち、後者のメディカル・サポート事件・東京地判平12.2.28労経速1733号9頁は「懲戒処分の対象となる非違行為は、使用者が処分時に処分の対象とする意思を有していたものに限られ」、使用者が認識していなかった非違行為は「原則として懲戒処分の対象とされていなかった」と判断し、新星自動車事件・東京地判平11.2.26労判767号74頁も同様の判断をしています。さらに、第一化成事件・東京地判平20.6.10労判972号51頁は「解雇の後から解雇の理由」を付加することは安易な解雇を許し、労働者の「地位を極めて不安定にするものであるから、容易に認めることはできない」と判断しています。

（3）深淵な解答から派生した、より深淵な問題とより深淵な解答

そして、ついに、最高裁の宿題として積み残された「特段の事情」の解明を行う下級審裁判例が登場します。この事件[*32]は、春田交通株式会社（春田タクシー）の首里営業所で就労する、タクシー運転手で労働組合の副支部長だった喏葉澤岻偉さんが、春田交通株式会社から懲戒解雇されたことを争ったものです。春田タクシーでは、勤務時間内でも「非就労届」を提出すれば組合会議等の組合活動を認めていました。20×8年2月10日は、喏葉さんの乗務日（勤務日）でした。しかし、会社が就業規則の不利益変更の悪だくみをしているという情報を得たため、午前9時から10時頃まで、3台の営業車両をゆいレール「美栄橋駅」付近に駐車したまま、他の組合員と近くの喫茶店で話合いをしました。その間に、警察官から営業車両の違法駐車を指摘する電話を受けたため、直ちに、春田岳彦課長は現地に赴いて警察官に弁明するとともに、駐車中の営業車両の写真撮影をしていたところ、それを発見した喏葉さんたちから、強い抗議を受けました。その後、喏葉さんは首里営業所に戻ったものの、午後も引き続き、組合会議を行い、その日は終日乗務しませんでしたが、喏葉さんは春田岳彦課長に有期休暇扱いにしてもらいました（ちょっと虫がいいのでは……）。20×8年2月27日、喏葉さんは組合会議があったので、「20×8年2月27日12時より終了するまで」という非就労届を会社に提出しました。組合会議は長引き、夕食をとっていない者もいたので、喏葉さんは営業車両を運転し、他の組合員とあわせて5名で、浦添市にあるスナック「レッドライン」に赴き、午後7時30分から午後12時頃まで、飲食をしながら組合の会議等の話もしましたが、カラオケやダンスに興じる者もいました。喏葉さんはブランデー

[*32] 実際の事件は、富士見交通事件・横浜地小田原支判平12.6.6労判788号29頁、富士見交通事件・東京高判平13.9.12労判816号11頁。本文はこの事件を沖縄を舞台として、アレンジし直しています。

のウーロン茶割を何杯か飲み、その後、他の者ら4名を営業車両で自宅に送り届けた後、首里営業所に戻りました。しかし、終業時間の翌日午前2時まで乗務はしませんでした。春田交通株式会社の春田季彦(としひこ)社長は、20×8年3月2日、喀葉さんに「貴殿は、20×8年2月27日の組合執行委員会終了後、正常勤務を怠り、会社は職場放棄とみなし、同年3月2日付をもって、懲戒解雇を通告する。」と記載された懲戒解雇通告書を交付して懲戒解雇を行いました。

地方裁判所は、会社側が裁判において追加主張した、①「営業車両メーターの不正操作」と「飲酒運転」については、使用者は懲戒処分時には認識していなかったとして、②「粗暴な言動による職場秩序侵害行為」「脅迫・虚偽申請による業務妨害および違法駐車」については、使用者は認識していたとしても懲戒解雇に相当する事由として考慮していなかったとして、職場離脱という理由だけでは懲戒解雇処分は重すぎるから、無効であると判断し、喀葉さんの雇用継続を認めました。これに対して、会社は喀葉さんの非違行為を補強する新資料を提出して、地方裁判所が認めなかった、すべての非違行為をあらためて主張しました。

高等裁判所は、まず、先ほどの最高裁の「懲戒当時に使用者が認識していなかった非違行為は、特段の事情のない限り、当該懲戒の理由とされたものでないことが明らかであるから、その存在をもって当該懲戒の有効性を根拠付けることはできない」といった深淵な呪文を唱えます。さらに、しかし、「懲戒当時に使用者が認識していた非違行為については、それが、たとえ、懲戒解雇の際に告知されなかったとしても、告知された非違行為と実質的に同一性を有し、あるいは同種若しくは同じ類型に属すると認められるもの又は密接な関連性を有するものである場合には、それをもって当該懲戒の有効性を根拠付けることができる」とさらに呪文を深化・進化させました。

ちょっと難しいですね。つまり、「懲戒解雇した時に使用者は知ってたけど、あえていわなかったことも、使用者があらためていうのなら、そのいうことと

前にいったことが本当に物凄く近い話だったら、付け加えて判断してあげます。」「これで、長年の宿題だった例外的な『特段の事情』のある場合の具体的な解明作業は明らかになったでしょ。」といいたいわけです。

　嗒葉さんは組合活動に熱心であったことは理解しなければなりません。しかし、本業を軽視し、ちょっとやりすぎです。たしかに、タクシー運転手という仕事柄、合法駐車ばかりではなく、たまには運悪く違法駐車となってしまうかもしれません。しかし、前述した20×8年2月10日の春田岳彦課長に対する強い抗議とは別に、他の日にも職場の仲間に「何で写真を撮るんだ。フィルムを捨てろ。その写真を盾に何をするんだ。」とか「駐車違反で捕まろうが俺たちの勝手だろう。ばかやろう。お前は会社の犬か。」と怒鳴り散らしたり、春田岳彦課長に「春田、お前は黙っていろ」と大声で威圧しています。どんなに正しいこと＝組合活動を行ってきたとしても、間違いを指摘されて逆ギレするのは筋違いです。さらに、メーターの不正操作も行っていました。そして、会社の営業車両で飲食に行き、飲酒運転を行ったことは、タクシードライバーとして、もはや論外でしょう。まさに、「仇（あだ）も情けも我が身より出る」といえましょう。結論的には、高等裁判所は、このような非違行為の事実もあわせて、懲戒解雇処分を有効と判断しました。

　ここまで読んだ皆さんは、それなら何で地方裁判所は嗒葉さんを救済したのだろうかとお考えになられたことでしょう。懲戒処分のうち懲戒解雇は、その後の労働者の生涯の不幸を約束してしまうような使用者による一方的な制裁という側面もあります。このため、裁判所は懲戒解雇は行き過ぎだろうとか、懲戒解雇は唐突であるといったよう理屈で、労働者の救済を図ろうとする傾向にあります。そして、使用者も、通常は、例えば、譴責→出勤停止→懲戒解雇といった段階を踏んで懲戒解雇を行うとか、懲戒解雇に向けて周到に非違行為をモニタリングして証拠を集めるといった努力をした方が、裁判には勝ちやすいものなのです。この点、この事件では、春田交通株式会社には周到な準備や長

期的戦略の構築ができていなかったといえるのかもしれません。

さて、その後、この事件の高裁判決が提示した、使用者が他の非違行為を認識していたが、告知されていなかった場合についても、どのような場合に例外的な追加主張が許容されるかについて、いくつかの下級審裁判例が判断を重ねていきます*33。これらの下級審裁判例からは、懲戒解雇時に使用者が認識していたが労働者に告知されていなかった非違行為と「告知された非違行為」「解雇時に解雇事由として適示された事実」「懲戒理由とされた他の非違行為」といった懲戒事由と、すでに労働者に表示された事実との「実質的同一性」「同種・同類型性」「密接関連性」（以下、「実質的同一性等」）があるかどうかによって、特段の事情の有無を判断する手法*34の確立が試みられています*35。

そして、この事件の登場によって、あらためて、第一に、懲戒処分時に使用者が他の非違行為を認識していなかった場合（＝懲戒処分後にさらに非違行為

---

*33 岩国市農業協同組合事件・山口地判岩国支部平21.6.8労判951号85頁では、「解雇時に解雇事由として適示された事実と密接に関連し、実質的には適示事実に包摂されていると認められる場合でない限り、懲戒事由としてこれを考慮することは許されない」と判断されています。ヒューマントラスト事件・東京地判平24.3.13労判1050号48頁では、「それが、懲戒理由とされた他の非違行為と密接に関連した同種の非違行為であるなどの特段の事情がない限り」、使用者が後からこれを懲戒事由として主張できないと判断されています。ニューロロング事件・東京地判平24.10.11労判1067号63頁でも同様に判断されています。
*34 このような下級審裁判例をトレースし密接関連説と命名して特段の事情につき検証を行う学説として、中町誠「懲戒の事由と手続」岩村正彦・中山慈夫・宮里邦雄編『実務に効く労働判例精選』（有斐閣、2014年）86頁。特段の事情を「実質的同一性等」の有無の問題として検証する学説として、土岐将仁「解雇通知書記載の懲戒事由と懲戒解雇の有効性」ジュリスト1475号116頁。
*35 しかし、実質的同一性等が肯定され、懲戒事由の追加が肯定される場合でも、「懲戒解雇の相当性を判断するに当たって」の情状事由として考慮する（ヒューマントラスト事件）とか「当該懲戒解雇が……解雇権の濫用となるかを検討すべき局面か、あるいは一種の情状として考慮すべき局面において」であるにしか過ぎない(岩国市農業協同組合事件)として、極めて限定的に考慮する姿勢を示しています。

が発覚した場合)、第二に、懲戒処分時に使用者に他の非違行為の認識があったが、その労働者には告知されていなかった場合(＝証拠が不十分で通知時にはあえて外したが後に証拠が固まったので追加主張をする場合や通知時に処分理由の通知の法的な意味を十分に理解せずに主たる事由を告げれば足る等と誤解し他の事由につき言及を怠った場合)の二つの場合に、「特段の事情」が認められるかどうかが裁判実務上の論点となっているということが明らかになったのです[*36]。そして、第一の場合および第二の場合において、懲戒時に使用者が懲戒権行使の理由として考慮していなかった懲戒事由や非違行為事実と労働者に既に告知された事実との間で実質的同一性等が認定できる場合には「特段の事情」が認められるが、全く別個の事実であると認定された場合はその限りではないとの判断基準が学説も含め、相当程度、浸透しているように読み取れます。

(4) ちょっとしたまとめ

懲戒解雇に関する裁判例を読んでみると、そんなことで懲戒解雇とは、使用者はちょっとやりすぎでしょうと感じるものも、反対に、ちょっと、いくら何でも、労働者のやってることは無茶苦茶でしょうと感じるものもあります。使用者が労働者を懲戒解雇した場合に労働者が懲戒解雇の有効性を争っている事案と、労働者が懲戒解雇を免れて退職後に使用者から退職金の全額(一部)返

[*36] このような議論を通じて、「特段の事情」の議論の進化・深化は、第一の場合のケースにも影響を与えていると思われます。例えば、渡島信用金庫(懲戒解雇)事件・札幌高判平13.11.21労判823号31頁は、「社会的な同一性ないしは関連性」から判断しています。アイビーエス石井スポーツ事件・大阪地判平17.11.4労経速1935号3頁、セネック事件・東京地判平23.2.21労判1030号72頁、ザ・トーカイ(本訴・懲戒解雇)事件・東京地判平26.7.4労判1109号66頁等の裁判例では、懲戒事由の実質的同一性等の有無を吟味する判断枠組みが用いられています。

還を求められないように画策している事案を、これまで述べてきたような同一の原則で解決することが適切なのかどうかという問題は、いまだ、解決されていないと思われます。加えて、すでに一部の裁判例で取り扱われている問題ですが、時間的に間隔のあいた非違行為を密接関連性等の認定にどのように組み込んで判断していくのかについても、残されている新たなる課題だと思われます。本来は、懲戒権にかかわる根源的な諸問題については、立法措置によって、基準の明確化を図る時期に来ていると感じていますが、そのような動向がありませんから、今後も、学説や裁判例が検証を図っていくしかありません。

3 かなり、地味な結論ですが……。

懲戒処分、とりわけ懲戒解雇をめぐる地味なテーマについて、最後まで、お読みいただき、誠にありがとうございました。最高裁の話題の中心であった、「豊中リゾートプラザ」を含め、関西圏の「健康センター・スーパー銭湯」等の情報を残念ながら、私は持ち合わせておりません。関西では「風呂屋」というそうですが、東京では「銭湯」ということが一般的です[*37]。東京でしたら、かつて、住んでたこともあり、時々出張しますので、お勧めのところをご紹介いたしましょう。一つ目は、東京都港区麻布十番の「麻布黒美水温泉　竹の湯」[*38]です。こちらは、浜松町からも近く、飛行機に乗る前に「一風呂浴びる」というのはいかがでしょうか。関東ローム層からにじみ出る、黒湯の天然温泉・

[*37] 銭湯の他に、公衆浴場という表現もあります。公衆浴場法1条は「この法律で『公衆浴場』とは、温湯、潮湯又は温泉その他を使用して、公衆を入浴させる施設をいう。」と定めています。

[*38] 「麻布黒美水温泉　竹の湯」の住所は、〒106-0047 東京都港区南麻布1-15-12 Tel:03-3453-1446 です。東京メトロ南北線・都営大江戸線「麻布十番」から歩いて5分です。本文の写真は、「東京銭湯」の以下のホームページから引用しました。
http://www.1010.or.jp/mag-tokyosento-azabutakenoyu/

銭湯です。

二つ目も、東京都港区南青山の「南青山　清水湯」*39 です。原宿駅やお洒落な青山通りを、そぞろ歩きもそろそろ疲れたなあという時にどうぞ。こんな都会的なところに、銭湯があるなんてと感動するばずです。三つ目は、東京都新宿区の神楽坂にある「熱海湯」*40 です。JR「飯田橋駅」から歩くと情緒あふれる神楽坂を通ってくことになり、まさにお江戸の銭湯という感じが最高です。東京の銭湯はどこに行っても値段が460円と手ごろなのも何よりです。

沖縄にも、沖縄市安慶田には「中乃湯」という、銭湯があります。昔は、沖縄にも複数の銭湯が存在し、わざわざ、内地から飛行機に乗って「うちなー銭湯めぐり」を楽しむ沖縄マニアもいたそうです。

ある文献*41 に、「労働者の唯一の慰安は……終日の労苦を癒す入浴」「入浴

---

*39 「南青山　清水湯」の住所は、〒107-0062 東京都港区南青山3-12-3 Tel:03-3401-4404 です。東京メトロ銀座線・半蔵門線・千代田線「表参道駅」から歩いて3分です。
*40 「熱海湯」の住所は、〒162-0825 東京都新宿区神楽坂3-6 Tel:03-3260-1053 です。JR「飯田橋駅」から歩いて3分です。

第9講　結構、地味なテーマですが……。

は労働に取り欠くべからざる慰安」という言葉がありました。もちろん、銭湯は大人だけではなく、老幼を問わず、誰でも安価な料金で、手軽に、日々の疲れを癒し、人々の交流の場にもなるのが素敵です。沖縄でも銭湯（ゆーふるやー）を、お金を儲けている経営者の皆さん、社会事業としておやりになられてはいかがでしょうか？　あらゆる世代の沖縄県民から、きっと感謝

琉球新報2017年10月10日

され、社会的責任を果たす企業として評判が鰻のぼりになるはずですが……。

　いやいや、「労働者の唯一の慰安は終日の労苦を癒す泡盛。泡盛は労働に取り欠くべからざる慰安だろ」と、せっかく、私が、ようやく地味な結論にたどり着いたのに、余計な話を付け加えようとするのは、誰ですか？……

---

*41　川端美季「明治・大正期における公衆浴場をめぐる言説の変容―衛生・社会事業の観点から―」立命館人間科学研究21巻130頁。

第10講

職場のトラブルを
どう解決しますか？

1.「お前はクビだ」といわれたらどうしますか？

　沖縄大学で教えている労働法の講義終了後に、受講生の山代寛君から「ユタ サルグトウ　ウニゲーサビラ。僕は居酒屋さんで働いているんですが、店長から『お前の接客態度はなっていない。お前はクビだ。明日から来なくていい』といわれました。でも、納得がいきません。どうしたらいいでしょう」という相談を受けました。山代君は居酒屋のアルバイトで学費を払っていましたが、彼の熱心な仕事ぶりと昨今の人手不足から正社員に採用されたという話を聞いていたのでとても驚きました。しばしば私はこのような職場のトラブルに関する相談を受けます[*1]。しかし、弁護士等の他人の職場のトラブルを解決するた

[*1] 職場のトラブルとしての労働紛争は、集団的な労働紛争と個別的労働紛争に分けられます。集団的労働紛争は労働争議ともいわれ、労働組合等の労働団体と使用者との紛争を意味します。一方、個別的労働紛争は、「個別労働関係紛争の解決の促進に関する法律」（以下、個別労働関係紛争解決促進法）1条に基づけば、「労働条件その他労働条件に関する事項についての個々の労働者と事業主との間の紛争」と定義され、労働審判法1条に基づけば、「労働契約の存否その他の労働関係に関する事項について個々の労働者と事業主との間に生じた民事に関する紛争」と定義されています。

めの法的資格はもっているわけではありません。出来ることといえば話を聞いてあげることくらいです。「うーん。そうだね……」。私の煮え切らない態度を見かねて、周りで話を聞いていた、労働法に興味津々の赤嶺守紀君が「そこまで、話がこじれてしまったら、裁判しかないんじゃないかなあー」とアドバイスしていましたが、山代君の反応は「裁判はちょっと……」というものでした。つぎに、根間玄実君が「社会的にも対外的にも権威があったり、強そうな人に頼んで交渉してもらった方がいいんじゃない？ 例えば、仲地博学長は……」とさらにアドバイスしましたが、山代君の反応は「学長は威厳があって立派な方だけど、優しい性格だから調整は得意な感じはしますが……」というものでした。さらに、法律やお役所関係の知識が豊富な比嘉翔太君が「おもろまちの労働基準監督署に行くしかないんじゃないですか」と勧めていましたが、山代君の反応は「労働基準監督署もなんだか違うような気がするなあ」とまるで全てを見通した外科医のような反応でした。そうこうするうちに、山代君は職場の不満について話し切ってすっきりしたのか、「次の授業が始まるから行きましょうねー」といって、サッサとその場を立ち去りそうでしたので、思わずその後ろ姿に「とりあえず、オリオンビール！じゃなくて、おもろまちか泉崎」と話しかけましたが、彼はスタスタと次の教室に移動してしまいました。

　取り残された私たちは、次の労働法ゼミの教室に一緒に移動していたところ、比嘉君が「『おもろまち』は何となくわかるけど、『泉崎』は、労働委員会のことで労使関係とか労働組合法上のトラブルの話ではなかったですっけ？」[*2]と

---

*2　沖縄県労働委員会は、労働組合法に基づいて、公益委員、労働者委員、使用者委員といった公労使の三者で構成される点に特色がある行政委員会です。ここでは、労働組合と会社や使用者との集団的労使紛争について公労使の三者の協力によって、調整的・判定的な仕事を行います。労働争議においてはその調整として、あっせん、調停、仲裁を行います。沖縄県労働委員会の住所等の連絡先は、〒900-8570 那覇市泉崎1-2-2 行政棟2階（南側）Tel 098-866-2554。

鋭い突っ込みをしてきました。私はいつかまた授業で話す機会もあると思い、「半分はあってるかもねー」とあいまいに答えておきました。その後、山代君の職場のトラブルが首尾よく解決したらいいのですが……。

　皆さんもこのような職場のトラブルを経験したことがあるかもしれません。職場のトラブルが発生したときに、どのように解決していきますか？ 職場のトラブルを解決するための多様な制度が併存し、それぞれのトラブルに対して最も効果的な解決方法を選択しなければ、色んなところをたらい回しにされてしまったと感じて争う意欲すらなくしてしまうかもしれません。ぜひ、皆さんには、ピンポイントで最も効果的な解決方法が選択できるようになっていただきたいと思います。出発点として、あなたが那覇に住んでいるとするならば、最も幅広く職場のトラブルに対応可能な「おもろまち」か「泉崎」が便利だと思います。後ほどお話をしますが、「あっせん」という便利な解決方法が用意されており、何と費用は無料かつ簡易迅速・効果的な解決が期待できます。ぜひ、覚えておいてください。もう一度、繰り返します。まずは、「おもろまち」か「泉崎」に行ってください。

2.　裁判、労働組合？

　山代君は優しい性格のようですし、店長との間には意見の大きな隔たりがあるようです。上司の店長と正面から喧嘩したり、文句をいったりすることで、「自主的解決」を図ることは、山代君の「肝心（ちむぐくる）」からも難しそうです。「大の大人」であっても、職場のトラブルに見舞われて困った時に冷静に相手を説得して自分の主張を理解させることは難しいことです。それでは、第三者に関与をお願いして職場のトラブルを解決する必要がありそうですが、裁判所を利用するというのはいかがでしょうか？ 赤嶺君のアドバイスでも、裁判の話が出ていましたが、なぜ、山代君は「裁判はちょっと……」という反応をしたのでしょうか？

まず、裁判手続きには、国民の誰もが傍聴できることによって裁判の公正さが確保された状態を図るという「公開主義の原則」があてはまります[*3]。このため、職場のトラブルが周りに知れわたることになります。山代君は、今のところ、全面的に店長と闘うことで「白黒をはっきりつける」解決は望んでおらず、何とか円満な解決は探れないだろうか考えているようです。山代君は、第三者の関与する職場のトラブルの解決方法のうち、強制力を伴う解決方法としての「判定的解決」を望んでいるのではなく、店長と山代君の合意を前提とした「調整的解決」を望んでいるということです[*4]。

　さらに、山代君は「裁判をするだけの時間とお金は一体どこにあるの？」という気持ちが強いようです。裁判を起こすと授業や仕事を休んで裁判に臨まなければなりません。裁判で解雇問題を争ったら、那覇地方裁判所で地裁判決が出されるまでに1年位、福岡高等裁判所那覇支部で高裁判決が出されるまでに2、3年はかかると思います。また、裁判には結構お金もかかります。この点からも、山代君にとっては敷居が高い紛争の解決方法といえそうです[*5]。

　つぎに、根間君の「社会的にも権威があったり、強そうな人に頼んで交渉してもらったらいいんじゃない」というアドバイスはどうでしょうか？　確かに、他人の力を借りた「第三者の介入」によって「調整的解決」を図ることができ

[*3]　公開原則に反する判決はそれだけで違法の瑕疵（かし）を帯びることになります（民事訴訟法312条2項5号）。公開の有無、非公開の場合の理由については、裁判上の口頭弁論書の必要的記載事項となっています（民事訴訟法規則66条1項6号）。
[*4]　野田進「労働紛争解決システムの法政策」土田道夫・山川隆一編『労働法の争点』（有斐閣、2014年）224頁によれば、労働紛争の解決方法は判定的解決と調整的解決の2つに分けることができ、「判定的解決は、紛争当事者から解決の申出があった場合に、当事者の主張する事実を証拠に基づき認定し、これに法令等を適用することにより権利関係を確定する判断を下す解決方法」であり、「調整的解決は、第三者が介入して、当事者に互恵を目的とした譲歩を促し、当事者がそれに応じて解決の合意を取り結ぶ解決方法」であると解説されています。

たら、効果的な救済方法となりそうです。例えば、先生や親にいいつけてみると、一人で頑張るよりも、ひょっとしたらうまく解決できるかもしれません。

　それでは、次のような職場のトラブルはどのように解決できるでしょうか？58号線沿いの松山のキャバクラで働いている「ゆかり」ちゃんは、「お客さんがぜんぜん来ないのでボーっとして過ごしている時間かもしれません。しかし、私はちゃんと出勤して21時から24時までお店に拘束されたわけだし、いくらその日がひどい土砂降りで全く接客をしなかったからといって交通費しかもらえないというのはおかしいと思います」と主張しています。一方、店長は「なんで接客もしてなくウーロン茶とかジントニックとかばっかり飲んでたのに銭（ジン）を払わんといかんバー」とすごんでいます。実は、このような待機の時間は「手待時間」[*6]といって、労働基準法上の労働時間に該当します。賃金が支払われていないとしたら完全に労働基準法違反です。もっとも、このような場面で「ゆかり」ちゃんは、「正当な賃金だから払ってください」とはたし

[*5] 正式な裁判と比べて、より簡便な司法上の紛争解決手段として、労働審判法に基づく、労働審判制度があります。労働審判制度には「公開原則」は当てはまりませんから、職場のトラブルが公にはならないというメリットがあります。例えば、労働者がセクシャルハラスメントやメンタルヘルス問題などを公開の場で争いたくないという場合には、労働審判制度は使い勝手がよいものとなります。労働審判制度では裁判官である労働審判官1名と労働関係について専門的な知識を有する労働審判員2名で組織する労働審判委員会が、個別労働関係の私法的紛争（民事紛争）を対象に審査します。調停による解決の見込みがあれば調停が試みられ、調停による解決に至らない場合には、労働審判手続きが開始され、審理は特別の事情がある場合を除き、3回以内の期日で終結します。労働審判による解決案＝「労働審判書」は判決ではありませんが、当事者に異議がないときにはこの解決案が裁判上の和解と同じ効力を有することになります。審判書の結論について不服があれば、当事者は2週間以内に異議の申立てができ、その場合には、審判申立て時点で訴えの提起があったものとみなされ、通常の裁判に移行することになります。このほかに、司法上、仮処分を利用することもできますが、正式な裁判を起こすことを前提とした暫定的な解決になります。

第10講　職場のトラブルをどう解決しますか？

ていえるでしょうか？　それとも、やはり泣き寝入りするしかないのでしょうか？

　このような厄介な相手に対しては、労働組合といった労使関係のプロに団体交渉を通じてサポートしてもらうことが効果的な紛争解決方法となります。次のような新聞記事を見てみましょう。労働組合はあらゆる労働問題に対応することが可能であり、かつ使用者と交渉を行うことで多様で柔軟な解決方法を提供できます。正当な労働組合の活動は、国や沖縄県によってお墨付きが与えられています。なぜなら、使用者や会社は労働組合から要求された団体交渉を正当な理由がなく拒否することは、不当労働行為として禁止されているからです（同法7条2号）。

　ところで、山代君と根間君の会話では「仲地学長」の話題は出てきましたが、「労働組合」の話題は出て

琉球新報 2008年11月2日

---

*6　客が途切れた時などに適時休憩してもよいが、現に客が来客した際には直ちにその業務に従事しなければならない時間を「手待時間」といいます。「手待時間」は、労働契約で「休憩時間」という名称が用いられていても、労働時間として扱われなければなりません（すし処「杉」事件・大阪地判昭和56.3.24 労経速1091号3頁）。

きませんでした。しかし、この点は無理もないと思います。といいますのは、日本全国を見ても労働組合の組織率は下落傾向にあり、さらに、沖縄は全国と比較して中小零細企業やサービス産業が多くかつ非正規社員の割合が多いという特徴があるからです。職場に労働組合が存在しないとか、労働組合が非正規社員の受け皿とはなっていないといった経験をなさった方もいらっしゃることでしょう。さらに、沖縄では「いちゃりばちょうでい」ということもあり、濃密な人間関係にからめとられて、「事を荒立ててしまうと、どこかで親戚や知人とつながっていたら後から面倒くさい」と考えたり、あるいは「後から会社に仕返しをされたら大変なことになりそうだから文句をいうのはやめておこう」と考える方もいらっしゃるかもしれません。職場で我慢するのがつらくなって仕事をやめてしまうという消極的な抵抗を行ってしまう方もいらっしゃるかもしれません。

　しかし、安心してください。労働組合には会社の中の正社員だけが加盟する労働組合だけではなく、非正規社員を中心に組織された労働組合や個人で加盟できる労働組合である、「合同労組」とか「コミュニティ（地域）ユニオン」という頼もしい存在があります[*7]。この労働組合の特徴は、「企業・職種・産業の枠にこだわらない」「個人で加入できる」「一定地域を基盤に」「主に中小企業労働者が加入」するという点にあります。ですから、たとえ、職場に一人の組合員しかいなかったとしても、そのような労働組合に労働者が個人で加盟

[*7] 団体交渉を通じた紛争解決は、とりわけ、労働組合が存在しない企業の正社員、労働組合が存在してもその組織対象とされていない、非正規社員、あるいは請負・委任といった法形式によって働く就労者が、自主的に紛争解決を図るための重要な手段となりえます。例えば、居酒屋でアルバイトしている学生と立ちっぱなしの仕事に不満のある美容室の店員といった異なった職場で異なった立場の労働者が個人で労働組合に加盟することによって、2人以上の組合員が存在する労働組合は団体交渉当事者となります。

すれば、報復的な解雇だけではなく、昇給・昇格・配置転換・ボーナスの低査定など、様々な人事上の不利益処遇についても、労働組合法の保護が及ぶことになります。なぜなら、労働組合法7条1項は「労働者が労働組合の組合員であること、労働組合に加入し、若しくはこれを結成しようとしたこと若しくは労働組合の正当な行為をしたことの故をもって、その労働者を解雇し、その他これに不利益な取扱いをすること」を不当労働行為として禁止しているからです。泉崎にある「沖縄県労働委員会」は、このような会社や使用者の不当労働行為上の違反行為に対して、行政処分である不当労働行為救済命令を出すことで、労働組合や労働者の活動を行政機関としてサポートしています。

首都圏では、「キャバクラユニオン」がキャバクラの労働問題に取り組んだり、「高校生（首都圏学生）ユニオン」がブラックバイトの是正に大きな力を発揮しており、このようなユニークな労働組合の活動が脚光を浴びています。さらには、フランチャイズ本部とコンビニエンスストアの経営者たちが作った労働組合との団体交渉が法的に認められた事件が社会的にも注目を集めています[8]。沖縄では、例えば、「連合おきなわユニオン」や「うまんちゅユニオン」が積極的に活動しており、職場の労働条件や労働環境を改善したいと考えている労働者の強い味方になってくださると思います。ここ（連合沖縄ユニオンの住所等の連絡先は、〒900-0036 沖縄県那覇市西3-8-14 TEL 098-866-8905、うまんちゅユニオンの住所等の連絡先は、〒900-0026 沖縄県那覇市奥武山26-24 奥武山マンション201号室 TEL 098-859-1820）に連絡してみてください。

3. 労働基準監督署は？　労働契約上の問題も解決できる？

それでは、比嘉君一押しの労働基準監督署は、なぜ、山代君の職場のトラブ

---

[8] セブン・イレブンジャパン事件・岡山県労委決定平26.3.13、ファミリーマート事件・東京都労委決定平27.4.16。

ルについては効果的な紛争解決手段とならないのでしょうか?「働くひとを守るために、働くひとがいる」というキャッチコピーをご存じでしょうか? 職場のトラブルで困ったときには、労働基準監督署に駆け込めば労働基準監督官という「正義の味方」がいらっしゃって助けてくださるというイメージをおもちの方もいらっしゃることでしょう。「『ダンダリン一〇一』という漫画を読みましたが、労働基準監督官は労働法の専門的な公務員ではないんですか?」とか「『かとく』という恰好いい仕事は憧れの職業です」*9という方もいらっしゃるかもしれません。労働基準監督官の基本的業務は、労働基準法などの関係法令を使用者などに周知し、関係法令上の義務の履行を確保することです*10。例えば、ある会社において労働基準法違反が発覚した場合、労働基準監督官はその会社に立入調査(ガサ入れ)や法令違反に対して会社

琉球新報 2017 年 1 月 9 日

---

*9 田島隆(原作)・鈴木マサカズ(作画)『ダンダリン一〇一』(講談社、2010 年)。「かとく」は「過重労働撲滅特別対策班」の通称で、悪質な長時間労働等の労働基準関係法令違反または違反の疑いがある大規模事案や困難事案に対応するための専従組織として 2015 年 4 月に厚生労働省によって東京労働局と大阪労働局に新設されています。「かとく」のメンバーは労働基準監督官です。

や事業主に行政指導を行います。悪質な法令違反があれば、事業主を逮捕したり会社を摘発し、警察官と同じように違法な事業主や会社を検察庁に送検する権限を有しています。最近の事例でいけば、2016年12月28日に女性社員の過労自殺を契機に大手広告会社の「電通」に「強制捜査」が入り、「電通」と同社幹部10人が労働基準法違反の疑いで書類送検されたという事例が社会的にも注目を集めました。

　労働基準監督官には、国税査察官・海上保安官・運航労務管理官・自衛隊警務官・麻薬取締官（マトリ）と同様に、沖縄県警の警察官と同様な権限が与えられていることから、「民事不介入の原則」があてはまります。沖縄県警の警察官は、例えば、他人から見て、どんなに激しい夫婦喧嘩が行われていたとしても、傷害などの刑法違反がなければ、原則として介入できません[11]。警察の権限は強力である以上、このような権限を刑法違反がない場合にまで使うわけにはいかないからです。

　ところで、最初で述べた、山代君の職場のトラブルにおいては店長の「お前はクビだ」との発言に対して、「この解雇はおかしい。僕は何もクビにされる理由はないはずだ」と山代君は考えていましたね？　ここでは山代君の労働契約が終了するか否かという民事上の争いが問題となっていますから、このような職場のトラブルについても「民事不介入の原則」が当てはまり、労働基準監

---

[10]　労働基準監督官の基本的業務は、労働基準法関係法令（労働基準法・最低賃金法・労働安全衛生法・じん肺法・家内労働法・賃金の確保等に関する法律等）の内容を事業主に周知させ、その履行を確保することです。労働基準監督官は、事業場、寄宿舎その他の付属建築物に臨検し、帳簿および書類の提出を求め、または使用者もしくは労働者に尋問を行う権限があり（労働基準法101条1項）、法律違反の罪について、刑事訴訟法に規定する司法警察官の職務を行います（労働基準法102条）。
[11]　配偶者からの暴力の防止及び被害者の保護等に関する法律（DV法）、あるいはストーカー行為等の規制に関する法律に抵触する場合は、この例外となります。

督官は労使の民事上の争いには立ち入らないのが原則となります。したがって、山代君が労働基準監督署の相談窓口にいっても、解雇の正当性や有効性にかかわる法律や裁判例などについて労働基準監督官が解説をしてくださるかもしれませんが、労働基準監督官には山代君の民事上の争いについて労働契約上の解釈を行うという方法で法的判断を行って問題解決を図る権限はありません。せいぜい、後ほど述べる、沖縄労働局の「総合労働相談コーナー」など、他の相談機関を紹介するにとどまります。

「えーそれでは、労働基準監督官は『正義の味方』で、悪い敵（この場合、会社とか事業主）と戦ってくれるわけじゃないんですか？」と質問したい方もいらっしゃいますね。そうです。労働基準監督官は、戦うことが仕事ではありません。労働基準法を守らないような会社や事業主に労働基準法を守らせることで、「労働者」を守ることが仕事となります。労働契約法や労働契約の解釈が問題となる事案においては、労働者に言い分があるように会社や事業主にも言い分があるものです。このような問題は、最終的には双方の言い分を裁判所で判断してもらうことで法的決着をつける必要があります[*12]。

ついでに、労働契約上の解釈が争われる場面として、どのような場面が考えられますか？「会社の営業車を運転中に交通事故を起こしてしまい、交通事

[*12] 山代君の職場のトラブルを解決するためには、「解雇は、客観的に合理的な理由を欠き、社会通念上相当であると認められない場合は、その権利を濫用したものとして、無効とする」という労働契約法 16 条の法解釈が問題となり、店長の解雇が正しいものであったのか、それとも間違ったものであったのかという問題と店長の「お前はクビだ」との発言によって山代君の労働契約は終了してしまうのか否かという法的問題に決着をつける必要があります。

[*13] 茨城石炭商事事件・最一小判昭 51.7.8 判時 827 号 52 頁。
[*14] 東亜ペイント事件・最二小判昭 61.7.14 労判 477 号 6 頁。
[*15] 新日本製鐵（日鐵運輸第 2）事件・最二小判平 15.4.18 労判 847 号 14 頁。
[*16] 日本アイ・ビー・エム（会社分割）事件・最二小判平 22.7.12 労判 1010 号 5 頁。

故の相手方の補償だけではなく、会社の営業車の破損部分についても50万円の損害賠償を会社から要求されて困っている」[*13]とか「会社の配転命令に納得がいかないので争いたい」[*14]とか「会社の出向命令はとても受け入れられない」[*15]とか「会社で働いていた事業部門が会社分割の対象となってしまったが、新会社の分割先の事業所で働かなければならないのか」[*16]とか「使用者から正社員から身分と契約を切り替えられて独立を勧められ取引先になったまではよかったが、その後、仕事を回してくれなくなり生活が成り立たない」……等々、結構、色々ありそうですね。

　反対に、労働基準監督官が会社や事業主の法令違反を理由として、介入できる、得意な職場のトラブルとしてはどのような場面が考えられますか？　例えば、今、世間でも大きな話題を集めている「長時間労働」とか「サービス残業」に対する未払賃金の支払い請求に係る事案、最低賃金法違反に係る事案、労災申請あるいは労災認定に係る事案はストライクゾーンです。解雇に関しては、例えば、山代君が職場の明らかなミスによって大ケガをして仕事を休んでいる間に居酒屋さんから解雇されたとか、ある女性労働者が出産後に会社を休んでいる間に会社から解雇されたといった事案は、労働基準法19条1項によって、業務上災害による療養のための休業期間中とその後の30日間の解雇と産前産後期間中およびその後の30日間の解雇の禁止が問題となっていますから、労働基準監督官の得意分野になります。

　ここでは、正義の味方である、労働基準監督官が、すべての職場のトラブルについて万能な解決方法を提供できるわけではなく、労働基準法などの法令違反といった根拠がある場合にのみ、効果的な解決方法を提供できるにとどまるということを述べました。労働契約法あるいは労働契約の法的解釈にかかわる問題は、司法機関である裁判所の守備範囲となるという交通整理をしておいてください。

4. 職場のトラブル解決のための聖地―「おもろまち」と「泉崎」

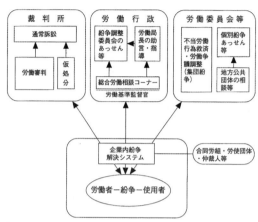

山川隆一「労働紛争処理法」32頁を一部修正

（1）「おもろまち」

これまでお話しした、職場のトラブルの解決方法（＝労働紛争解決システム）の全体構造について、ここで見ておきましょう。職場のトラブルの解決方法については、利用者がどのような救済方法を望んでいるのかによって、多様な解決方法が併存しています。しかし、このことが、かえって利用者にとって分かりにくさを感じさせ、解決方法へのアクセスを阻害していることも指摘しなければなりません。正式な裁判の前に、もう少し、会社の出方を伺ってみたいとか、職場の不満が労働法上はどのように評価されるのかわからないといった方もいらっしゃることでしょう。こんな時に、もう少し敷居の高くなく解決方法は存在しないのでしょうか？

法律に基づいて法解釈を行うことは、三権分立の原則から、司法機関である裁判所の役割となりますから、原則として、行政機関は法的な判断を行う権限がありません。その一方で、労働行政に係る行政機関の役割には、労働法関連法令について情報提供を行うことで、労働者の働く職場環境を整備することも含まれますから、行政機関が「調整的解決」に関与して、強制力をもたない範囲において職場のトラブルについて労使の自主的な思いやりや歩み寄りを図り、弾力的で柔軟な解決策を図ることはこれらの行政機関の役割となります。行政機関を活用した解決方法には、①手続きが迅速かつ簡便、②費用がかから

第 10 講　職場のトラブルをどう解決しますか？

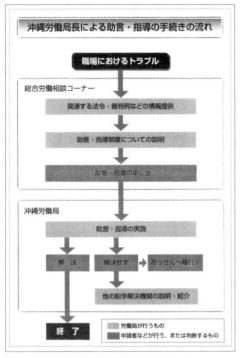

厚生労働省　都道府県労働局パンフレット 4 頁より。

ない、③労働問題の専門家が担当する、④手続きが非公開であり秘密が厳守されるといった、特徴があり、利用者にとって魅力的な制度となっています。

「おもろまち」にある沖縄労働局と「泉崎」にある沖縄県労働委員会では、個別労働関係紛争解決促進法に基づき、個別労働関係紛争について、その実情に即した迅速な解決を図ることを目的として（同法 1 条）、幅広い解決方法を行政サービスの一環として提供しています。

ここでは、最初に、「おもろまち」のお話をしていきましょう。

職場のトラブルが発生したときに、労使当事者が自主的な解決が図られるように努めなければならないことはいうまでもありません（同法 2 条）。職場のトラブルが自主的に解決に至らない場合には、第三者のサポートが効果的な解決方法になるかもしれません。第三者としての行政がサポートする解決方法として、沖縄県労働局長は、個別労働紛争を未然に防止し、個別労働紛争の自主的な解決を促進するため、労働者や事業主に、情報提供、相談その他の援助を行っています（同法 3 条）。上のような図からもわかりますように、沖縄労働局では、同法に基づいて、①総合労働相談コーナーにおける情報提供・相談、②沖縄県労働局長による助言・指導、③紛争調整委員会によるあっせん、という 3 つの制度からなる仕組み

255

を用意しています。

　まず、①県内6か所には総合労働相談コーナーが設置されており、労働問題に関する相談、情報提供がワンストップサービスとして提供されています[*17]。そこでは、例えば、「まず社長と一度腹を割って話をしたいんだけど、社内で話し合いができない。そこを口添えしてもらえないか」といった、ざっくばらんな相談でも対応してもらえます。2013年度にこのような相談コーナーに寄せられた相談件数は、前年比1.9％増の9,789件となっており、その内容は、労働法関係法令や労働法制度への問い合わせが、4,220件（同15.1％増）で最も多いとの報道がなされています。

　つぎに、②沖縄県労働局長による助言・指導として、沖縄県労働局長は個別的労働紛争に関して紛争当事者の双方または一方からその解決について援助を求められた場合には必要な助言と行政指導をすることができます（同法4条）。このような「助言・指導」とは、労働相談があった場合に相談があった反対側の当事者に相談された内容を伝えることを意味します[*18]。例えば、労働者から労働条件の不利益変更について相談されたケースについて、事業主に労働契約法の就業規則変更法理の規定を説明した上で、「仮に裁判になれば、こうい

[*17] 那覇総合労働相談コーナーの住所等の連絡先は、〒900-0006 那覇市おもろまち2-1-1 那覇第2地方合同庁舎1号館2階 那覇労働基準監督署内 TEL番号 098-868-8008。沖縄総合労働相談コーナーの住所等の連絡先は、〒904-0003 沖縄市住吉1-23-1 沖縄総合労働庁舎3階 沖縄労働基準監督署内 TEL番号 098-982-1400。名護総合労働相談コーナーの住所等の連絡先は、〒905-0011 名護市字宮里452-3 名護地方合同庁舎1階 名護労働基準監督署内 TEL番号 0980-52-2691。宮古総合労働相談コーナーの住所等の連絡先は、〒906-0013 宮古島市平良字下里1016 平良地方合同庁舎1階 宮古労働基準監督署内 TEL番号 0980-72-2303。八重山総合労働相談コーナーの住所等の連絡先は、〒907-0004 石垣市登野城55-4 石垣地方合同庁舎2階 八重山労働基準監督署内 TEL番号 0980-82-2344。沖縄労働局総合労働相談コーナーの住所等の連絡先は、〒900-0006 那覇市おもろまち2-1-1 那覇第2地方合同庁舎1号館3階 沖縄労働局雇用環境・均等室内 TEL番号 098-868-6060、098-868-8008。

第 10 講　職場のトラブルをどう解決しますか？

う形で合理性が判断されますが、それに耐えられるでしょうか」と述べて再考を促すとか、もう少しざっくばらんなケースでは「おたくの従業員が来られて、とにかくこのことで非常に困っているとおっしゃっている。一度話を聞いてあげてください」といったようなことが、「助言・指導」にあてはまります。

　さらに、③紛争調整委員会によるあっせんとして、沖縄県労働局長は、個別労働関係紛争について、紛争当事者の双方または一方からあっせんの申請があったときは、紛争調整委員会にあっせんを行わせることになります（同法5条）。「あっせん」とは、労使の自主的な解決が難しくなっている場合に、公的な紛争解決機関の力を借りて、労使双方の譲歩を図りながら、より早く効率に労使の調整を図ることで問題解決を図ろうとする仕組みです。職場のトラブルについて行政のサポートを利用すると、事業主から仕返し

労働相談最多 9789件
13年度沖縄労働局 いじめ、嫌がらせ増

沖縄労働局が県内6カ所に設置した総合労働相談コーナーへ2013年度寄せられた件数は前年度比1・9％増の9789件に上り、労働トラブルに対応する「個別労働紛争解決制度」が始まった01年以来、過去最多となった。内容は「法令・制度の問い合わせ」が4220件（同15・1％増）で最も多い。

沖縄労働局は「昨年4月施行の改正労働契約法や改正高齢者雇用安定法などに関する問い合わせが多かった。景気回復で解雇や労働条件に関する相談は減っていた。「解雇」は17・8％減の702件、「いじめ・嫌がらせ」は7・3％増の483件、「賃金など労働条件の引き下げ」は15・8％減の421件だった。

個別労働紛争相談のうち、民事上のトラブルである「個別労働紛争」は3020件（10・9％減）、「法違反などの相談」21件（1・7％減）、労働局長による助言・指導は34・9％減の194件、紛争調整委員会によるあっせんは14・8％増の93件だった。

労働相談コーナーは沖縄労働局と那覇、沖縄、名護、宮古、八重山の各労働基準監督署内にある。沖縄労働局の相談コーナー☎098（868）6060。

琉球新報 2014年6月1日

---

*18　岸本武史「厚生労働省労働局における紛争解決の実情―労働局の個別労働紛争解決制度について―」日本弁護士連合会 ADR センター編『労働紛争解決と ADR』（弘文堂、2012 年）35 頁。

や報復をされてあとから怖いと考える方もいらっしゃるかもしれません。心配は無用です。「事業主は、労働者が第1項の援助を求めたことを理由として、当該労働者に対して解雇その他不利益な取扱いをしてはならない」(同法4条3項)ことから、労働者は安心して、あっせんを利用することができます。あっせん申請を利用する者は、例えば、「土木工事の現場代理人として半年間働いたが、賃金の4分の3が未払となっている」とか「自分だけが賞与が支給されず、勤務場所も隔離された」といった、労働者からのものが大部分です。しかし、例えば、「58歳の男性を採用したが仕事をしている様子がなく、人員削減を理由に解雇通知をするとこれに不服であるとして裁判に訴えるといっており困っている」といったように、事業主から申し立てられることもあります。

　あっせんは、裁判と異なり「判定的解決」を目指すものではありません。労使の自主的解決をうながして、「調整的解決」を目指すものですから、労働者からのあっせん申請に応じない事業主にはそれ以上の法的強制力はありません。また、あっせんにより職場のトラブルが解決した場合、「合意書」が作成されることになり、その法的性質は民法上の和解(民法695条、696条)として取り扱われます。「合意書」それ自体で、調停や確定した労働審判、裁判上の和解のような強制力をもっていないため、相手方の不履行に対しては、改めて、労働審判、裁判といった法的手続きが必要となるというあっせんが「調整的解決」であることに由来する一定の限界が存在します[19]。職場のトラブルがあっせんによっても解決しないということは、正式な裁判による「判定的解決」を図る段階に至ったということを意味します。

　それでも、行政機関から「あなたのところの労働者から職場のトラブルの解

---

[19] ロア・ユナイテッド法律事務所編『実務解説　労働争訟手続法』(青林書院、2012年) 62頁。

決のための申し立てがなされています」といわれて、「完璧な労務管理やマネジメントを行っています」と自信をもっていい切れる場合はともかく、これまで緩慢な労務管理を行っていた事業主には反省を促す効果はあるでしょう。また、あっせんに応じなかった事業主にはその後、労働者から正式な裁判が起こされる可能性があることから、「早めにあっせんで話し合って解決できる問題は穏便に解決してしまおう」と考える事業主もいることでしょう。

それでは、「会社に妊娠を報告したところ、執拗な退職強要を受けた」「上司からの執拗な誘いを拒否したところ、無視されたり重要な仕事の連絡を伝えてもらえなくなり、精神的に就業継続が困難となり仕事を辞めざるえなくなっている」「パート労働者として働いているが同じような仕事をしている正社員とあまりにも労働条件が違い納得できない」といった問題についても、同様に、紛争解決委員会によるあっせんによって解決されることになるのでしょうか？この点については、実は、沖縄労働局の「雇用環境・均等室」に専用の相談窓口があります。ここでは、主として、男女雇用機会均等法、育児・介護休業法、パート労働法の３つの法律を担当しており、この３つの法律にかかわる紛争は、個別労働関係紛争解決促進法ではなく、男女雇用機会均等法などで個別に定められた手続きとして、助言・指導・勧告・調整という手続きが用意されています。

(2)「泉崎」

次に「泉崎」のお話をしましょう。個別労働関係紛争解決促進法20条に基づけば、「地方公共団体は、国の施策と相まって、当該地域の実情に応じ、個別労働関係紛争を未然に防止し、……個別労働関係紛争の自主的な解決を促進するため、労働者、求職者、又は事業主に対する情報の提供、相談、あっせんその他の必要な施策を推進する」ことができます。この規定を根拠に、「泉崎」では、沖縄県労働委員会によるあっせん（以下、労働委員会あっせん）が行われています[20]。沖縄労働局であっせんが行われていることを知っている沖縄県

民は多いと思いますが、沖縄県労働委員会でも同様な行政サービスが行われているということはあまり知られていません。このため、労働委員会あっせんについては、あっせん申請件数が少ないという特徴があります。このことは短所のようにも見えますが、沖縄労働局の紛争調整委員会によるあっせん（以下、労働局あっせん）と比べると、じっくりと職場のトラブルに取り組んでもらえるという長所として見ることもできます。

　沖縄県労働委員会事務局では、個別労働関係紛争に係る申請が事務局に行われると、いきなり会社に文章を郵送するのではなく、事務局があっせんの相手方の会社に赴いて、申請書が提出された状況などを説明し、聴き取りや調査を行うことで、あっせん通知について丁寧な手続きを行います。さらに、事務局が「あっせんは会社側が追求されるだけではなく、会社側の主張もできるところです。そして、労働者側に理解を求めることもできる場なのです。このまま放っておいて裁判になったら費用も労力もかかりますが、あっせんによる話合いで問題が解決すれば迅速・簡易に終わることになります」といった丁寧な説明を行ったり[21]、あっせん員の構成において公労使三者があっせんに携わることから、使用者委員から「裁判になったときのことを考えたら、ここで参加した方がいいですよ」といった柔軟な働きかけをすることで、会社のあっせん参加率を高める工夫が図られています。一方、労働局あっせんでは、事務局はあっせん申請については申請人からの申請書等申請がなされたことを相手方に郵送で通知するだけにとどまります。

---

[20]　沖縄労働局の総合労働相談に相当する沖縄県の労働相談窓口としては、労政・女性就業センター（住所等の連絡先は、〒900-0036 那覇市西3-11-1 那覇第2地方合同庁舎1号館2階 那覇労働基準監督署内 Tel番号 0120-610-223）があります。
[21]　粟屋龍一郎「沖縄県における実情―沖縄県労働委員会について」榊原嘉明・粟屋龍一郎『労働紛争解決システムの今日的課題』（沖縄大学地域研究所、2014年）27頁。

あっせん案については、公労使で連携しながら労使双方が受諾する可能性の高いあっせん案を作成し、労働委員か労働者を使用者委員が使用者をそれぞれ説得します。使用者委員が使用者に関与することでその拒否反応を和らげることによって、労働局あっせんと比べると解決率も高くなるといった長所があります。その一方で、短所は、公労使三者の日程調整と申請者（労働者）および被申請者（相手方会社）の5者のスケジュール調整をしなければならないため、あっせん申請から実際のあっせん期日まで若干時間がかかる点にあります。労働局あっせんにおいても、あっせん員は3名であることから、同様な問題が指摘できそうです。

　これまで見てきたように、労働局あっせんと労働委員会あっせんを比較した場合、どちらのあっせんが、利用者にとって有利か不利かという違いはありません。利用者が職場のトラブルを解決するための最もスピーディーな方法を望むのならば、前者のあっせんを選択し、若干時間はかかるものの、より懇切丁寧で解決率の高い解決方法を望んでいるのならば、後者のあっせんを選択することになるのでしょう。

（3）職場のトラブルに巻き込まれた沖縄県民に意識してもらいたいこと。

　これまで、職場のトラブルの解決方法（＝労働紛争解決システム）の全体構造をお話してきました。しかし、まだ、最も肝心なことをお話していません。それは、日本国憲法12条が「この憲法が国民に保障する自由及び権利は、国民の不断の努力によって、これを保持しなければならない」と述べているように、働く者がそれぞれの職場でいいように使われてしまっているのであれば、決して、泣き寝入りをしないということです。侵害されているはずの基本的人権を、沖縄県民の皆さんが地道に回復していく気持ちと努力が必要です。

　労働基準監督官の三村を主人公にした、沢村凜『ディーセント・ワーク・ガーディアン』[*22]に、つぎのような記述があります。「労働基準監督署には、多く

の労働者が、労働基準法やその関連法規に違反した状態で働かせていることを訴えに来る。しかし、それよりずっと多くの労働者が、そうした違反に黙って耐えている。過労死認定ラインを超える恒常的な時間外労働。必要な安全措置がされていない場所での危険な作業。長大な賃金不払残業(サービス)。劣悪な作業環境の放置。〈頼むから、少しは自分の権利を自分で守ろうとしてくれ。俺たちは、全ての事業場を、ずっと見張っていることはできないんだ〉」三村は心の中で叫んだ。労働者には、たくさんの権利が与えれている。しかし、いかなる権利も、法令が定めただけでは紙の文言(もんごん)でしかない。憲法12条が言うように、実現には、不断の努力が必要なのだ。……自分の権利を知ること。それを守ろうとすること。他人の権利を知ること。それを尊重すること。一人ひとりのそうした努力の上に、法令が保障する権利は実現するのだ」と。

さて、山代君は、色々な人のアドバイスを参考にして、居酒屋さんの経営者と話し合いをして、ちょっと給料も上がってなんと副店長に抜擢されたようです。さあ、皆さんも山代君のように、職場でトラブルに遭遇したら、ご自身や家族で悩まずに、皆さんの働き方や尊厳を主張し、あわせて、様々なサポートシステムをうまく活用して問題を解決していってください。

本稿においては、2016年度の沖縄大学の教員および学生の実名を利用させていただきました。また、本稿執筆段階でそれぞれの人物像が浮かび上がるように会話等を工夫させていただきました。これらのことを快くご承諾いただきまた皆様。真に「ニヘイデービル」。

---

*22 沢村凛『ディーセント・ワーク・ガーディアン』(双葉社、2014年) 367頁。

春田吉備彦（はるた きびひこ）

沖縄大学教授。専門は、労働法・社会保障法
福岡県北九州市出身。西南学院大学大学院法学研究科博士前期課程修了（法学修士）、中央大学大学院法学研究科博士後期課程修業年限終了。2009年4月より現職。

沖縄県産品の労働法

2018年10月1日　初版第1刷発行

著　者　春田吉備彦
発行者　玻名城泰山
発行所　琉球新報社
　　　　〒900-0012　沖縄県那覇市泉崎1-10-3
　　　　電話（098）865-5100
　　　　FAX（098）868-6065
問合せ　琉球新報社読者事業局出版部
発　売　琉球プロジェクト
　　　　電話（098）868-1141
印刷所　新星出版株式会社

ⓒ Kibihiko Haruta 2018　Printed in Japan
ISBN978-4-89742-236-7
定価はカバーに表示してあります。
万一、落丁・乱丁の場合はお取り替えいたします。